Juliane Ranck, Laura Setzer

URBAN FARMING

**Gemüse anbauen, gemeinschaftlich gärtnern,
Ernährungssouveränität schaffen**

Löwenzahn

Gemüsiges und Inspirierendes: Was du in diesem Buch alles finden wirst

Für jede Minute, die du in das Design, also in die **Planung** deines Permakulturgartens und vielleicht auch deines Gemeinschaftsprojektes investierst, sparst du in der Praxis dann Stunden ein. In diesem Kapitel zeigen wir dir daher **Schritt für Schritt**, wie du beim **Planen deines Traumgartens** am besten vorgehst (Seite 190), wie wir das bei uns GemüseheldInnen **konkret umgesetzt** haben (Seite 199) und wie wir uns als **Gruppe organisiert** haben (Seite 205).

Was wir bei unserem Projekt gelernt haben: Zusammen funktioniert alles einfacher, besser. Wir holen also **Randzonen** mitten in unsere Gärten (Seite 221), **geben Arbeit ab** (Seite 224), finden einen **Verein** (Seite 226), arbeiten mit **anderen Initiativen** zusammen (Seite 227), **bilden uns gemeinsam weiter** (Seite 236) und **sehen** überall **das Verbindende** (Seite 246).

Du möchtest ein Urban-Farming-Projekt in deiner Stadt starten? Dann bist du hier richtig. Wir möchten dir zeigen, wie du deine **Vision** entwickelst, **Mitstreiter*innen** begeistern kannst, deinem Projekt einen **Namen** gibst (Seite 250), eine **geeignete Fläche** und die richtigen **Ansprechpartner*innen** findest (Seite 251) und dich am besten **vernetzt** (Seite 252).

Wir stehen an einem **Wendepunkt** in der Menschheitsgeschichte, davon sind wir überzeugt. Wie unser Leben in Zukunft aussehen könnte, beschreiben wir hier. Eines können wir verraten: Es wird bunt, freundlich und gemüsig! Außerdem findest du einige **Gedanken von Charles Hervé-Gruyer** zum Buch, zur Permakultur, zum Leben (Seite 259).

GEMÜSEHELDiNNEN STELLEN SICH VOR

An dieser Stelle findest du unter anderem **Bücher** und **Links**, die uns inspirieren (Seite 266), für uns **wichtige Begriffe** — kurz und knackig in einem Satz erklärt (Seite 269) sowie ein **Stichwortverzeichnis** (Seite 270) und ein paar **Infos über Juli** (Seite 274) **und Laura** (Seite 276). Und, das darf nicht fehlen, ein richtig dickes **Danke** (Seite 278), denn wir zwei allein könnten Frankfurt niemals essbar machen.

Über den Dächern der Großstadt sprießen unsere Träume

Mitten in der Klimakrise hat eine Idee unser Leben verändert: Wir wollten urbane Landwirtschaft nach Frankfurt bringen. Es war eine Idee, die viele unserer Wünsche verband: dem Klimawandel aktiv entgegenzuwirken, gemeinschaftlich etwas zu bewegen, sich gesund zu ernähren, naturnah zu leben und zu gärtnern — und all das mitten in der Stadt. Und so haben wir innerhalb kürzester Zeit die „GemüseheldInnen Frankfurt" gegründet.

Die Permakultur war von Anfang an unser Wegweiser. Nicht nur beim Gärtnern, sondern auch im Zusammenleben mit anderen. Denn das permakulturelle Konzept ist so umfassend und liefert uns auf so viele unserer Fragen die passende Antwort. Wir sind fest davon überzeugt, dass mit Permakultur das Leben harmonischer, heilsamer und konstruktiver werden kann. Doch bis dahin ist es noch ein weiter und großteils unerschlossener Weg. Und es wird noch viele Pionier*innen brauchen, die sich auf neue Pfade begeben und diese so weit befestigen und vielleicht sogar austreten, dass auch die große Mehrheit es wagt, sie zu begehen. Wir sehen die „GemüseheldInnen Frankfurt" als Erkundungsteam auf einem dieser neuen Pfade und wir möchten dir viele von ihnen im Verlauf des Buches vorstellen. Und natürlich wollen wir dir die Wegstrecke zeigen, die wir bisher zurückgelegt haben sowie die malerischen Ausblicke, die sich uns eröffnet haben. Wir hoffen, dass dich unser Buch inspiriert, dich begeistert, dir Impulse für deine eigene Reise gibt. Oder dir vielleicht sogar den einen oder anderen Trampelpfad aufzeigt.

Die Permakultur hat uns GemüseheldInnen ständig begleitet und beflügelt: Sie prägt unsere gärtnerischen Aktivitäten und unsere Entwicklung als Gemeinschaft. Weil bei uns Permakultur eine übergeordnete Rolle spielt und das Miteinander genauso bestimmt wie die Gartenarbeit, bezeichnen wir unser Projekt als „gelebte Permakultur". Für uns ist es eine echte Offenbarung, zu erleben, wie beide Bereiche zu einem harmonischen Ganzen verschmelzen.

DAS ERWARTET DICH

Unser Weg von der ersten Idee bis heute: Das ist Thema des ersten Kapitels. Dabei geht es noch nicht konkret um Permakultur, du kannst aber viele Informationen und Inspiration darin finden — vielleicht auch schon für dein eigenes Projekt.

Im zweiten Kapitel stellen wir dir unsere Vorbilder vor: Rob Hopkins und seine *Transition-Town*-Bewegung, die Initiative *Incredible Edible* und die *Ferme du Bec Hellouin* aus Frankreich. Dort finden sich schon viele Bezüge zur Permakultur und wir zeigen dir, aus welchen Ideen unser Projekt geformt wurde.

Im dritten Kapitel steigen wir dann richtig in die Materie ein: Wir gehen der Frage nach, was Permakultur eigentlich ist, und versuchen, sie von allen Seiten zu beleuchten. Dabei werden wir immer zuerst erklären, wie sich die Prinzipien der Permakultur im Garten verwirklichen lassen, dann aber auch zeigen, wie sie in einer Gemeinschaft umgesetzt werden können. Die passenden Praxisbeispiele dazu findest du anschließend im vierten Kapitel.

Das fünfte Kapitel widmet sich der Kooperation eines Permakultur-Systems mit seiner Umgebung. Wie können Verbindungen nach außen geschaffen werden und wie erweitern und bereichern sie das System?

Auch diese Frage schauen wir uns auf gärtnerischer und auf sozialer Ebene an.

Im sechsten Kapitel findest du einen Leitfaden und viele praktische Tipps, wie du dein eigenes Projekt starten kannst.

Am Ende wagen wir einen Ausblick in die Zukunft, wie wir sie uns vorstellen. Wir schildern dir die Landschaft, die wir am Ende unseres Weges vorfinden möchten — unsere ganz persönliche Utopie.

Nun wünschen wir dir viel Vergnügen beim Eintauchen in unsere Reise.

Deine Laura und Juli

Die Veränderung beginnt vor unserer Haustür

Täglich belasten Tonnen ausgestoßenes CO$_2$ die Atmosphäre. Das Eis der Polkappen schmilzt in atemberaubender Geschwindigkeit, der Meeresspiegel steigt stetig weiter an. Unzählige Tier- und Pflanzenarten sind vom Aussterben bedroht, weil ihre natürliche Umgebung nicht mehr existiert. Unser Essen fliegt einmal rund um die Welt, bevor es in den Kochtöpfen und dann auf unseren Tellern landet.

Spätestens seit der *Fridays-for-Future*-Bewegung wissen viele von uns darüber Bescheid, wie es um unser Klima bestellt ist. Und das ist ehrlich gesagt ziemlich beängstigend. Wir fühlen uns ohnmächtig angesichts der gigantischen Herausforderungen, die sich vor uns auftürmen. Und gleichzeitig stellt sich die Frage: Kann ich als Einzelperson überhaupt etwas ausrichten?

Wir meinen: unbedingt! Wenn jede*r von uns einen kleinen Teil beiträgt zu dem allumfassenden Wandel, den wir in den nächsten Jahren zu meistern haben, dann können wir es vielleicht schaffen, das Ruder noch herumzureißen. Lasst uns einfach loslegen. Jetzt. Klar, jeder Anfang ist schwer, aber bekanntlich wohnt ihm auch ein Zauber inne. Was wir beginnen, muss nicht gleich etwas Großes sein: Die Kraft der kleinen Handlungen nimmt manchmal ungeahnte Dimensionen an. Das Wichtigste ist einfach, dass du was verändern willst. Und dann kann es losgehen — ob allein, in der Familie oder in einer Gemeinschaft. Egal, wo du wohnst, wie viel du arbeitest, kurz gesagt, welche Möglich-

keiten du hast. Und bei all diesen kleinen oder großen Schritten können wir uns intensiv mit uns selbst auseinandersetzen: Was meinen wir zu brauchen, worauf können wir vielleicht verzichten? Und kann ein Verzicht nicht sogar ein Gewinn sein? Wo setzen wir unsere Prioritäten? Wo verlassen wir unsere Komfortzone und was sind wir bereit zu investieren? Eine spannende Reise nach innen wie nach außen wartet auf uns — lassen wir uns darauf ein!

MIT GÄRTNERN **NUR MAL SCHNELL DAS KLIMA RETTEN**

Wie könnte nun unser eigener Beitrag zum großen Wandel aussehen? Diese Frage haben wir eine ganze Weile mit uns herumgetragen. Als wir Ende 2018 den Film *Tomorrow — Die Welt ist voller Lösungen* sahen, ist es uns plötzlich wie Schuppen von den Augen gefallen: Unsere große Leidenschaft, das Gärtnern, hat das Zeug dazu, dem Klimawandel Einhalt zu gebieten. Wir können zeigen, dass unser Essen nicht Tausende Kilometer zu uns reisen muss und dass keine schweren landwirtschaftlichen Maschinen und massenweise Agrarchemikalien nötig sind, um uns satt zu machen. Stattdessen können wir unser Essen genau dort anbauen, wo heute die meisten Menschen leben: mitten in der Stadt, vor unseren Haustüren! Und zwar gemeinschaftlich, so, dass alle in der Stadt wieder hautnah erfahren, wie ein knallfrischer Salat aus der Erde kommt oder wie eine sonnengeküsste reife Tomate schmeckt.

Guerilla Gardening New York: Im Big Apple ist aus einer Graswurzelbewegung eine NGO gewachsen

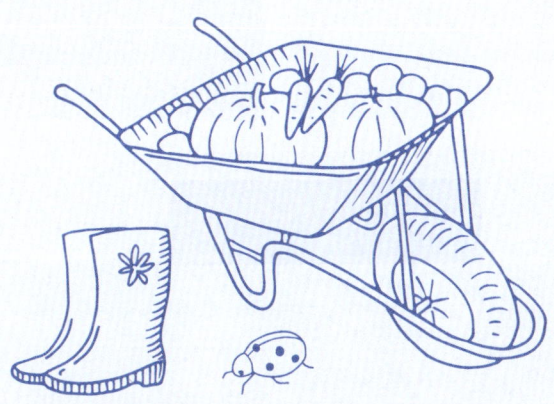

Der Ausdruck Guerilla Gardening (span. Guerilla für „kleiner Krieg" und engl. Gardening für „Gärtnern") oder auch Green Gardening wurde in New York City von einer Künstler- und Aktivist*innengruppe um Liz Christy geprägt. 1973 steckte New York in einer Spirale der Gewalt und Kriminalität und es gab viele verlassene Grundstücke in der Stadt. Die Green Guerillas begannen, diese Brachflächen zu begrünen und sogenannte community gardens einzuführen. Zur damaligen Zeit war das ein Meilenstein: Erstmals wurde das Gärtnern im öffentlichen Raum mit politischem Protest und künstlerischem Ausdruck verknüpft. In der Folge wurde aus den Green Guerillas eine regelrechte Bewegung. Später hat sich daraus das von der Stadt initiierte Projekt Green Thumb entwickelt, das heute rund 550 Gärten in New York verzeichnen kann.

Peter ist auch auf unserem Logo drauf, fast so, wie er hier steht: Die kleinen Pflänzchen gießend.

Schon ganz bald werden wir in der Grünen Lunge fantastisch frisches Gemüse ernten.

Wir verliebten uns sofort in den verwunschenen Garten, den Peter uns zeigte.

Von Anfang an hat uns die Idee des Urban Farming fasziniert. Urban-Gardening-Projekte kannten wir bereits einige — sie hatten uns aber nicht so richtig überzeugt, was den Ertrag anging. Sie waren aus unserer Sicht oft eher pädagogisch und sozial motiviert, selten stand die Nahrungsmittelproduktion selbst im Fokus. Zudem spielten sie sich in Frankfurt ausschließlich in Hochbeeten ab. Natürlich liegt es in der Stadt mit ihren vielen versiegelten Flächen nahe, in Hochbeeten zu gärtnern und die Menschen so wieder an den Gemüseanbau heranzuführen. Wir wollten aber von Anfang an unbedingt im Boden gärtnern. In der Permakultur werden die Pflanzen über den Boden ernährt, dem Boden kommt eine zentrale Bedeutung zu. Es reizte uns sehr, mitten in der Stadt einen lebendigen Boden zu schaffen, Humus aufzubauen, die Erde unter den Händen zu spüren.

Und so hatten wir plötzlich unser Ziel ganz klar vor Augen: Wir wollten auf städtischen Grünflächen, und seien sie noch so klein, Gemüse anbauen, was das Zeug hält — am liebsten an jeder Straßenecke und in jedem Park. Nur: Wo anfangen?

WAS WIR BRAUCHEN?
EINEN ORT ZUM LOSLEGEN!

Bis zum ersten Samenkorn, das wir in die Erde stecken konnten, war es gar kein langer Weg. Das lag vor allem daran, dass wir beschlossen, keine langwierigen bürokratischen Wege zu gehen. Wir wollten einfach nicht darauf warten, dass uns von offizieller Seite ein Eckchen für unser Vorhaben zur Verfügung gestellt würde. Stattdessen suchten wir uns selbst unseren Platz — und fanden: die Grüne Lunge!

Als Laura und ich das riesige alte Gartengebiet im Januar 2019 zum ersten Mal betraten und die teils verwilderten, teils vermüllten Gärten sahen, wussten wir: Das ist er, der ideale Ort. Wir wussten auch, dass die Grüne Lunge von Bebauung bedroht war — umso wichtiger war es uns, zu zeigen, was dort anstelle von Häusern und PKW-Stellplätzen entstehen könnte. Wir knüpften schnell Kontakt zur „Bürgerinitiative für den Erhalt der Grünen Lunge am Günthersburgpark" und stellten dort unsere Idee vor: In der Grünen Lunge sollten Kürbisse, Auberginen, Tomaten in den Himmel klettern, ausgesäte Kräuter mit ihren wilden Verwandten um die Wette wachsen, süße Beeren von den Sträuchern gepflückt werden können. Peter Beckmann war sofort mit an Bord. Er ist ein Vorstand der Bürgerinitiative, ziemlich bekannt in der Öffentlichkeit und immer offen, wenn es darum geht, Allianzen und Kooperationen zu bilden. Ohne ihn gäbe es die GemüseheldInnen zumindest in der Grünen Lunge nicht. Deshalb haben wir ihn auch auf unserem Logo verewigt.

Schon wenige Tage später waren wir wieder in der Grünen Lunge. Peter, der das Gebiet wie seine Westentasche kennt, wollte uns einen Garten zeigen, der schon seit Jahren nicht bewirtschaftet wird. „Hier könnt ihr anfangen." Das ließen wir uns nicht zweimal sagen.

Und einmal
ganz tief durchatmen —
die Grüne Lunge
im Herzen Frankfurts

Das soll Frankfurt sein? In der Grünen Lunge fühlt man sich in eine andere Welt katapultiert.

Ein 16 Hektar* großes verwunschenes Gartenareal mitten in Frankfurt am Main — unglaublich, aber wahr! Im Stadtteil Nordend, nördlich der Frankfurter Innenstadt, befindet sich die „Grüne Lunge am Günthersburgpark" mit ihren verwilderten Gärten, alten Baumbeständen und unzähligen Tier- und Pflanzenarten wie beispielsweise dem Roten Milan, einem mäusebussardgroßen Greifvogel, oder der Breitblättrigen Stendelwurz, die zur Familie der Orchideen zählt. Auch Füchse wohnen hier; manchmal bekommt man sie in der Dämmerung zu Gesicht.

In über 100 Jahren ist dieses Gebiet zu einem außergewöhnlichen Biotop herangewachsen. „Grüne Lunge" wurde es von der Bürgerinitiative genannt, die seit Jahren für ihren Erhalt kämpft: Denn es liegt in einer der beiden wichtigsten Frischluftschneisen für Frankfurt und versorgt die umliegenden Viertel mit kühler Luft aus der Wetterau.

Doch die Grüne Lunge ist von Bebauung bedroht. Mehrere Investoren möchten hier — großteils hochpreisige — Wohnungen errichten. Dieses Vorhaben sorgt in Frankfurt für Aufruhr, denn die Bebauung würde die Versiegelung der Grünen Lunge und damit die endgültige Zerstörung der dort angesiedelten Pflanzen- und Tierwelt bedeuten. Viele Menschen und NGOs setzen sich deshalb für den Erhalt dieses wertvollen Gebietes ein, auch im Hinblick auf die aktuelle Klimasituation — denn Frankfurt war in den letzten Jahren die heißeste Stadt Deutschlands.

Paradise found! Die Bäume biegen sich …

… in den verlassenen Gärten der Grünen Lunge.

*Falls du dir unter 16 Hektar nicht allzu viel vorstellen kannst: Das sind 160.000 Quadratmeter. Auf dieser Fläche würden etwa 22 Fußballfelder Platz finden.

WIE SOLL UNSER BABY HEISSEN?
WIR SIND DIE GEMÜSEHELDiNNEN!

Zuerst mussten wir den Garten allerdings durch eine Entmüllungsaktion auf Vordermann bringen. In den teilweise seit langem verlassenen Gärten hatten sich wohnungslose Menschen einquartiert und im Laufe mehrerer Jahre auch große Mengen an Müll angesammelt — alte Matratzen, Kleidung, Töpfe und, und, und.

Wir entwarfen also ein Plakat zur Ankündigung der Aktion gemeinsam mit der

Bürgerinitiative und der Aktivist*innengruppe *Climate Justice Frankfurt*, als uns einer der Mitstreiter von *Climate Justice* die Frage stellte: „Wie heißt ihr denn überhaupt?" Und da wurden die GemüseheldInnen geboren. Wenn sie auch zugegebenermaßen erstmal gendermäßig inkorrekt „Gemüsehelden" hießen. Wir fanden, dass das griffig und prägnant klang. Erst einige Monate später, als wir schon um die 20 Personen waren und sich immer mehr Gemüsehelden an dem fehlenden „Innen" störten, beschlossen wir gemeinsam: Ab jetzt gendern wir.

Schaut alle her: das Banner für unsere erste Aktion.

Aber nochmal von Anfang an: Als uns der Name „Gemüsehelden" einfiel, waren wir gleich begeistert. Wir hatten vorher andere Möglichkeiten durchgespielt; Namen wie „Gemüserevolte" oder „Gemüserevolution" waren durch unsere Köpfe gegeistert. Wir merkten jedoch schnell, dass wir keinen allzu kämpferischen, tendenziösen Namen für unser Projekt wollten. Es war uns wichtig, möglichst viele Menschen anzusprechen, die aus den unterschiedlichsten gesellschaftlichen Zusammenhängen kommen sollten. Und wir wollten, dass unser Name vor allem eine positive Kraft und Dynamik ausstrahlt.

Zu unserer ersten Entmüllungsaktion kamen trotz Plakaten nur drei „Externe" und wir säuberten unseren Garten hauptsächlich mit Mitgliedern der Bürgerinitiative. Was aber dem Spaß keinen Abbruch tat.

Obwohl wir Pech mit dem Wetter hatten und Müllsammeln nicht unbedingt eine der erfreulichsten Beschäftigungen ist, waren alle super gelaunt und voller Tatendrang. Und bei dieser ersten Aktion stieß eine Person zu uns, die innerhalb kürzester Zeit einer der Grundpfeiler der GemüseheldInnen werden sollte: Chris Kircher.

Ja, wir sind Ökofeministinnen!

Rosemarie Heilig, Ökofeministin!

Ökofeminismus? Davon hatten wir ehrlicherweise noch nie was gehört. Bis uns eines Tages eine liebe Gartennachbarin als „die zwei Ökofeministinnen" bezeichnete. Dem mussten wir nachgehen. Und es eröffnete sich uns eine ganz neue Welt: Wir lasen über die grundlegenden Zusammenhänge von ökologischen Fragen, feministischen Ansätzen und Klimagerechtigkeit und fragten uns: Sind wir tatsächlich Ökofeministinnen?

Der Ökofeminismus wurde in den 1970er Jahren von der französischen Frauenrechtlerin Françoise d'Eaubonne geprägt. Er beschäftigt sich damit, wie die Unterdrückung von Frauen und die Zerstörung der Natur miteinander verbunden sind. Ökofeminist*innen glauben, dass ökologische und feministische Fragen zusammengehören und deshalb auch zusammen betrachtet und behandelt werden müssen.

Eine der bekanntesten Ökofeministinnen ist die indische Wissenschaftlerin und Umweltaktivistin Vandana Shiva. Sie verteidigt seit vielen Jahren die Rechte der indischen Bauern und Bäuerinnen gegen Großkonzerne wie Monsanto und Nestlé und engagiert sich für den Schutz und die Vielfalt von Saatgut.

Eine lokale ökofeministische Größe ist bei uns die Politikerin Rosemarie Heilig: Als Dezernentin für Umwelt und Frauen sind in ihrer Arbeit beide Themenbereiche eng miteinander verknüpft. Sie kümmert sich einerseits um den Schutz der Frankfurter Natur und ihrer Biodiversität und andererseits um Frauenprojekte verschiedenster Art.

Frauen, Indigene sowie sozial benachteiligte Gruppen sind weltweit am stärksten von Umweltkatastrophen betroffen, denn sie sind mehrheitlich diejenigen, die landwirtschaftlich tätig sind und deren Existenzgrundlage stark von der Umweltsituation abhängt.

WIR MÜSSEN DAS **GLEICHGEWICHT WIEDERHERSTELLEN!**

Im Grunde ist eine nachhaltige Welt nur denkbar, wenn auch die Geschlechter gleichgestellt sind. Deshalb fordern Ökofeminist*innen einen umfassenden Systemwandel, gerade hinsichtlich patriarchaler Strukturen. Für sie besteht das Ziel darin, Harmonie zwischen den Geschlechtern, aber auch zwischen allen Lebewesen und der Biosphäre zu schaffen.

NUR ZUR INFO: Tatsächlich ist die Klimabewegung weiblich dominiert. Dies zeigt sich auch in der *Fridays-for-Future*-Bewegung. Hier sind zwei Drittel der Demonstrierenden weiblich.

WIE DAS FUNKTIONIEREN KANN? **MIT RADIKALEM FEINGEFÜHL**

Ökofeminist*innen werden oftmals als radikal dargestellt — oder belächelt. So ist es Greta Thunberg ergangen, ebenso anderen jungen Frauen, die sich in der Klimakrise engagieren und politisch handeln. Auf diese Weise lenken die Kritiker*innen vom eigentlichen Anliegen der Aktivist*innen ab, disqualifizieren sie von vornherein und vermeiden es, sich näher mit dem Inhalt des Protests auseinanderzusetzen. Dabei entspringt der äußere Eindruck von Radikalität wohl häufig einer großen inneren Verzweiflung angesichts der Zähigkeit patriarchaler Strukturen und politischer Denkmuster, welche die dringend notwendigen Veränderungen blockieren. Hinter der scheinbaren Radikalität verbergen sich eine große Sensibilität für die Rechte und Bedürfnisse der Natur sowie tiefes Mitgefühl für die misshandelte Erde und die unterdrückten Frauen.

UND GANZ KLAR DABEI IST: **GEGEN DAS PATRIARCHAT, NICHT GEGEN DIE MÄNNER**

Im Ökofeminismus geht es ganz klar nicht darum, die Männer anzuprangern. Es geht darum, patriarchale Muster zu erkennen und diese in Bereichen wie Wirtschaft und Politik aufzulösen. Sind wir nun Ökofeministinnen? Eindeutig ja!

Wir können die Ziele der Ökofeminist*innen zu hundert Prozent unterschreiben. Wir möchten eine Gemeinschaft schaffen, in der alle Menschen gleichberechtigt und gleichwertig sind. Und wir versuchen, die Versöhnung von Natur und Mensch, das ebenbürtige Miteinander von allen Geschlechtern zu leben, für das sich Ökofeminist*innen einsetzen. Auch bei uns GemüseheldInnen ist es so, dass aktuell mehr Frauen als Männer mit an Bord sind (zwei Drittel Frauen, ein Drittel Männer). Wir würden uns sehr freuen, in nächster Zeit noch mehr Männer für unser gemeinsames Ziel gewinnen zu können.

CHRIS KIRCHER
WILDPFLANZEN-DOMPTEURIN UND GEMÜSEHELDIN DER ERSTEN STUNDE

KÜNSTLERIN, BIOLOGIN, FEMINISTISCHE SELBSTVERTEIDIGUNGSTRAINERIN

Ich wohne direkt an der Grünen Lunge und mein Arbeitsweg führt mich seit vielen Jahren jeden Tag durch das Gebiet in mein Schweißatelier. Schon vor der Gründung der GemüseheldInnen war ich in der „Bürgerinitiative zum Erhalt der Grünen Lunge e.V." engagiert und habe als Botanikerin die Flora des Gebietes erfasst. Ich war schon immer politisch, ökologisch und sozial engagiert und die Idee, in nicht bewirtschafteten Gärten ein Gemein-schaftsgartenprojekt zu starten, hat mich somit gleich begeistert. Der Klimawandel ist eine große gesellschaftliche Heraus-forderung und es ist gut, ihr gemeinsam zu begegnen. Mit vielen ganz konkreten Projekten. Bei den GemüseheldInnen gibt

Dschungel-Feeling mitten in Frankfurt!

Körbchen schnappen und ab geht's zur Wildkräuter-suche. Chris und Luise lieben es.

es dazu noch super viele nette, engagierte und kreative Menschen, mit denen ich einfach gerne zusammen bin.

Als Gemüseheldin der ersten Stunde habe ich schon einiges erlebt: von den ersten Entmüllungen über den Aufbau einer Gemeinschaft bis zur Anlage mehrerer Gärten.

Ich bin Gartenverantwortliche im Wiesengarten und mir sind Rückzugsinseln für Wildpflanzen und Tiere wichtig. Zurzeit bauen wir ganz viele alte Gemüsesorten und Wildgemüse an. Seit Beginn des Projektes bin ich im Orga-Team, habe an der Vision „PermaKulturGarten Frankfurt 2025" mitgearbeitet und bin an Verhandlungen mit städtischen Ämtern ebenso beteiligt wie an jenen mit Wohnungslosen, Besetzer*innen, den Jugendlichen von *Fridays for Future*, der Bürgerinitiative und vielen anderen, die im Gebiet aktiv sind. Die GemüseheldInnen sind einfach ein sehr vielfältiges Projekt. Wie schön, es lässt sich so viel Neues ausprobieren und in einer guten Atmosphäre lernen.

HURRA, EINE BRENNNESSEL:
WILDPFLANZEN IM GARTEN

Am Anfang unseres Projektes, als wir gerade die ersten Samen ausgesät hatten, war natürlich in den Beeten noch nichts zu ernten. Umso erfreulicher, dass es in unserem Gebiet viele Wildkräuter gab und gibt. Als die für Frankfurt so typische Grüne Soße noch im Keimstadium war, konnten wir schon im April unsere Wilde Grüne Soße zusammenstellen. Gerade im Frühling sind viele Wildkräuter sehr zart und schmackhaft. Zudem haben Wildpflanzen den Vorteil, dass sie an den Standort angepasst und damit pflegeleicht sind. Statt die „Unkräuter" zu bekämpfen, macht es also Sinn, sie kennenzulernen und das eine oder andere Wildkraut für die Küche zu entdecken. Essbare Wildkräuter sind viel reicher an sogenannten sekundären Pflanzenstoffen als unsere heute gängigen Gemüsesorten. Das macht sie so gesund und wertvoll. Und viele Wildpflanzen sind alte Heilpflanzen.

Wildpflanzen-Ernte: so prächtig zum Anschauen und noch besser zum Reinbeißen.

BRENNNESSEL
(URTICA DIOICA)

Die jungen Brennnesselblätter schauen noch gar nicht so stachelig aus, oder? Im April schmecken sie einfach superzart.

Superfood-Alarm: Die nussigen Samen-knöllchen sind ein Highlight im Müsli.

Die Brennnessel ist Heilkraut, Wildgemüse und wunderbarer Dünger in einem. Sie ist ein gutes Mulchmaterial und für mehrere heimische Schmetterlinge eine wichtige Futterpflanze. Alles gute Gründe, ihr im Garten einen Platz zu lassen oder sie anzusiedeln. Jung gepflückt ist sie besonders zart.

Ich selbst liebe Nudeln mit Brennnesselsoße und finde sie im Geschmack viel feiner als Spinat. Für die Brennnesselsoße einfach im Frühling die oberen zwei oder drei Blattpaare abzupfen und wie Spinat kurz kochen und pürieren. Am Schluss noch mit etwas Sahne oder Sojasahne verfeinern.

Du kannst die Brennnessel auch roh verwenden, zum Beispiel in Smoothies. Für Salat oder Kräuterquark die Blätter vorher mit heißem Wasser überbrühen, damit die Brennhaare nicht mehr wirken können.

Im Frühling sammle ich die ganzen

Pflanzen für Tee und lasse sie gebündelt an einem warmen, schattigen Ort trocknen. Der Brennnessel wird eine entschlackende und harntreibende Wirkung nachgesagt.

Im Sommer sammle ich an den weiblichen Brennnesseln die noch grünen oder reifen bräunlichen Samen. Das ist zwar etwas aufwendiger, du bekommst dafür aber ein heimisches Superfood mit leicht nussigem Aroma, das sich das ganze Jahr über hält und sich gut im Müsli macht.

Aus der Brennnessel kannst du außerdem eine wunderbare Jauche herstellen und mit diesem stickstoffhaltigen Dünger die Gemüsepflanzen versorgen. Dazu die ganzen Pflanzen in einen Bottich voll Wasser geben und in den nächsten 2 bis 3 Wochen ab und an umrühren — dabei hilft Steinmehl gegen den Geruch. Im Verhältnis 1:10 mit Wasser verdünnt darf die Jauche dann aufs Gemüsebeet.

GIERSCH
(AEGOPODIUM PODAGRARIA)

Giersch wächst ohne Rücksicht auf Verluste. Genial, schmeckt er doch fast wie Petersilie.

Wer den Giersch einmal im Garten hat, wird ihn so schnell nicht wieder los. Deswegen ist er unter Gärtner*innen manchmal ganz schön unbeliebt. Ein kleines Stückchen Wurzel bringt eine ganze Pflanze hervor — eigentlich ziemlich genial. Kaum jemand weiß, dass die jungen Blätter mild und lecker sind. Sie schmecken ähnlich wie die der nahe verwandten Petersilie und können genauso verwendet werden. Solange man den Giersch erntet, treiben junge Blätter nach. Bei den Gemüseheld-Innen haben wir bei Gartenaktionen immer wieder mit Besucher*innen in Steinmörsern Gierschsalz hergestellt — das kommt gut an.

WILDE MALVE
(MALVA SYLVESTRIS)

Blütenexplosion im Garten: Die Wilde Malve ist ein superschöner Hingucker und macht sich von Blatt bis Blüte fantastisch als Salat oder Gemüse.

Eine echte Entdeckung ist für uns die wunderschön blühende Wilde Malve.

Sie ist eine alte Gemüse- und Heilpflanze. Alle Teile sind essbar und schmecken richtig lecker. Die Blätter und Blüten lassen sich im Salat roh oder gekocht als Gemüse wie Spinat zubereiten. Ihre pinkfarbenen Blüten sind sehr dekorativ im Essen. Die Wilde Malve erfreut aber nicht nur uns Menschen, ihre bis zu 1,5 Meter hohen Malven mit den üppigen und auffälligen Blüten sind ein wahrer Insektenmagnet und leuchten im Garten von Mai bis Oktober.

KNOBLAUCHSRAUKE
(ALLIARIA PETIOLATA)

Im Garten führt sie gern ein Schatten-dasein, um im Kräuterquark dann ihr Knoblaucharoma voll zu entfalten.

Unscheinbarer Pfefferersatz! Und einfach traumhaft in Kombination mit Kartoffeln.

Bei uns, in den relativ schattigen Gärten, kommt häufig die Knoblauchsrauke vor, die eigentlich eine typische Pflanze der Waldsäume ist. Ihre Blätter sind ganz glatt, leicht glänzend und an den Rändern eingekerbt. Oft wächst sie in dichteren Beständen und wie der Name Knoblauchs-rauke schon sagt, schmeckt sie deutlich nach Knoblauch. Ihr Geschmack verrät aber auch die nahe Verwandtschaft zu den Kohlgewächsen. Im Frühling vor der Blüte kannst du sie frisch aufs Brot und in Kräu-terquark oder Smoothies geben. Eine le-ckere Zugabe ist sie in der Kartoffelsuppe, bei längerem Kochen verliert sie allerdings den Geschmack. Im Juli/August lassen sich ihre Samen ernten; diese enthalten die für Kohlgewächse typischen Senfglykoside.

Wegen ihrer Schärfe wurden die Samen früher als Pfefferersatz verwendet; mich erinnern sie geschmacklich sehr an Meer-rettich. Ein schönes und ganz einfaches Rezept: Ich gebe beim Kochen von Salz-kartoffeln einen Löffel Samen zum Koch-wasser. Beim Abschütten durch ein Sieb bleiben die Samen dann an den Kartoffeln als Gewürz haften.

SPITZWEGERICH
(PLANTAGO LANCEOLATA)

*Wundheiler und Erkältungshero
in einem: Spitzwegerich.*

Der Spitzwegerich ist meiner Meinung
nach ein Heilkraut, das jede*r kennen
sollte. Zum einen ergibt er zusammen mit
Thymian einen wunderbaren Erkältungs-
tee, der mit Zitrone und Honig auch richtig
lecker schmeckt. Zum anderen verwende
ich den frischen Spitzwegerich oft bei
Wunden. Er ist sowohl antibakteriell und
desinfizierend als auch wundheilend. Dazu
ein Blatt zwischen Daumen und Zeige-
finger rollen und quetschen, bis ein grünes
Tröpfchen für die Wunde entsteht. Gerade
bei nässenden Wunden sorgt das schnell
für Heilung. Spitzwegerich hilft auch bei
Insektenstichen. Und von den Römern ist
überliefert, dass sie den verwandten Breit-
wegerich bei Blasen an den Füßen einfach
in den Schuh gesteckt haben.

LUNGENKRAUT
(PULMONARIA OFFICINALIS)

*Das Lungenkraut steht auf
schattige Plätzchen.*

Das Lungenkraut gehört zu den Frühlings-
waldgewächsen. Es nutzt die sonnige
Situation am Waldboden, bevor die Laub-
bäume austreiben. Später im Jahr kommt
das Lungenkraut dann mit sehr wenig
Licht aus — wunderbar also für Schatten-
gärten. Dabei bietet es Wildbienen schon
im März üppiges Futter.

Die Pflanze ist ein altes Lungenheilkraut,
nach der Signaturenlehre von Paracelsus
stehen die weißen Punkte auf den herzför-
migen Blättern für die Lungenbläschen. Wie
bei seinem nahen Verwandten Borretsch
ist das ganze Kraut essbar.

Für uns in der Grünen Lunge steht das heil-
kräftige Lungenkraut mit seinem Namen
symbolisch für das wertvolle artenreiche
Grün und die Bedeutung eines alten Baum-
bestandes in einer immer wärmer werden-
den Stadt.

BÄRLAUCH
(ALLIUM URSINUM)

Bärlauch: Das ist ganz großes Knoblauchkino im Frühlingsgarten.

Bärlauch schmeckt nach Knoblauch und du kannst ihn auch wie Knoblauch verwenden. Also frisch aufs Brot oder im Kräuterquark und natürlich als Bärlauchpesto — kleingeschnitten mit etwas Öl, Parmesan und gerösteten Pinien- oder Sonnenblumenkernen zu Nudeln, das ist superlecker! Tatsächlich muss man den Bärlauch kleinschneiden, denn das maschinelle Pürieren bringt eine unerwartete Schärfe. Bärlauch

darf nur vor der Blüte verwendet werden; die Blüte selbst ist eine wunderhübsche Deko auf dem Teller. Im Garten kannst du dem Bärlauch ein schattiges Plätzchen einräumen. Er liebt kalkhaltigen, humosen und frischen Boden. Vorsicht: Maiglöckchen mögen dieselben Standorte, sehen ähnlich aus und sind giftig.

Wenn es dem Bärlauch gut gefällt, breitet er sich im Garten schnell aus. Dabei hilft ihm ein Stoff, den er über die Wurzel ausscheidet und der das Wachstum anderer Pflanzen hemmt. Wundere dich nicht, wenn du den Bärlauch im Sommer nicht mehr siehst: Er zieht die Blätter ein und speichert in seiner Zwiebel Stoffe für das nächste Frühjahr, denn er ist eine Frühlingswaldpflanze. Er profitiert am Anfang des Jahres davon, dass die Bäume noch nicht belaubt sind und viel Sonne auf den Waldboden lassen.

GEWÖHNLICHER LÖWENZAHN
(TARAXACUM OFFICINALE)

*Wie kleine Sonnenkleckse:
der Löwenzahn in unseren Gärten.*

Wie der Name Löwenzahn schon sagt, sind die Blätter tief gezähnt. Die Pflanze fällt durch ihre leuchtend gelben Blüten ins Auge, die mit ihren kleinen Zungenblüten viele Insekten anlocken. Der Löwenzahn liebt gut gedüngten Gartenboden und schleicht sich immer wieder in die Beete, denn mit den kleinen Schirmchen sind seine Samen sehr mobil. Beim Unkrautzupfen kannst du die jungen Blätter gut für Smoothies oder Salate aufheben, später werden sie recht bitter. Dafür machen sich die Blüten dann hübsch als Deko im Essen. Gut schmecken auch die Knospen, die du entweder wie Gemüse in der Pfanne braten oder wie Kapern in Essig einlegen kannst. Dass es sich beim Löwenzahn um eine alte Heilpflanze handelt, verweist im wissenschaftlichen Namen das Wort *officinale*.

Chris kann sich an den wunderschönen Blüten einfach nicht sattsehen.

Je wilder, desto besser: Rezepte mit allem, was wir gar nicht angepflanzt haben

FRISCHER ENERGIEKICK ZUM TRINKEN: SMOOTHIE MIT WILDKRÄUTERN

200 ml Apfelsaft
200 ml Wasser
1 Banane
1 Karotte
2 Handvoll Wildkräuter

Alles mixen und fertig!

Tipp: Für einen roten Smoothie packe einfach noch eine halbe Rote Beete in den Mixer.

FRANKFURTER GRÜNE SOSSE GOES WILD: DIE „WILDE GRÜNE SOSSE"

Was wäre Frankfurt nur ohne seine beliebte „Grie Soß"?! Die hessische Spezialität, die man traditionell kalt zu Salzkartoffeln und gekochten Eiern serviert, besteht aus sieben Kräutern: Borretsch, Kerbel, Kresse, Petersilie, Pimpinelle, Sauerampfer und Schnittlauch.

In unserem ersten Jahr machten wir aus der Not eine Tugend. Als die sieben Kräuter, die wir zuallererst ausgesät hatten, einfach nicht schnell genug wachsen wollten, kreierte Chris die „Wilde Grüne Soße".

Alle Kräuter hierfür waren zu dieser Zeit zart und frisch in großen Mengen in der Grünen Lunge vorhanden.

» *Taubnessel*
» *Lungenkraut*
» *Löwenzahn*
» *Knoblauchsrauke*
» *Giersch*
» *Brennnessel*
» *Sauerampfer*

Außerdem brauchst du:
Quark, saure Sahne, Senf, Salz, Pfeffer, Öl

Alle Kräuter sehr klein schneiden und mit den restlichen Zutaten vermischen. Fertig ist die „Wilde Grüne Soße".

RATZFATZ GIBT'S MITTAGESSEN:
BÄRLAUCHPESTO MIT CASHEWKERNEN

1 großer Strauß Bärlauch
Sonnenblumenöl
100 g Cashewkerne
Salz

Bärlauch waschen, abtrocknen, kleinschneiden und in einem Mörser oder Mixer mit Sonnenblumenöl pürieren.

Cashewkerne anrösten, erkalten lassen und mit einem Mörser oder Mixer zerkleinern. Beides zusammenfügen, etwas salzen und in Gläser abfüllen. Die Gläser noch mit Öl bis 1 cm unter den Rand auffüllen, fest verschließen und bei 80 °C Umluft im Wasserbad für 60 Minuten in den Backofen stellen.

PESTO NUMMER 2:
MIT KNOBLAUCHSRAUKE/ WALNUSS

1 große Schüssel frisch gepflückte Knoblauchsrauke
Sonnenblumenöl
200 g Walnüsse
Salz

Das Kraut waschen und trockenschleudern. Mit einem Mörser oder Mixer mit Sonnenblumenöl zu Mus verarbeiten. Walnüsse anrösten und mit dem Mörser zerkleinern. Alles zusammenfügen, etwas salzen, in Gläser füllen und mit Öl übergießen. Dann ebenfalls im Backofen bei 80 °C Umluft im Wasserbad für 60 Minuten erhitzen.

DUFTIG WIE EIN WIESENSPAZIERGANG: **BUNTES BLÜTENSALZ**

Blütensalz ist ein wunderbares Geschenk für verschiedenste Anlässe. Alles, was du dafür brauchst, sind biologisches Salz — grobkörnig oder fein, hier kommt es darauf an, wie du dein Salz möchtest — und viele essbare bunte Blüten. Gerade für Kindergruppen kann die Blütensuche in den Gärten oder Parks zu einer wahren Expedition werden.

Hier ein paar Beispiele für essbare Blüten:

Borretsch, Ringelblume, Rose, Gänseblümchen

Nach dem Sammeln der Blütenblätter breitest du die eroberten Schätze am besten mittig auf einem großen Tisch aus.

Sehen die Blüten- und Wildkräutersalze nicht zauberhaft aus?

Was du für die Herstellung sonst noch benötigst:

Honig- oder Einmachglas mit Deckel
Messer
Schneidebrett
Teller oder Schale

Nun kann es losgehen! Gib in deinen Teller oder deine Schale etwas Salz. Zerkleinere mit dem Messer deine Blütenauswahl und mische die Blüten und das Salz mit den Händen. Es ist eine wahre Freude, sich die eigene Farbkombination zusammenzustellen.

Das Verhältnis von Salz zu Blüten bleibt dir selbst überlassen.

Wenn du mit deiner Mischung zufrieden bist, kannst du das Glas mit dem selbstgemachten Blütensalz füllen. Optimal wäre es allerdings, wenn du den Teller mit dem fertigen Blütensalz noch einige Tage an einem trockenen und schattigen Ort aufbewahrst, damit die Blüten nachtrocknen können.

Anstelle der Blüten kannst du auch Wildkräuter wie z.B. Giersch verwenden. Wichtig ist, dass sich keine giftigen Exemplare auf den Teller mogeln. Bei einer Kindergruppe sollte deshalb ein Blütenexperte oder eine Wildkräuterfachfrau dabei sein und genau hinschauen, was gepflückt wird.

ACH, WIE GUT, WENN JEDE*R WEISS ... **ODER: DIE MARKE MACHT'S!**

In den ersten Monaten versuchten wir vor allem, die GemüseheldInnen ins öffentliche Bewusstsein zu rücken. Wir überlegten, wie wir am besten Menschen dazu bewegen könnten, bei uns mitzumachen. Und hier kam Laura ins Spiel: Mit ihrem Grafik-designerinnen-Fachblick gab sie die Richtung vor. Ihre Devise: Auf allen Kanälen sichtbar werden! Mit Feuereifer machte sie sich daran, die Marke „GemüseheldInnen" aufzubauen. Mit unserem prägnanten Motto „Frankfurt essbar machen? — Ei sischer!" legten wir hessisch und offensiv los.

Wir bewarben jede Aktion mit einem eigens gestalteten Plakat und Laura startete unsere Facebook-Seite, die sie bis heute beinahe täglich mit aktuellen Fotos und

Informationen füttert. Obwohl wir am Anfang nur zu zweit waren, hatten wir schon ein Logo. Damals ging es los mit unserem Hang, alles „groß zu denken", wie Chris immer so schön sagt. Wir gingen einfach fest davon aus, dass wir den Nerv der Zeit getroffen hatten und dass die Menschen in Scharen zu uns stoßen würden. Bei den

In trauter Zweisamkeit waren wir in unseren Gärten nur in der allerersten Zeit.

ersten Aktionen wurden wir dann allerdings mit einer etwas anderen Realität konfrontiert. Trotz umfangreicher Werbung waren jedes Mal hauptsächlich bekannte Gesichter dabei und, wenn's hochkommt, zwei bis drei neue. Aber wir ließen uns nicht entmutigen. Unsere ersten Aktionen hatten sogar einen ganz besonderen Zauber: Sie waren mit so viel Liebe vorbereitet, dass sie für die Wenigen, die kamen, inklusive uns selbst, unvergesslich wurden. So zum Beispiel unsere Wildkräutersuche: Chris führte die kleine Gruppe wie die sieben Zwerge durch verschiedene Gärten und zeigte Giersch, Löwenzahn, Lungenkraut und weitere Wildkräuter, aus denen sich eine wilde Frankfurter Grüne Soße mixen lässt (Seite 31).

Das hatte Chris bereits vorab gemacht und wir konnten gar nicht genug von der "Wilden Grünen Soße" bekommen. Chris' Partner Georg, der seitdem fest zu unserem Orga-Team gehört, präsentierte uns dann am Lagerfeuer seinen frisch komponierten "Grüne-Soße-Song", der eigens auf die Grüne Lunge zugeschnitten war. Wir wollten ihn immer wieder hören und bald sangen wir alle aus voller Kehle:

In Frankfurt gibt's n wunderschönes Kleingartengebiet / Über das schon bald die Planierraupe zieht. / Doch jetzt ist es noch da, und du kannst es genießen / Weil dort die wilden Grüne-Soße-Kräuter sprießen

Dass unsere offensiven Werbemaßnahmen anfangs noch nicht von Erfolg gekrönt waren, hatte also nicht nur Nachteile. Nie wieder hatten wir so stille und friedliche Momente im Garten wie in dieser ersten Zeit, wo wir ganze Vormittage lang vor uns hin werkelten, manchmal ge-

Auf Kräuterexpedition im Grüne-Soße-Garten mit Chris.

Hier haben wir ganz zu Beginn losgebuddelt: im Grüne Soße-Garten.

Das rote Flatterband markierte den zukünftigen Weg. Überall sonst: bitte losgärtnern!

Offenes Plenum

Gemüse heldInnen Frankfurt

Wir quatschen am liebsten draußen: Mitten im Wiesengarten fand unser erstes Plenum statt.

Die Veränderung beginnt vor unserer Haustür

meinsam mit Peter Beckmann, der uns die Hecken schnitt, ein Bohnengerüst baute und bepflanzte oder einfach nur nach dem Rechten sah. „Ihr seid auch Überzeugungstäter, was?", sagte er das eine oder andere Mal zu uns. Dem konnten wir nur zustimmen.

ÜBER DIE **ERSTEN „FESTEN" GEMÜSEHELDINNEN** UND EINEN **ÜBERMÄCHTIGEN GARTENBEWOHNER**

Ganz unauffällig kamen langsam, aber sicher doch ein paar Leute zu uns. Mehrmals war die Grüne Lunge das Ziel von *Fridays-for-Future*-Demos und jedes Mal führten wir interessierte Jugendliche in unseren Garten und luden sie zum Mitmachen ein. So bekam übrigens unser erster Garten seinen Namen: Wir säten gemeinsam mit Jugendlichen die Grüne-Soße-Kräuter aus — im „Grüne-Soße-Garten"!

Bei den Demos gewannen wir die ersten „festen" GemüseheldInnen Michael, Monika und Waltrud. Auch Katja fand ihren Weg zu uns: Sie stand eines Morgens vor uns und erklärte, sie hätte mal auf einem unserer Beete zu gärtnern begonnen — das sei schließlich ein revolutionärer Akt. Schon bald fand sich an verschiedenen Stellen im Garten ihre liebevolle Handschrift: hier ein kleiner, aus einer Blechwanne geborener Teich mit Brunnenkresse, dort ein detailreich gestaltetes Beet …

Jetzt geht's richtig ab: Es wird gegärtnert, was die Grabegabel hält.

Und Franzi hatte auf www.nebenan.de gelesen, dass man bei uns den Küchenkompost loswerden könnte.

All diese Menschen fanden im Mai ihren festen Platz bei uns, als wir unseren zweiten Garten dazubekamen: den Gierschgarten. Woher er seinen Namen hat? Natürlich von seinem Hauptpächter, dem Giersch. Sofort war uns klar, dass wir diesem übermächtigen Gartenbewohner nur mit vielen Menschen zu Leibe rücken könnten. Wir priesen den Garten also auf Facebook an und forderten die Menschen auf, sich ein Stückchen abzutrennen, dort den Giersch zu entfernen und loszugärtnern.

Was keine unserer bisherigen Aktionen bewirkt hatte, gelang nun: Ein eigenes kleines Stückchen Garten, das sprach die Menschen an. Michael, Waltrud, Katja, Monika und Franzi waren sofort dabei, außerdem Stefan und Elisa … Innerhalb kürzester Zeit war der Gierschwald in handliche kleine Beete unterteilt, in denen von uns angezogene Jungpflanzen ihren Platz fanden. Mangold und Rote Beete wurden ausgesät, Kartoffeln in die Erde gesteckt. Der Gierschgarten war kaum wiederzuerkennen.

MEHR GÄRTEN, MEHR LEUTE: ES GEHT DOCH!

Neben unseren Aktionen und dem täglichen Werkeln im Garten suchten wir aber auch andere Wege, um die GemüseheldInnen bekannt zu machen. Unverhofft fanden Georg, Chris, Laura und ich uns bei Radio X, dem Frankfurter Lokalradio, wieder und konnten dort über unser gerade mal einige Wochen altes Projekt erzählen. Schon ein bisschen größenwahnsinnig, oder? Dabei wurde Georgs frisch komponierter „Gemüsehelden-Song" gespielt, eine Ode an die Kraft der kleinen Aktionen:

*Nimm deine Hände oder einen Spaten /
Und grab 'n kleines Loch im grünen Garten, /
Wo die Gemüsehelden schon warten /
Und frische Beete in Frankfurt starten.*

Im Frühsommer bekamen wir über Peter Beckmann den Wiesengarten und den Apfelbaumgarten dazu und brachten es auf genügend „Mitglieder", um unser erstes Plenum veranstalten zu können.

Um den großen Tisch im Wiesengarten saßen 15 Personen. Eine davon war Anna, sie hatte über ihr Interesse an der Permakultur zu uns gefunden. Auch sie ist heute fester Bestandteil unseres Orga-Teams und prägt als Diplom-Pädagogin maßgeblich unsere Bildungsarbeit. Schon beim ersten Plenum fiel uns ihre Fähigkeit auf, strukturiert zu denken und zu handeln: Sie bot sofort an, Protokoll zu führen. Bis heute ist sie es, die darauf pocht, Inhalte klar zu benennen und zu ordnen.

Unsere Pläne und Ideen wachsen draußen am besten.

ANNA ZOLLNER
KINDERFREUNDIN UND DRACHEN-TRÄUMERIN

DIPLOM-PÄDAGOGIN, IN DER JUGENDHILFE TÄTIG

Manchmal fügt sich ja alles unerwartet zusammen. Als ich mit einer Freundes-gruppe zwei Jahre lang einen Garten in einem Kleingartenverein bewirtschaftet hatte, war ich zunehmend unzufrieden mit den dortigen Einschränkungen. Ich sehnte mich nach mehr Nachhaltigkeit, weniger „Unkraut"-Bekämpfung und etwas Gestal-tungsfreiheit nach dem Vorbild der Natur. Über *Wwoofing*-Plattformen (*World Wide Opportunities on Organic Farms*) und Inter-netrecherche fand ich verschiedene Höfe und Gemeinschaften, die helfende Hände suchten. In diesem Zusammenhang begeg-nete mir immer wieder das Thema Perma-kultur, das ich sofort sehr spannend fand. Viele Bücher, Mitarbeitswochen und einen

„Einführungskurs Permakultur" auf dem Schloss Tempelhof in Kreßberg später fas-zinierte mich sowohl der gärtnerische als auch der soziale Ansatz der Permakultur so sehr, dass ich mich auf die Suche nach Projekten in und um Frankfurt machte. Als mir eine Bekannte von den Gemüseheld-Innen erzählte, konnte ich kaum glauben, dass direkt vor meiner Nase mitten in einer Großstadt wie Frankfurt ein Permakultur-projekt startete. Ich wollte unbedingt Teil dieser spannenden Initiative sein.

Bei den GemüseheldInnen bin ich Mitglied des Orga-Teams und Gartenverantwort-liche für den Sonnengarten, in dem ein Permakultur-Schaugarten als Bildungsort

Das Dragon Dreaming: Vom Träumen, Planen, Handeln und Feiern

entstehen soll. Am Projekt begeistert mich neben dem rein Gärtnerischen auch die gemeinschaftliche Prozessentwicklung und das soziale Lernen in der Gruppe.

Ich habe das „Dragon Dreaming" als Methode der sozialen Permakultur kennengelernt und möchte es euch als ein tolles Werkzeug für die Verwirklichung sozialer Projekte oder auch anderer Ideen vorstellen.

Entwickelt wurde diese Methode vom australischen Organisationsentwickler John Croft. Der Begriff des „Dragon Dreaming" symbolisiert dabei die „Drachen", also die Schwierigkeiten und Ängste, denen wir uns stellen, während wir unsere Komfortzone verlassen und uns auf eine Gemeinschaft und ein gemeinsames Projekt einlassen. Die Methode ermöglicht es Menschen, kreativ und nachhaltig Projekte gemein-

schaftlich zu verwirklichen. Eine Projektentwicklung folgt beim Dragon Dreaming vier gleichwertigen Phasen:

1. TRÄUMEN
2. PLANEN
3. HANDELN
4. FEIERN

Keine der Phasen findet dabei isoliert statt; vielmehr ist immer wieder ein Innehalten und Nachbessern möglich. In manchen Situationen kann es sinnvoll sein, erneut in die vorherige Phase zurückzukehren, etwas zu korrigieren oder für einen bestimmten Prozess noch mehr Zeit zu verwenden. Idealerweise durchlaufen wir in einem Projekt die gesamten vier Phasen mehrfach.

Feiern, tanzen, in die Sterne schauen, träumen ...

DIE TRAUMPHASE

In dieser Phase sollten alle Beteiligten in einem sogenannten Traumkreis zusammenkommen. „Traumkreis" bedeutet, dass alle nacheinander ihre Visionen, Vorstellungen, Wünsche und Ideale für das gemeinsame Projekt authentisch und vielfältig schildern und auch fantasievoll ausschmücken können. Wichtig in dieser Phase ist, dass jeder ohne eine Bewertung oder Kritik der anderen gehört wird. Auch Widersprüche können nebeneinander stehen bleiben. Diese Phase soll dazu dienen, sich seiner konkreten Vorstellungen bewusst zu werden, diese zu verbalisieren und Gemeinsamkeiten innerhalb der Gruppe zu entdecken.

DIE PLANUNGSPHASE

In der zweiten Phase werden erste Ziele und gemeinsame Ideen festgehalten, Relevantes gefiltert und Aufgaben verteilt. Persönliche Stärken und Fähigkeiten Einzelner werden notiert und mit Aufgaben verknüpft. Dann wird beschlossen, wer welche Funktionen und Aufgaben übernimmt, welche Tätigkeiten notwendig sind etc.

Die verschiedenen Aufgaben sollen dabei klar definiert werden und realistisch sein. Hilfreich ist die Erstellung eines Zeitplans mit konkreten Teilzielen.

DIE HANDLUNGSPHASE

Die bislang nur theoretisch formulierten Ziele und Aufgaben werden nun in die Tat umgesetzt. Währenddessen muss immer wieder überprüft werden, ob der Fokus noch stimmt, die Einzelnen über ausreichend Ressourcen verfügen und der Zeitplan eingehalten wird. Aufkommende Probleme müssen Vorrang haben und bearbeitet werden. Hilfreich können hierbei gemeinschaftliche Momente des Innehaltens und Bewusstwerdens sein, die man bereits in der vorherigen Phase eingeplant hat.

DIE LETZTE PHASE: DAS FEIERN

Nach der Umsetzung bzw. dem Abschluss des Projektes folgt die Phase des Feierns, die genauso wichtig ist wie die anderen drei Phasen und in unserem Alltag meist zu kurz kommt. Jetzt vergegenwärtigen wir uns, was wir vollbracht haben, erkennen Leistungen an und würdigen unsere eigene und die Arbeit der anderen. Wir zeigen und fühlen Dankbarkeit und können einander Feedback geben. Am Ende dieser vierten Phase entstehen dann vielleicht schon wieder neue Träume und Ideen der Veränderung, die den Dragon-Dreaming-Prozess von Neuem starten ...

WIR HABEN EINE VISION: FÜR DIE GRÜNE LUNGE

Weil uns die GemüseheldInnen scheinbar noch nicht genug waren, nahmen wir uns im Sommer ein weiteres Großprojekt vor: Wir beschlossen, gemeinsam mit Akteur*innen anderer Umweltbewegungen wie *Fridays for Future*, *Transition Town* und *Climate Justice* eine Gegenvision zu den Bebauungsplänen der Stadt zu entwickeln, frei nach dem Motto: „Bürger*innen machen Stadtplanung!" Wir wollten zeigen, was für ein deutschlandweit einzigartiger Ort die Grüne Lunge werden könnte: ein, wie wir es nannten, Prestigeprojekt für Frankfurt. Unsere Vision entstand während unseres Sommerurlaubs gemeinsam mit Chris und Georg. In dieser Zeit wuchsen wir immer enger zusammen und tauschten uns in unserer eigenen WhatsApp-Gruppe permanent aus. Laura zeichnete in der idyllischen Holz-Roulotte in den Bergen der Pyrenäen tagelang an einer Grafik der Grünen Lunge, die wir nach Georgs Vorschlag „PermaKulturGarten Frankfurt 2025" nannten: Wir stellten uns die Grüne Lunge als großes Permakultur-Gelände mit verschiedenen Bildungseinrichtungen vor, als eine „Keimzelle für eine Stadt mit Zukunft". Gemeinsam entwarfen wir einen Text, der alle Facetten unserer Vision auf einer Seite zusammenfasste; vor allem Georg, der als Texter für eine Werbeagentur arbeitet, sorgte für geschliffene Formulierungen.

PRESSEKONFERENZ IM GRÜNEN BEI STRÖMENDEM REGEN: WIR WAREN DABEI

Als uns jemand vorschlug, diese Vision doch auf einer Pressekonferenz bekannt zu machen, dachten wir wieder einmal: Das ist doch verrückt — aber warum nicht?

Pressekonferenz, das ist so ein großes Wort. Damit verbanden wir sofort geschlossene Räume, Mikrofone, Förmlichkeit. Wir entschieden uns also, es anders anzugehen und entwickelten unser ganz eigenes Format, eine „Pressekonferenz im Grünen", zu der wir die Journalist*innen in unsere Gärten einluden. Nun ja, eine Pressekonferenz im Grünen hat ihre Nachteile, wenn es in Strömen gießt; das erlebten wir hautnah, als wir Ende September vier Journalist*innen und die Ortsvorsteherin der Grünen über die schlammigen Wege unter das marode Vordach unserer Apfelbaumhütte führten.

Und weil am gleichen Tag auch eine Menschenkette um die Grüne Lunge stattfand (wir hatten gedacht: Alles an einem Tag bringt mehr Aufmerksamkeit!), ging unsere Veranstaltung in den Presseberichten der nächsten Tage auch ziemlich unter.

Aber unsere Vision hatte das Licht der Welt erblickt, immerhin! Und weil wir uns nicht entmutigen lassen wollten, setzten wir gleich noch eins drauf und baten die grüne Umweltdezernentin um einen Termin. Wir hatten vor, ihr unsere Vision vorzustellen.

Unsere erste Pressekonferenz ist quasi ins Wasser gefallen: Es schüttete in Strömen.

TEAMWORK IST ANGESAGT:
WIR STARTEN DURCH MIT DEM UMWELTDEZERNAT UND DER FES

Damit öffneten sich gleich mehrere Türen. Denn Rosemarie Heilig war sehr angetan von unserem Projekt und unserer Vision und sagte uns sofort ihre Unterstützung zu.

So konnten wir im Winter unsere Gärten gründlich von Altlasten befreien. Rosemarie Heilig ist sozusagen die „Chefin" des Frankfurter Entsorgungsunternehmens FES, das uns in den Wintermonaten unermüdlich zur Seite stand: Gemeinsam mit uns trugen FES-Mitarbeiter insgesamt 15 Tonnen Müll aus der Grünen Lunge.

Das war auch dringend nötig, denn wir bekamen im Laufe des Winters mehrere neue Gärten dazu — und die versanken im Müll. Als wir den ganzen Müll rausgeschafft hatten, lieferte uns die FES noch zehn Tonnen beste Komposterde aus der städtischen Kompostierungsanlage und zehn Kubikmeter Holzhäcksel. Damit konnten wir die schlammigen Wege trockenlegen. Die Grüne Lunge erstrahlte in neuem Glanz!

PermaKulturGarten Frankfurt 2025: Das ist unsere Vision

Mit einem offenen „PermaKulturgarten" für Frankfurter*innen wollen wir die Biodiversität, Strukturvielfalt und den Baumbestand der Grünen Lunge erhalten. Denn ihre Wildwiesen, Gehölzinseln und Totholzanteile bieten Rückzugsorte und Bruthöhlen für geschützte Arten, seltene Vögel, Fledermäuse und zahlreiche Nützlinge. Unser „PermaKulturGarten" vereint Klimaschutz und Biodiversität mit einer hocheffizienten Nahrungsmittelproduktion und ist gleichzeitig ein Erlebnisraum für große und kleine Bürger*innen.

EIN LEBENDIGER RAUM FÜR ALLE: **ANBAUEN, LERNEN, MITMACHEN**

Mit dem „PermaKulturGarten Frankfurt 2025" entsteht ein Vorzeigemodell für städtisches Miteinander in Zeiten der Klimakrise: Es wird ein Ort des Lernens und der Begegnung im Stadtteil geschaffen, an dem sich Schulen, Institutionen, Initiativgruppen und Bürger*innen engagieren können. Im Mittelpunkt steht die Produktion von frischem Obst und Gemüse: Permakulturgärtner*innen und engagierte Bürger*innen bauen hier gemeinsam an — für sich selbst, ihre Nachbarschaft, das „Café im Garten" und lokale Geschäfte im Stadtviertel.

KEIMZELLE FÜR EINE **STADT MIT ZUKUNFT**

Die Koordination und Umsetzung des Gesamtkonzepts übernimmt ein Trägerverein mit Verwaltungs- und Veranstaltungsräumen auf den bereits versiegelten Flächen am nordöstlichen Rand der Grünen Lunge.

Damit vor allem junge Menschen einen Bezug zur Natur und ihrer Nahrung entwickeln, werden sie in Schulgärten und im Waldkindergarten von Gärtner*innen und Pädagog*innen an das Gärtnern herangeführt.

Am Rande der Permakulturgärten wird der Essbare Wald kultiviert: Mit seinen Bäumen schützt er das Gelände vor den Abgasen und Geräuschen des Autoverkehrs. Er bindet CO_2 im Boden, während alle seine Bestandteile essbar sind: Obst- und Nussbäume, aber auch Beerensträucher und weitere mehrjährige Pflanzen finden hier ihren Platz.

Um das kulturelle Erbe der Schrebergärten zu erhalten, bleiben einige der langjährigen Schrebergärten der Grünen Lunge bestehen. Sie versorgen seit mehr als einem Jahrhundert Städter*innen mit Obst und Gemüse und die alteingesessenen Schrebergärtner*innen können ihre umfangreiche Erfahrung in den „PermaKulturGarten" einbringen.

Beeren vom Strauch stibitzen, einmal Imker*in sein oder Pflänzchen in die Erde stecken: Die Kinder lieben es!

Zum kulturellen Bereich des „PermaKultur-Gartens" gehören auch Gartenateliers. Sie bieten kreative Räume für Schüler*-innen, Studierende und Erwachsene. Im Mittelpunkt des künstlerischen Schaffens steht die sinnliche Erfahrung von Kunst und Natur.

Nach Süden hin werden die Permakulturgärten von einem großen naturnahen Teich abgeschlossen, der die Biodiversität in den Gärten erhöht.

Zwischen Permakulturgärten und Schulgärten werden verschiedene alte Haustierrassen angesiedelt — zum Beispiel Schafe und Hühner. Im Sinne einer Kreislaufwirtschaft tragen sie zur Fruchtbarkeit der Gärten bei. Sie liefern Käse und Eier an das „Café im Garten", während sie gleichzeitig den Naturbezug der Schul- und Kindergartenkinder stärken.

Auf den bereits versiegelten Flächen entlang der Friedberger Landstraße und westlich des Abenteuerspielplatzes ist Platz für gefördertes Wohnen: Innovative Wohnprojekte werden hier mit zukunftsweisenden, nachhaltigen Bauweisen umgesetzt — zum Beispiel begrünte, mit Solarpanels ausgestattete Häuser aus ökologischen Materialien, die energieautark sind.

Wenn alle anpacken, geht echt was weiter: Wir haben gemeinsam nur wenige Stunden gebraucht, um den Grünschnitt wegzuräumen.

Wenigstens zu etwas waren die Thujen gut:

Noch nie haben wir so wunderhübsche selbstgebundene Adventskränze gehabt.

HURRA, **DIE GÄRTEN FLIEGEN UNS ZU**

Dass wir weitere Gärten bekamen, haben wir ebenfalls Rosemarie Heilig zu verdanken. Sie stellte uns einen guten Kontakt zum Liegenschaftsamt her. Seitdem bietet uns ein wohlwollender Sachbearbeiter des Liegenschaftsamtes regelmäßig freiwerdende Gärten zur Pacht an. Der erste dieser Art war der Sonnengarten, der inzwischen von Anna und ihrem Team zum Permakultur-Schaugarten umgestaltet wurde.

Dies ist vielleicht die richtige Stelle, um über die Besitzverhältnisse in der Grünen Lunge zu schreiben. Das ist nämlich etwas kompliziert: Es gibt viele verschiedene Eigentümer*innen, deren Gärten einen Flickenteppich bilden. Haupteigentümer ist die Stadt Frankfurt, ein weiterer Eigentümer der Beamtenwohnungsverein und dann gibt es noch einiges an Privateigentum. Die erste Bekanntschaft mit einer Privateigentümerin schlossen wir Ende 2019, als uns eine freundliche Dame anrief und fragte, ob wir ihren Garten bewirtschaften wollen. Er lag wunderbar zentral direkt am Eingang der Grünen Lunge und war — nun ja, in der Theorie wunderschön, in der Praxis völlig zugewachsen, vor allem mit Thujen und Kirschlorbeer. Wir sagten ohne zu überlegen Ja und hatten die nächste Mammutaufgabe vor uns: den Garten in einen Zustand zu versetzen, in dem man Gemüse dort anbauen könnte.

Damit verbrachten wir den ganzen Dezember — und machten aus der Not eine Tugend, indem wir „Adventskranz selber binden" aus Thuja-Zweigen anboten.

Die Veranstaltung war gut besucht, dennoch blieben wir auf einem gigantischen Grünschnitt-Berg sitzen, der den gesamten vorderen Teil unseres neuen Mirabellengartens einnahm. Erst Anfang März wurde er, wieder mit Hilfe der FES, weggefahren.

Kaum hatten wir im Mirabellengarten begonnen, fragte uns die Pächterin des Gartens nebenan, ob wir ihren Garten auch bewirtschaften würden; sie wollte lediglich eine Sitzecke behalten. Und natürlich sagten wir auch hier nicht Nein. Und so hatten wir plötzlich sieben Gärten.

PERMAKULTURINSELN FÜR DIE GANZE STADT

Bald sollte ein achter Garten dazu kommen, denn wir hatten noch ein anderes Eisen im Feuer: Durch unsere Vision „PermaKulturGarten Frankfurt 2025" war Joerg Weber vom Ernährungsrat Frankfurt auf uns aufmerksam geworden.

JOERG WEBER
AKTIVIST UND NETZWERKER

BANKKAUFMANN,
BETRIEBSWIRT,
WIRTSCHAFTSMEDIATOR,
TÄTIG ALS VORSTAND
BEI DER BÜRGER AG,
GESCHÄFTSFÜHRER
VON BIONALES E.V.
UND UMWELTAKTIVIST

Die Flut der täglichen Mails erschlägt mich fast, da ich als Aktivist neben den gewünschten und abonnierten Mitteilungen auch unendlich viele bekomme, die einfach nur Arbeit bereiten. So war es auch im September 2019, als ich eine Mail erhielt, die auf eine Gruppe namens GemüseheldInnen hinwies, die in Frankfurt aktiv sei. Als Vorstand des Vereins BIONALES — Bürger für regionale Landwirtschaft & Ernährung e.V. sowie als Mitgründer und Sprecher des Ernährungsrates Frankfurt, der durch BIONALES getragen wird, musste ich natürlich genauer wissen, was diese „HeldInnen" tun und nahm Kontakt auf. Aus diesem ersten Kontakt mit Juliane und Laura ist mittlerweile eine — ich denke, das kann man so sagen — Freundschaft geworden. Und die GemüseheldInnen wurden zu einem weiteren Projekt unseres fantastischen Vereins.

BIONALES E.V.: WAS PASST BESSER ZUSAMMEN ALS **BIO UND REGIONALES?** SPOILER: NICHTS.

Um die Landwirtschaftswende und die Ernährungswende im Sinne von Nachhaltigkeit und Klimaschutz voranzutreiben, braucht es die Zusammenarbeit von vielen gesellschaftlichen Größen: Unternehmen, die sich ernsthaft damit auseinandersetzen, wie die Bürger AG, ebenso wie Vereine, die gesellschaftspolitisch auffälliger sein können. So haben wir in Frankfurt im Jahr 2016 den Verein BIONALES gegründet, der sich die oben genannten Ziele für seine Arbeit gesetzt hat. Wir haben viel zu tun, auch das große Feld der Bildung für Kinder, Jugendliche und Erwachsene fällt in unseren Bereich.

BIONALES e.V. ist heute Träger des Ernährungsrates Frankfurt, der GemüseheldInnen, der BodenRetterInnen und des Logistikprojektes LogRegio, dessen Ziel die Vermarktung bäuerlicher Produkte ist.

Bei allen unseren Projekten geht es letztlich um Ernährungssouveränität. Auch in einer Großstadt wie Frankfurt könnten sich die Menschen heute (teilweise) selbst versorgen oder aus dem unmittelbaren Umland versorgt werden. Wir möchten dafür das Bewusstsein schaffen und eine Klammer für die vielseitigen Projekte bilden, die sich bereits in dem Bereich engagieren. So setzt sich schon der Name aus den Teilen BIO und REGIONALES zusammen.

Mittlerweile arbeiten fast 200 ehrenamtliche Menschen in unserem Verein. Der große Zuspruch zeigt, dass unsere Gesellschaft an einem Punkt angekommen ist, wo die

Gewinnmaximierung durch Ausbeutung der Natur und des Menschen nicht mehr einfach von der Bevölkerung hingenommen wird. Die Permakultur-Projekte der GemüseheldInnen zeigen uns, dass jede*r im Vorgarten sein eigenes Gemüse anbauen kann. Ackerflächen und Wiesen dürfen nicht immer weiter für Bauprojekte und Straßen versiegelt werden; dafür kämpfen wir mit den BodenRetterInnen. Der Ernährungsrat berät Gesellschaft und Stadt in derzeit sieben aktiven Arbeitskreisen, die sich im engeren und weiteren Sinne mit guter, nachhaltiger Ernährung für alle befassen.

Somit war die Mail aus dem September 2019 alles andere als eine Verschwendung von Ressourcen und Arbeitszeit, sie war vielmehr der Anfang von etwas Größerem, dessen gutes Ende wir heute noch gar nicht absehen können.

Im Ernährungsrat-Garten wächst uns das Gemüse fast über den Kopf. Kein Wunder bei dieser Supertruppe.

Joergs Eindruck war völlig richtig: Wir verfolgten genau dieselben Ziele. Er schlug uns daher vor, gemeinsam einen Arbeitskreis beim Ernährungsrat zu gründen. Dort konnten wir die Verwirklichung unserer Vision „PermaKulturGarten Frankfurt 2025" vorantreiben. Da der Ernährungsrat aber gerade Forderungen an die Stadt erarbeitete, die unter anderem „essbare Flächen" in Frankfurt beinhalteten, beschlossen wir, das Ganze auszuweiten. Wir planten also nicht nur einen „PermaKulturGarten", sondern gleich ganz viele „PermaKulturInseln".

Um unseren Arbeitskreis mit einer ersten PermaKulturInsel zu starten, brauchten wir natürlich wieder einen Garten. Zum Glück bot uns das Liegenschaftsamt genau zu dieser Zeit einen an, und zwar in bester zentraler Lage am Ausgang des nahe gelegenen Günthersburgparks. Diesen Garten nannten wir den „Ernährungsrat-Garten". Im Februar fand dort unser erstes Arbeitskreistreffen statt. Wir hielten uns nicht lange mit theoretischer Planung auf, sondern starteten sofort — und legten mit über 30 Leuten Hügelbeete an.

Salat-Alarm! Sensationell, was auf kleiner Fläche alles wächst — und das mitten in der Stadt.

Lasst uns Ernährungssouveränität zurückgewinnen: Ernährungsräte und ihre Mission

Ernährungsräte gibt es in vielen Städten weltweit. Aber was genau ist ein Ernährungsrat, aus welchen Personengruppen besteht er und was ist seine Aufgabe?

In einem Ernährungsrat treffen Menschen aus den unterschiedlichsten Zusammenhängen aufeinander: engagierte Bürger*innen, lokale Akteur*innen aus der Lebensmittelversorgung wie Landwirt*innen und andere Erzeuger*innen sowie Vertreter*innen von Interessengruppen und der kommunalen Verwaltung. Sie alle haben das gleiche Interesse und Ziel: eine Ernährungswende hin zu einer biologischen, lokalen Lebensmittelversorgung und das vor allem in der Stadt. Ein wesentlicher Punkt ist dabei, wie es gelingen kann, dass Menschen aus der Stadt ihre Nahrung wieder von Bauern und Bäuerinnen aus der Region beziehen. Ernährungsräte weisen auf Schieflagen im Ernährungssystem hin, initiieren Projekte, diskutieren und bewerten die Kommunalpolitik in Bezug auf das Ernährungssystem und entwickeln Handlungsprogramme. So versuchen sie zum Beispiel, einen festgelegten Anteil an biologischen Lebensmitteln in öffentlichen Kantinen durchzusetzen, stellen Forderungen an die Kommunalpolitik, deren Umsetzung sie dann begleiten, knüpfen Verbindungen zwischen Bauern und Bäuerinnen und Verbraucher*innen und engagieren sich für verpackungsfreies Einkaufen.

WAS BEDEUTET EIGENTLICH ERNÄHRUNGSSOUVERÄNITÄT?

Der Begriff wurde 1996 anlässlich der Welternährungskonferenz von der internationalen Kleinbauern- und Landarbeiterbewegung *La Via Campesina* geprägt.

Unter Ernährungssouveränität versteht man das Recht aller Völker, Länder und Ländergruppen, ihre Landwirtschafts- und Ernährungspolitik selbst zu definieren. Das Leitmodell von *La Via Campesina* ist dabei eine kleinbäuerliche Landwirtschaft, die auf nachhaltige Weise Lebensmittel vor allem für die lokale Bevölkerung produziert.

Kurzum: Vorrang für Selbstversorgung und den lokalen und regionalen Handel. Erst danach sollen für Exporte und den Welthandel Lebensmittel erzeugt werden.

Aber zurück zu den Ernährungsräten: Sie rücken das Thema Ernährung ins öffentliche Bewusstsein und möchten die Menschen dabei unterstützen, ihren Konsum, das Kochen und Essen nachhaltiger zu gestalten. Auch in Schulen und Kitas, in Krankenhäusern, Kantinen und Universitäten sollen Lebensmittel aus sozialer, ökologischer und regionaler Produktion Einzug halten. Durch den regionalen Kreislauf werden die Kommunen widerstandsfähiger, die Menschen essen gesünder und die Erzeuger und Bäuerinnen produzieren nicht für multinationale Großkonzerne, sondern für die Menschen in ihrer Umgebung.

SO SIEHT DAS BEI UNS AUS: ERNÄHRUNGSRAT FRANKFURT

Der Ernährungsrat in unserer Stadt unterstützt bestehende lokale Initiativen wie uns und vernetzt diese miteinander; gleichzeitig bezieht er Institutionen der Stadt und Wirtschaft ein. In insgesamt sieben Arbeitskreisen wird an unterschiedlichen Projekten gearbeitet, eigene Initiativen werden gestartet, Möglichkeiten beratend aufgezeigt. So gibt es zum Beispiel einen Arbeitskreis „Produktion und Vermarktung", einen „Zero Waste"-Arbeitskreis sowie unseren Arbeitskreis „PermaKulturInseln". Die Ernährungsräte in Deutschland sind natürlich untereinander vernetzt, tauschen sich aus und halten Kongresse ab.

Ernährungsräte in **BRASILIEN** haben erreicht, dass ein Anteil von 30 Prozent des Schulessens aus der familiären Landwirtschaft stammen muss, vorzugsweise aus ökologischer Landwirtschaft.

Die dänische Hauptstadt macht es uns vor: In **KOPENHAGEN** liegt der Bio-Anteil in Mensen und Kantinen bei 90 Prozent und viele Küchen tragen ein Bio-Zertifikat.

An jeder Straßenecke wird gebuddelt, geerntet, gechillt, gelacht.

Wäre es nicht wunderbar, sich beim Spaziergang durch den Park einen Apfel vom Baum zu pflücken oder mit den Kindern auf Himbeerjagd zu gehen? Auf dem Heimweg von der Arbeit an der nächsten Ecke noch schnell einen Salat zu ernten, der eine halbe Stunde später knackfrisch auf dem Esstisch steht? Die Bewohner*innen und Besucher*innen der Stadtviertel könnten sich in Gemeinschaftsgärten in der Nähe ihrer Wohnung treffen und gemeinsam in der Erde buddeln und ernten. Nicht nur die Transportwege unserer Lebensmittel würden so reduziert. Man müsste auch nicht mehr aus der Stadt flüchten, um sich in der Natur zu erholen, sondern könnte in seiner Freizeit Jungpflanzen setzen, Möhren säen oder sich inmitten von fruchtbaren Beeten im Liegestuhl entspannen. Die Nachbarschaft würde sich am Wochenende in ihrem Naherholungsgebiet vor der Haustür treffen und gemeinsam werkeln.

Das alles ist möglich, wenn sich überall in der Stadt essbare Inseln ausbreiten. Und genau hier haben wir mit unserem Projekt PermaKulturInseln angesetzt. Für uns war es wichtig und richtig, das Konzept der GemüseheldInnen größer zu denken, um auch Menschen in anderen Teilen Frankfurts zu erreichen. Natürlich haben wir an „Essbare Städte" wie beispielsweise Andernach gedacht, wo sogar öffentliche Parks von städtischer Seite mit Gemüse bepflanzt werden. Aber wir befürchteten, dass es ein zu großes Unterfangen sein würde, gleich

eine ganze Großstadt essbar zu machen. Es schien uns für den Anfang realistischer, viele kleine Inseln zu planen. Das entspricht auch der Idee der Permakultur, dass man nur eine kleine Fläche sorgfältig designen und bewirtschaften kann.

WAS GENAU IST EINE PERMAKULTURINSEL?

PermaKulturInseln oder auch „essbare Inseln" sind Gärten in der Stadt, die von Menschen aus dem jeweiligen Viertel in ihrer Freizeit bewirtschaftet und koordiniert werden. Im Mittelpunkt steht die gemeinschaftliche und gemeinwohlorientierte Produktion von Gemüse, Obst, essbaren Kräutern, Beeren und Nüssen.

Die Flächen, die sich in PermaKulturInseln verwandeln sollen, werden in Frankfurt vom gleichnamigen Arbeitskreis genau analysiert. Dann geht's an die Planung, natürlich anhand von Permakultur-Leitsätzen. Die Bepflanzung muss zum Standort passen und alle Elemente wie Beete, Wege, Wasser, Kompost, Hecken und Sträucher sollen in einem optimalen Verhältnis zueinander stehen.

MIT DER INSEL ZURÜCK INS PARADIES

Der Begriff der Insel erschien uns äußerst passend. Inseln können sehr klein oder auch größer sein. Je nachdem, was das jeweilige Stadtviertel hergibt, können mehrere Inseln nahe beieinander oder

Oh ja, wir lassen die Blüten gern in unseren Gärten explodieren.
Wo sonst sollen sich Bienen und ihre Freund*innen das Bäuchlein mit Nektar vollschlagen?

Oase mitten in der Stadt gefällig? So könnte sie aussehen.

auch weiter voneinander entfernt entstehen. Außerdem wohnt dem Begriff einfach der Zauber des Paradiesischen inne. Oder hast du dich noch nie auf eine Insel geträumt, weit weg vom Lärm der Stadt, weit weg von jeder Hektik? Wir glauben, dass es gerade in der Klimakrise unglaublich wichtig ist, auch in Städten Inseln zu schaffen — zum Chillen, zum Ernten, zum Gemeinsam-etwas-Machen. Und dabei kommt so viel raus: Ernte in Form von Nahrungsmitteln, Ertrag in Form von Schönheit, Freude, des Gemeinwohls, des Miteinanders. Zurück zu unseren Wurzeln, aber nicht zurückgezogen in einem abgeschlossenen Gartenareal, sondern all das integriert in ein Stadtkonzept der Zukunft mit offenen Türen für alle.

WIE ENTSTEHT EINE PERMAKULTURINSEL?

Wir vom Arbeitskreis PermaKulturInseln sind immer auf der Suche nach passenden Flächen im Stadtraum. Sobald wir eine solche gefunden haben, geht's zu den entsprechenden Ämtern oder Privateigentümer*innen. Wenn wir die Fläche pachten können, machen wir uns sofort an die Bestandsaufnahme: Welche Besonderheiten springen uns ins Auge? Welche Elemente sind schon vorhanden? Welche Bäume und Sträucher prägen die Fläche? Wie sieht es mit der Infrastruktur aus? Gibt es einen Wasseranschluss? Ist die Fläche frei zugänglich oder abgeschlossen? All diese Informationen brauchen

wir für die weitere Planung, das heißt, wir erstellen anhand dessen einen Designentwurf. Ist das geschafft, steht sozusagen der Rahmen für das Projekt. Und wir können mit der Umsetzung beginnen.

Selbstverständlich liegt es in der Natur der Sache, dass jede Insel ihren ganz eigenen Charme besitzt. So kann es Inseln geben, auf denen durch ihre optimale Sonnenlage besonders viel mediterranes Gemüse produziert werden kann. Andere Inseln wiederum liefern vielleicht durch vorhandene Obstgehölze ganz viele Beeren und Nüsse.

PERMAKULTURINSEL SUCHT COMMUNITY

Wenn das Design für die Insel fertig ist, suchen wir mithilfe von Plakaten, Flyern, Social Media oder Mundpropaganda eine Community. Wir laden zu konkreten Aktionen wie „Beete anlegen" oder „Kompost einarbeiten" ein. Meistens kristallisiert sich aus einer ganzen Menschentraube, die an einem Tag mit anpackt und Ideen schmiedet, ein Kern von fünf bis zehn Personen heraus, der sich dann als Gartengruppe zusammenfügt.

Wir sehen es vor uns, wie sich das Konzept der PermaKulturInseln in der ganzen Stadt ausbreiten wird; ein dichtes Netz aus Inseln, jede für sich autonom, aber in regelmäßigem Austausch und sich gegenseitig unterstützend, wenn es notwendig ist. Sind das nicht wunderbare Aussichten?

ILKA WITTIG
PFLANZENMAMA UND EINKOCH-HELDIN

WISSENSCHAFTLICHE MITARBEITERIN AN DER GOETHE-UNIVERSITÄT FRANKFURT

Permakultur und Selbstversorgung, diese Themen begleiten mich schon seit vielen Jahren. Es kommt daher auch nicht von ungefähr, dass wir — meine Familie und ich — mehr und mehr versuchen, uns aus unserem Hausgarten zu versorgen.

Ich habe die GemüseheldInnen in der Grünen Lunge während einer Einführungsveranstaltung über Permakultur kennengelernt. Ich wusste sofort, dass diese Gemeinschaft meinen Nerv trifft und ich da unbedingt mitmachen wollte! Anfangs war ich noch eher zurückhaltend, habe erstmal nur größere Veranstaltungen wie Baumschnittkurse, Entmüllungsaktionen und das regelmäßige Plenum besucht. Aber in mir entstand dann schnell der Wunsch, dem Projekt mehr zu geben. Ich wollte ein Teil dieser Gemeinschaft werden. Und habe meinen Platz bei den GemüseheldInnen auch schnell gefunden: Ich bin für die Jungpflanzenanzucht und das Konservieren von Gemüse zuständig. Das kann ich gut zu Hause machen, denn wir wohnen 20 Kilometer südwestlich der Grünen Lunge. Den Keller habe ich gemeinsam mit meinem Mann zur Jungpflanzenanzuchtstation umgebaut. Damit war auch er schnell bei den GemüseheldInnen involviert und ist seitdem immer dabei, wenn es darum geht, mit Holz etwas zu bauen.

JUNGPFLANZENANZUCHT:
WENN AUS SAMENBABYS GROSSE GEMÜSEKINDER WERDEN

Es ist ein ganz besonderes Gefühl, Mitte Januar die Gartensaison der GemüseheldInnen zu eröffnen: mit der Einsaat der ersten mediterranen Gemüsesorten wie Aubergine, Paprika, Chili und Physalis. Zunächst ist das ganze Unterfangen noch recht überschaubar. Die wenigen kleinen Aussaatschalen stehen an einem warmen Ort unter einer

Lichtquelle im Technikkeller und bekommen täglich Aufmerksamkeit. Ab Anfang Februar sind dann Zwiebeln, Lauch, Sellerie, verschiedene Kohlsorten und die ersten Salate an der Reihe. Sie keimen an einer kühleren Stelle. Glaubt mir, ich kann es kaum erwarten, die ersten Setzlinge in größere Töpfe oder Multitopfplatten zu pikieren.
Aber bald ist es dann zum Glück so weit und wenige Wochen später verbringe ich fast jeden Abend mit Tee und ruhiger Musik im Keller und setze Jungpflanzen um. Das ist fast schon meditativ. Wie andere Menschen aus der Sauna komme ich tiefenentspannt aus dem Anzuchtkeller. Manchmal besuchen mich andere GemüseheldInnen und wir gehen die Sache gemeinsam an. Zusammen macht Jungpflanzenanzucht noch mehr Spaß.

Mit der Einsaat von Bunter Beete und Kohlrabi in Multitopfplatten füllt sich der Keller Anfang März. Die mediterrane Gruppe des Gemüsekindergartens zieht zu diesem Zeit-

punkt um: ins Dach des Hauses unter ein Südfenster, dort ist es schön warm. Wenn die ersten Salate und Kohlsorten Ende März in die Grüne Lunge übersiedeln, machen es sich an ihrer Stelle Tomaten- und Gurkenjungpflanzen gemütlich.

Ab Mitte April geht's dann richtig rund. Zur Unterstützung rücken andere GemüseheldInnen an und helfen mir beim Umtopfen der mediterranen Gemüse.

An milden Tagen dürfen die Jungpflanzen raus in den Vorgarten und können ihre Blättchen der Sonne entgegenstrecken. Vor Nachtfrost müssen die empfindlichen Kleinen aber noch geschützt werden. Das bedeutet für uns: Mehr als 30 Bäckerkisten mit je über 15 Töpfen und mindestens genauso viele Multiplatten werden abends in die Garage geschafft und morgens wieder raus. Und das jeden Tag und wochenlang! Nur die etwas kälteresistenteren Sorten wie Kohlrabi, Mangold, bunte

Um ein Gemüsebaby großzuziehen, braucht es ein Dorf ... oder zumindest ein paar HeldInnen wie Moni.

So süß, wie sie ihre Blättchen neugierig durch die Erde stecken.

Beete und die Salat-Nachzucht können geschützt in Regalen an der Hauswand und unter dem Carport bleiben.

So war das jedenfalls in diesem Jahr. Und damit war mir nach meiner ersten Anzuchtsaison sonnenklar: Nächste Saison brauchen wir ein Gewächshaus für die Jungpflanzenanzucht.

Ab Ende April sehne ich das Ende der Eisheiligen Mitte Mai herbei und bin überglücklich, wenn schließlich das gesamte Gemüse und viele angezogene Kräuter die Kinderstube verlassen können und in einer riesigen Pflanzaktion in der Grünen Lunge einen schönen Platz bekommen.

Und dann verfolge ich in den Sommermonaten, wie groß die Gemüsekinder geworden sind und ernte die knackfrischen Früchte in den einzelnen Gärten. Damit bin ich natürlich nicht allein und ich freue mich riesig, wenn ich die wunderschönen Bilder von stolzen Gärtner*innen, bunten

Chilis, gestreiften Tomaten und hübschen Ringelblumenbeeten sehe. Und wie sich die Ernte in superleckere Gerichte verwandelt. Es ist einfach schön zu sehen, wie sich aus ein paar Samenkörnern üppige Gärten und unzählige Früchte, Kräuter und Blumen entwickeln. Den Start in die nächste Saison? Den kann ich kaum erwarten!

DRAUSSEN SCHNEIT ES, DRINNEN KUGELT DER SOMMER AUS DEM GLAS: **HALTBARMACHEN VON GEMÜSE**

Nicht alles, was in den Gärten der GemüseheldInnen wächst, lässt sich sofort verbrauchen. Umso besser: Denn dadurch haben wir auch im Winter noch was von den Unmengen an Obst, Gemüse und Kräutern, die wir im Sommer und Herbst ernten. Es gibt verschiedene aufwendige, aber auch einige einfache Methoden, Obst und Gemüse

Die Kleinen brauchen mehr Freiraum, um sich richtig zu entfalten: Silvie hilft beim Pikieren.

Und jetzt looooooos!
Raus in die GemüseheldInnen-Welt!

haltbar zu machen. Das Ziel ist immer, den Mikroorganismen ein Schnippchen zu schlagen, die für das Verderben — nun ja — zuständig sind. Zum Beispiel mittels:

Einkochen:
ab ins Glas mit den reifen Früchtchen

Bereits zu Napoleons Zeiten haben die Leute gewusst, dass in einem Behälter gekochtes Gemüse und Obst, verschlossen mit einem Korken, über Monate und Jahre nicht verdirbt. Patentiert wurde das Verfahren allerdings erst im 19. Jahrhundert. Beim Einkochen putzt du das Gemüse oder Obst zuerst, gibst es im Ganzen oder geschnitten ins Glas und dann — ja, kochst du es ein. Zum Einkochen eignen sich am besten Schraubgläser oder Weckgläser mit Gummiringen. Es ist wichtig, dass die Gläser und das Gemüse sehr sauber sind. Du kannst dein Obst und Gemüse auf drei unterschiedliche Arten einkochen: bei normalem Luftdruck in einem Topf oder Einkochautomaten, in einem Druckkessel oder Schnellkochtopf oder im Backofen. Im Druckkessel oder Schnellkochtopf steigt die Temperatur auf ca. 120 °C, gerade in der industriellen Konservierung wird meist so gearbeitet. Aber auch im normalen Haushalt, vor allem beim Haltbarmachen von Hülsenfrüchten und Fleischgerichten, ist ein Einkochen mit größerem Luftdruck und höherer Temperatur die sicherste Methode. Erbsen, Linsen und Bohnen enthalten nämlich sehr viel Eiweiß, sie sind schwach alkalisch und das lieben Bakterien. Leider werden Sporen, ein widerstandsfähiges Dauerstadium von Bakterien, beim Einkochvorgang unter normalem Luftdruck bei 100 °C nicht abgetötet. Das kann vor allem beim Bakterienstamm *Clostridium botulinum* für den Menschen gefährlich werden. Sie können das Einkochgut in der Folge verderben oder gar mit Toxinen vergiften, was zu schweren bis tödlichen Lebensmittelvergiftungen führen kann.

Rote-Beete-Jungpflanzen, die nur darauf warten, in die Erde gepflanzt zu werden.

Putzen, schnippeln und schwupps ins Glas. Dann haben wir im Winter auch noch was davon.

Deswegen haben schon unsere Urgroß-
eltern Hülsenfrüchte und Fleischgerich-
te zwei Tage später, also nach Auskeimen
der Sporen in aktive und vermehrungsfähi-
ge Bakterien, noch ein zweites Mal eingekocht. Der Trick dabei ist: Kurz nach dem
Einkochen finden die Sporen die idealen
Bedingungen, um zu Bakterien auszukei-
men und sich zu vermehren. An diesem
Punkt sind sie aber nicht mehr hitzestabil
und können durch erneutes Einkochen abgetötet werden.

Säurehaltige Lebensmittel, wie das meiste Obst, weisen einen niedrigen pH-Wert
auf und du musst sie deshalb nicht lange
einkochen — eine halbe Stunde reicht. Um
etwas mehr Säure an dein Gemüse zu bringen, kannst du zum Beispiel einen Sud aus
Essig und Gewürzen oder auch Zitronensaft
zugeben. Damit kannst du die Haltbarkeit
von eingekochten Gemüseaufstrichen oder
Soßen deutlich verlängern. Auf stärke-
haltige Zusätze wie Mehl solltest du beim
Einkochen hingegen verzichten.

Beim Einkochen im Backofen werden die
Gläser in ein wassergefülltes tiefes Back-
blech oder einen Bräter gesetzt und zunächst bei 175 °C erwärmt, bis das Wasser
sprudelt. Dann wird die Temperatur auf
110 °C heruntergesetzt und für die angege-
bene Zeit eingekocht.

Einkochen feiert ein Revival, und das
kommt nicht von ungefähr: Das Essen ist
fix und fertig, verbraucht keinen Strom
und ist immer verfügbar. Und im Prinzip

kannst du so ziemlich alles einkochen. Bei
den GemüseheldInnen ist zum Beispiel auf
dem Feuer gebranntes Gemüse besonders
beliebt, das anschließend püriert und dann
eingekocht wird. Oder vegane Aufstriche
aus Grüne-Lunge-Kräutern und Gemüse
mit gerösteten Nüssen aufs Brot — pure
Gaumenparty!

Einfrieren: supereinfache Haltbarmachmethode

Gemüse und Obst einzufrieren, geht
vergleichsweise leicht. Der Vorteil beim
Einfrieren ist, dass sich die eingefrorenen
Schätze relativ lang halten und im Grunde
auch nichts passieren kann (so wie zum
Beispiel beim Einkochen, Stichwort: Botu-
lismus). Allerdings ist der Stromverbrauch
nicht zu verachten und größere Kühlvorräte
brauchen natürlich auch entsprechend
viel Platz. Das Einzige, worauf du beim
Einfrieren achten solltest, ist, dass du das
Gefriergut möglichst luftdicht verpackst.
Und einmal aus der Kühltruhe genommen,
müssen Gemüse und Obst schnell den
Weg in den Kochtopf oder Backofen finden,
denn die kleinen Mikroorganismen warten
nur darauf, sich über das Aufgetaute herzu-
machen.

Trocknen: raschelige Kräuter, duftige Pilzvorräte und scharfe Chili-Freuden für den Winter

Auf der Haltbarmachungs-Einfachheits-
skala ganz oben angesiedelt ist das Trocknen von Gemüsen, Kräutern und Gewürzen.

Das haben die Menschen gefühlt auch schon immer gemacht. Ziel ist es, durch Wasserentzug den Mikroorganismen die Grundlage zu entziehen, sich auf dem Gemüse anzusiedeln. Super zum Trocknen eignen sich beispielsweise Chilis, Pilze und kleingeschnittenes Suppengemüse.

Fermentieren:
Blubber, zisch, Sauerkraut

Ja, und nun zur Witwe Bolte! Die hat sich gern eine Portion Sauerkohl aus ihrem Keller geholt. Anders wären die Streiche von Max und Moritz wohl auch kaum zu ertragen gewesen. Die Methode des Fermentierens kannte aber natürlich nicht nur die Witwe Bolte. Fermentieren ist eine sehr alte Technik des Haltbarmachens, und das eigentlich weltweit. In Deutschland ist Sauerkraut — fermentierter Weißkohl — wohl am bekanntesten. Du kannst aber im Grunde fast alle Gemüsesorten fermentieren (Kohl, Karotten, Mangold, Paprika, Tomaten, Zwiebeln, Lauch, Rettich, Gurken u.v.m.). Vielleicht ist dir Kimchi ein Begriff, der Exportschlager aus Korea — eine wilde Mischung aus verschiedenen fermentierten Gemüsen und etwas Obst. Und genau das macht den Reiz des Fermentierens aus. Du kannst dich voll austoben, eigene Kreationen mixen und dein Gemüse oder Obst nach Belieben mit Ingwer, Chilis, Knoblauch und Gewürzen kombinieren. Neben dem Trocknen ist das Fermentieren wohl die einfachste Methode, um Gemüse haltbar zu machen. Außerdem verbrauchst du beim Fermentieren keinen Strom und

kannst im Grunde überall loslegen, wo normale Temperaturen herrschen. Für Sauerkraut putzt du den Weißkohl, schneidest ihn und verknetest ihn mit 10 g/kg naturbelassenem Salz. Stopfe ihn dann dicht in ein Gefäß. Für Kimchi schneidest du das Gemüse in mundgerechte Stücke, vermengst es mit Salz (20 g/kg) und füllst es mit etwas Salzwasser (20 g/l) in einem verschließbaren Gefäß auf. Wichtig ist, dass das Gemüse nicht aufschwimmt, sondern durch z.B. einen Stein oder eine kleine Schale luftdicht heruntergedrückt wird. Verschließe das Gefäß so, dass Gase, die beim Fermentationsprozess entstehen, noch entweichen, aber keine Fruchtfliegen zum Gemüse gelangen können. Die Milchsäurebakterien, die so gut wie überall vorkommen, vermehren sich, verdrängen andere Bakterien und es entsteht Milchsäure und Essigsäure. Und das Tolle: Der Vitamingehalt steigt sogar während des Fermentierens. Nach einer Woche bei Raumtemperatur sollte das vergorene Gemüse an einen kühleren Ort (Keller oder Balkon) umziehen. Nach drei Wochen kannst du es roh essen oder auch wie das Sauerkraut erwärmen. Luftdicht verschlossen hält es an einem kühleren Ort mehrere Monate. Roh verzehrtes knackiges fermentiertes Gemüse ist sehr vitaminreich, verdauungsfördernd und wirkt als Cholesterinsenker. Immer, wenn Gemüse aus den Gärten übrig ist, kannst du mit sehr wenig Aufwand eine neue saisonale Kreation ausprobieren. Teste es! Fermentiertes Gemüse hat Suchtpotenzial.

ES IST EIN HAUFEN ARBEIT, DER SICH ABER LOHNT:
ORGANISATIONS-ENTWICKLUNG BEI DEN GEMÜSEHELDiNNEN

Im Winter merkten wir, dass langsam alles ein wenig viel wurde. Immer mehr Gärten, immer mehr Leute und nach wie vor organisierten wir alles zu viert. Wir hatten eigentlich erwartet, dass es im Winter ruhiger werden würde, aber das Gegenteil war der Fall. Ein Termin jagte den nächsten, wir durften uns bei politischen Gremien vorstellen, waren in der Frankfurt University of Applied Sciences eingeladen, veranstalteten Vorträge und Kurse in den Gärten, koordinierten Aktionen (Beete anlegen, Müll sammeln) — und konnten das alles kaum noch stemmen. Kurz: Uns wurde klar, dass wir eine Struktur brauchten. Die Verantwortung musste auf mehr Schultern verteilt werden, es musste Zuständigkeiten für Gärten geben. Wir befassten uns also erstmals theoretisch und praktisch mit dem Thema Organisationsentwicklung, das uns seitdem ständig begleitet. Mehr dazu, wie genau sich dieser Prozess bei uns gestaltete, findest du ab Seite 205, aber so viel sei schon gesagt: Wir machten uns ausführlich Gedanken darüber, wie unsere Gemeinschaft aussehen sollte. Mit dem Ergebnis, dass uns plötzlich alles viel klarer erschien. Die GemüseheldInnen bekamen eine Struktur, die nicht nur unsere Arbeit enorm erleichterte — vielmehr waren wir so auch dem Ansturm gewachsen, der Anfang 2020 auf uns zukam. Und wir konnten viele neue Menschen ins Projekt integrieren.

Außerdem wurden aus uns vieren, die bis dahin alles organisiert hatten, im Winter sechs: Anna und Ilka kamen ins Orga-Team, wie wir es von da an nannten. Ilka war im Herbst bei einem meiner Permakultur-Vorträge in der Grünen Lunge auf uns gestoßen. Obwohl sie in einem anderen Teil Frankfurts wohnte, wollte sie unbedingt mit an Bord kommen und stieg mit viel Engagement bei uns ein. Sie wurde im Winter unsere Jungpflanzen-Mama und ein Großteil unserer Produktion beruht seitdem auf ihrer liebevollen Anzucht.

EIN VEREIN FÜR DIE GEMÜSE-HELDINNEN: BIONALES E.V.

Die Zusammenarbeit mit dem Ernährungsrat Frankfurt hatte uns immer enger mit Joerg Weber verbunden. Wenn wir zu möglichen Fördergeldern recherchiert haben, sind wir häufig auf ein für uns unüberwindliches Hindernis gestoßen: dass es eine Organisationsstruktur mit Gemeinnützigkeit braucht, um Anträge einreichen zu können. Als wir diese Schwierigkeit mit Joerg besprachen, hatte er die wunderbare Idee: Die GemüseheldInnen könnten doch einfach bei BIONALES „unterschlüpfen"! Und so wurden wir Teil dieses großartigen Vereins. Viele GemüseheldInnen sind inzwischen Mitglied von BIONALES, von diesem Zusammenschluss profitieren also beide Seiten gleichermaßen (in Kapitel sechs ab Seite 226 werden wir noch mehr darüber berichten). Für mich wurde sogar ein Minijob bei BIONALES geschaffen. Ich kann nun einen Teil meines Lebensunterhaltes mit der Organisation der GemüseheldInnen und der PermaKulturInseln verdienen. Wir haben noch so viele Pläne mit unserem Verein — gemeinsam werden wir Frankfurt zur essbaren Stadt Nr. 1 in Deutschland machen, da sind wir sicher.

HERZFLATTERN:
BIENEN IN UNSEREM GARTEN

Beim Thema Bienen und Bestäubung kommen einem zuerst wohl Blumen und Obstbäume in den Sinn. Aber auch im Gemüsegarten läuft ohne die kleinen Brummer nicht viel: Denn die meisten Gemüsepflanzen müssen während der Blüte befruchtet werden, sonst bilden sie keine Früchte aus. Dieses Zusammenspiel aus Pflanze und Biene hat sich seit Jahrtausenden in einer Koevolution entwickelt.

Obwohl sich oberhalb der Grünen Lunge eine Imkerei mit über 100 Bienenvölkern befindet, hatten wir bald den Wunsch, eigene Bienen in unseren Gärten fliegen zu lassen. Im Jahr vor der Gründung der GemüseheldInnen hatten wir uns sehr intensiv mit der Honigbiene und ihrer Haltung befasst und fanden, dass zu einem naturnahen Garten auch eine artgerechte Bienenhaltung gehört. Nur konnten wir weder selbst imkern noch kannten wir jemanden, der darin bewandert war.

Deshalb freuten wir uns umso mehr, als Susanna in die Gärten kam. Wir hatten gerade feste Termine zum gemeinsamen Gärtnern eingeführt: Immer sonntags von 14 bis 17 Uhr konnten Menschen zum Gärtnern kommen und ein*e Gemüseheld*in schaute, was zu tun war und gab die Aufgaben vor. An einem der ersten Sonntage stellte uns Kemane, der seit einigen Jahren in seinem Garten wohnt und bei vielen unserer Aktionen dabei ist, Susanna vor. Sie war auf der Suche nach einem neuen Zuhause für ihre Bienen, da sie am alten Standort nicht bleiben konnten. Wir waren schwer beeindruckt von Susannas Einstellung, so wenig wie möglich ins Leben der Bienen einzugreifen. Sie wollte mit dem Imkern keinen Honig gewinnen, sondern vielmehr diesen bewunderungswürdigen Tierchen möglichst artgerechte Lebensbedingungen bieten.

Bis die Bienen im Sonnengarten platziert werden konnten, dauerte es noch einige Monate. Im Mai war es dann endlich so weit: Wir hatten einen geschützten Bereich vorbereitet und die Bienen konnten einziehen. Seitdem experimentiert unser Bienen-Team mit naturnaher Haltung und dem Ziel, die Bienen so widerstandsfähig zu machen, dass sie keine Medikamente benötigen, um der Varroamilbe zu trotzen.

SUSANNA THORNER
TANZT MIT DEN BIENEN

COMPUTERTECHNIKERIN

Nach einer ziemlich wachrüttelnden Netflix-Doku über Bienen war auch bei mir angekommen, dass unsere Welt davon abhängig ist, wie es den Bienen geht. Als ich dann auch noch spontan in einen weit im Voraus ausgebuchten Imkerkurs für den Praxisteil nachgerutscht war, entschloss ich mich, mir Bienen anzuschaffen und zur „hippen" umweltbewussten Stadtimkerin zu werden. Ohne mich in der Theorie mit dem Thema näher beschäftigt zu haben. Was sich dann in der Praxis als annähernd traumatisch herausstellte.

Willkommen im Teil dieses Buches, in dem ich euch über meine persönliche Entromantisierung der Bienenhaltung erzählen möchte. Gleichzeitig hoffe ich, euch mit den folgenden Ausführungen zu Bienenliebhaber*innen machen zu können.

Nachdem ich mir für nicht wenig Geld eine Beute (Bienenbehausung) zugelegt hatte, hielt ich die Bienen ein ganzes Jahr lang nach Lehrplan. Zunehmend war ich überrascht, wie viel wir Imker*innen uns doch bei den Bienen einmischen. Wir diktieren ihnen, wie sie zu bauen haben; wo sie wohnen und welche Königin sie haben sollen; dass sie nicht schwärmen; wir füttern sie mit Zuckerwasser, um ihnen Honig entnehmen zu können, und „schützen" sie, indem wir sie zweimal im Jahr mit Säure behandeln. Damit ihr natürlicher Feind, die Varroamilbe, stirbt. Dabei sterben nicht wenige Bienen.

So kam ich auf das Buch *The Lives of Bees* von Thomas D. Seeley. Er studiert die wilde Honigbiene seit über 30 Jahren und stellt die These auf, dass wir Bienen unter anderem mit unserer Art, sie zu halten, daran hindern, selbst („auf darwinistische Weise") Abwehrmechanismen gegen ihre Feinde zu entwickeln. Es gibt Studien von ihm und anderen Wissenschaftler*innen, die beweisen, dass Bienen unterschied-

Unglaublich schön, diese Blüten. Kein Wunder, dass sie Bienen und Hummeln geradezu magisch anziehen.

Moni und Kemane haben sich auch in die flatternden Gartenbewohnerinnen verliebt.

Immer schön hereingeflogen: in die Villa Summ&Brumm.

liche Abwehrmechanismen gegen Varroa-milben entwickeln können. Das war der Moment, in dem ich mich erst recht in die Bienen und ihre Lebensweise verliebte. Anfang 2020 war ich auf der Suche nach einem neuen Bienenstellplatz und lernte die GemüseheldInnen bei einer Sonntags-aktion kennen. Zunächst dachte ich, es wäre ein chaotischer und anarchistischer Haufen, bis ich mir schon eine Woche später auf einem Plenum einen neuen Ein-druck machen durfte. Sowohl die durch-dachte und strukturierte Organisation des ganzen Projektes als auch die Leidenschaft und Individualität der einzelnen Leute und die naturnahe Vision überzeugten mich da-von, für die Bienen einen wunderbaren und einzigartigen Ort gefunden zu haben.

Schon bald entstand unser Bienenteam mit Moni und Kemane. Gemeinsam versu-chen wir unser Bestes für die Bienen: ihnen mit unseren Mitteln so gut wie möglich eine naturgetreue Behausung und Lebens-art zu ermöglichen. Ganz nach Seeley halten wir die Beute klein, entnehmen wenig Honig, behandeln nicht mit Säuren, isolieren die Beute mit dickem Holz, etwas Stroh und Heu und lassen den Bienen ihre Privatsphäre. Des Weiteren haben wir die-sen Herbst Bücherskorpione in der Beute angesiedelt, die unter anderem helfen könnten, die Anzahl an Varroamilben zu mi-nimieren. Wir planen, auf dem Gelände mit genügend Abstand weitere Bienenbehau-sungen zu bauen, die den ursprünglichen Baumhöhlen ähneln, in denen Honigbienen von Natur aus gerne leben.

Ich möchte dich einladen, einmal in eine Bienenbeute zu schauen — dir diese klei-nen wunderbaren Insekten anzusehen und erklären zu lassen, was sie alles aus ihrem Instinkt heraus organisieren und schaffen. Stell dir vor, wie du den Honig direkt vor Ort am Finger ableckst, die Propolis riechst und dem entspannenden Geräusch der Flügel und Bewegungen lauschst. Für mich gibt es kaum einen innigeren Moment mit der Natur als diesen — wenn sie durch diese kleinen Geschöpfe in mir resoniert und mich daran erinnert, dass sie es besser weiß als wir Menschen.

Wenn du selber Bienen halten möchtest, empfehle ich dir, dich zu erkundigen, was natürliche Haltungsweisen sind, dich wenn möglich mit anderen Imker*innen zu unterhalten und deinem Instinkt zu folgen. Mir sagte man ganz am Beginn: „Jede Imkerin hat ihre eigene Art."

Falls du einen Garten hast und Bienen helfen möchtest, gibt es viele unterschiedliche Pflanzen und Blumen für Bienen, die du anpflanzen kannst — erkundige dich, welche da die besten sind. Du kannst auch einen ruhigen Platz mit Erde und Schilf anbringen, in dem Wildbienen ihre Nester bauen und sich vermehren können. An einer Wasserquelle (Teich, Regentonne, Schale etc.) kommen sie dann auch gerne zum Trinken vorbei.

Es ist und war noch nie zu spät einzusehen, dass wir die Geschenke der Natur als Menschheit wertschätzen und auch wertschätzend damit umgehen können. Die Pflanzen, Blumen, Bäume, Insekten, Bienen und der Honig sind so viel mehr wert als jedes Geld. Lasst sie uns genießen!

UND DANN KAM CORONA:
AUFBRUCH IN EINE ANDERE ZEIT

Im Frühjahr 2020 wurden wir geradezu überrannt. Zu jeder Aktion kamen 30 bis 40 Leute, die in den meisten Fällen auch gerne dauerhaft im Projekt bleiben wollten. Einerseits freuten wir uns sehr über den Zulauf; andererseits hatten wir Sorge, dass wir zu schnell wachsen würden, um mit der Entwicklung Schritt halten zu können. Exponentielles Wachstum wird in der Permakultur immer als Gefahr gesehen — und obwohl von exponentiellem Wachstum bei uns noch keine Rede sein konnte, ging es doch in die Richtung.

An diesem Punkt standen wir, als im März die Corona-Krise akut wurde. Besorgt verfolgten wir die Nachrichten: Würde auch bei uns eine Ausgangssperre verhängt werden? Würden wir nicht mehr in unsere Gärten können? Gerade zu Beginn der Anbausaison, wo viele Jungpflanzen frisch ausgepflanzt waren und regelmäßig überwacht und gegossen werden mussten, machte uns das Angst. Glücklicherweise kam es nicht so weit; es durften sich maximal zwei Haushalte gleichzeitig treffen, wir konnten uns aber noch frei draußen bewegen. Für viele GemüseheldInnen waren die Gärten in dieser schwierigen Zeit die Rettung: Hier konnten sie ungestört werkeln, sich mit Abstand unterhalten, das schöne Frühlingswetter genießen.

In den Wochen des Lockdowns waren fast zu jeder Tageszeit Menschen in den Gärten; wir sprachen uns ab, damit es nicht mehr als zwei auf einmal pro Garten waren. Manche pilgerten auch wiederholt zu Ilka, um ihr in ihrem Garten in Goldstein bei der Aussaat in Anzuchtplatten und beim Pikieren der unzähligen Jungpflanzen zu helfen.

Trotz der Einschränkungen entstand in dieser Zeit ein starkes Gemeinschaftsgefühl: Die gerade erst neu gebildeten Gartenteams fanden zusammen, planten ihre Kulturen, koordinierten ihre Tätigkeiten.

Wir mussten alle Neuanfragen ablehnen. Es war uns aufgrund der Kontaktbeschränkungen einfach nicht möglich, noch jemanden in ein Gartenteam einzubinden. Um ehrlich zu sein, war das eine große Entlastung: Wir hatten Zeit und Raum, uns in Ruhe zu organisieren.

Erst im Sommer, als sich die Corona-Situation vorübergehend entspannte, konnten wieder einige Personen von unserer Warteliste bei uns losgärtnern. Zu diesem Zeitpunkt hatten wir bereits neue Gärten, einem natürlichen Wachstum stand nichts im Weg.

Die Sonne streichelt unser Gesicht und wir pflanzen, pflanzen, pflanzen.

Stell dir vor, es ist Lockdown — und du hast einen Garten. Was für ein Glück. Gemeinsam draußen sein, quatschen, Spaß haben ... und eine Kräuterspirale bauen.

Ilkas Mama hat supercoole GemüseheldInnen-Masken für uns genäht und bestickt.

Mitten im Lockdown holten wir von einem Bauernhof 70 Heuballen zum Mulchen. Fanny, die Gartenverantwortliche des Beerengartens, hatte in den schulfreien Wochen Zeit dazu.

Wir demonstrieren für den Erhalt der Grünen Lunge — und wachsen als Gemeinschaft noch stärker zusammen.

AUF DER SUCHE NACH SONNE ODER: **AUCH SCHATTENGÄRTNERN WILL GELERNT SEIN**

Das Wunderbare an der Grünen Lunge sind die 2000 bis 3000 Bäume, die dort wachsen — das haben wir schon gesagt. Fürs Gärtnern bedeuten die Bäume aber gleichzeitig eine große Herausforderung: Denn Gemüse braucht Sonne. Und wo viele Bäume sind, da ist auch viel Schatten. Die Mehrzahl unserer Gärten bewirtschafteten wir 2020 zum ersten Mal und wir lernten schmerzhaft, dass es beim besten Willen keinen Sinn macht, im Schatten Tomaten und Paprika zu pflanzen. An vielen Stellen dachten wir im Februar noch,

dass dort genug Sonne hinkäme — und merkten dann, als das Blätterdach dichter wurde, dass wir uns gründlich getäuscht hatten. Für die Gärtner*innen tat es uns leid, dass sich trotz aller Bemühungen auf einigen Beeten kein Erfolg einstellte. Chris wies immer wieder darauf hin, wie wichtig es sei, sich mit dem Schattengärtnern zu beschäftigen — und hatte recht damit, denn es ist ja durchaus nicht so, dass gar nichts im Schatten gedeiht. Wir beobachteten, dass alle Gemüse prächtige Blätter, aber eben keine Früchte ausbildeten. Wir hätten ganze Gerichte aus Radieschen- und Tomatenblättern zaubern können. Aber Tomatenblätter allein, das war nun doch nicht, was wir mit unseren Gärten erreichen wollten. Dieser kleine Miss-

Unsere Gurken wollen hoch hinaus. Kein Problem, Julia und Rebekka zimmern mal schnell ein Gerüst.

erfolg war aber natürlich nicht umsonst: Es ist uns noch klarer geworden, dass wir die Kulturen unbedingt an den Standort anpassen und eben mehr Blattgemüse anbauen müssen. Und das Tolle ist, wir können in diese Richtung noch viel experimentieren, neue Sorten ausprobieren und kreative Ansätze entwickeln.

Nichtsdestotrotz hatten viele von uns Sehnsucht nach „richtig" sonnigen Anbauorten. Auf diese Weise kamen wir zum Fliedergarten, einem ungefähr 70 Quadratmeter großen Abschnitt in bester Zaunlage (ein viel frequentierter Spazierweg führt direkt daran vorbei). Wir hatten nebenan einen neuen Garten übernommen (den ursprünglichen Fliedergarten,

der inzwischen leider im wahrsten Sinne des Wortes im Schatten seines kleinen Bruders, des neuen Fliedergartens, steht) und Laura liebäugelte mit einer offen zugänglichen, vollsonnigen Rasenfläche am Zaun, die zum Grundstück des Nachbarn gehörte. Sie fand es jammerschade, dass dort eine magere Rasenfläche vor sich hin kümmerte und stellte sich vor, wie alle unsere Tomatenpflanzen, die wir nirgendwo unterbringen konnten, dort wuchern würden. Sie sprach den Nachbarn also kurzerhand an und fragte ihn, ob wir dieses Stückchen nicht bepflanzen dürften. Wir durften!

In den Wochen darauf grub das Fliedergarten-Team unter Ingrids Anleitung die

Grasnarbe um, dann packten sie große Mengen abgelagerten Pferdemist und Komposterde obendrauf. Als sie damit fertig waren, war es allerdings schon Anfang Juni und fast zu spät zum Pflanzen. Aber Ilka, unsere Jungpflanzen-Mama, war glücklich. Sie konnte jetzt auch noch alle ihre, wie sie sagte, „Mickerschweine" loswerden: krumme und kleinwüchsige Tomaten, gelblich angelaufene Paprikapflanzen — und auch gesunde und kräftige Mangold-, Rote-Beete-, Gurken-, Zucchini- und Kürbispflanzen sowie mexikanische Sonnenblumen und Cosmeen.

Im Fliedergarten wurden in den nächsten Monaten alle unsere Träume wahr. Aus den „Mickerschweinen" entwickelten sich prächtige Pflanzen, die sich in der Sonne räkelten, im Nu konnten wir Mangold, Rote Beete und Salate ernten und die bunten Blumen gaben dem Ganzen das gewisse Etwas. Spaziergänger*innen blieben reihenweise stehen und bewunderten das kleine Gemüseparadies.

Für uns war der Fliedergarten der Beweis, dass Gemüsepflanzen wirklich sehr viel Sonne brauchen. Die großen Kompostmengen und der Pferdemist taten sicher ein Übriges. Und wir wussten nun einfach: Bei der Suche nach weiteren Anbauflächen würden wir unser Hauptaugenmerk auf die Sonne legen. Denn so schön es ist, mit Schattenpflanzen zu experimentieren: In der Sonne geht vieles einfach von selbst, was wir im Schatten nur mit großer Mühe erreichen konnten.

UNSERE PERMAKULTUR-INSELN SPRIESSEN ÜBERALL.
STEP 1: KLEINGARTENGEBIET

Im Sommer lernten wir Oliver Lang kennen. Er ist Vorsitzender der Kleingarten-Stiftung, das ist ein Kleingartenverband

Noch ein paar Gramm mehr und der Zaun wäre wohl zusammengeklappt. Kürbis-Alarm!

Die „Mickerschweine" packen wir in den Fliedergarten …

für die Region Frankfurt/Rhein-Main. Außerdem leitet er einen Kleingartenverein im Frankfurter Stadtteil Bornheim. Oliver bot uns einen Garten in direkter Nachbarschaft zu seinem Verein (3,5 Kilometer und 10 Fahrradminuten von der Grünen Lunge entfernt) als PermaKulturInsel an. Er wollte die Idee der Gemeinschaftsgärten auch im Kleingartenbereich verankern und das Kleingartenwesen in diese Richtung weiterentwickeln.

Der 1600 Quadratmeter große, seit Jahren nicht bewirtschaftete Garten hatte viel Potenzial, aber wir sahen auch einige Schwierigkeiten auf uns zukommen: Brombeeren und Hartriegel hatten sich einen prominenten Platz erkämpft, der Boden war mager und es würde viel Men- und Women-Power erfordern, den Garten für den Gemüseanbau vorzubereiten. Aber Ilka und Georg wollten diese Aufgabe auf jeden Fall angehen, und so ließen wir uns

auf das Experiment ein. Im Vier-Jahreszeiten-Garten gräbt, sät, pflanzt und erntet inzwischen ein Team von etwa 20 Personen. Unser erster Schritt aus der Grünen Lunge heraus an andere Orte war getan.

MITTENDRIN, STATT NUR DABEI. **STEP 2: DIE GOETHE-UNIVERSITÄT**

Die neue PermaKulturInsel im Kleingartengebiet war ein Erfolg, aber wir wollten unbedingt auch mitten in der Stadt an öffentlichen Orten sichtbar werden. Und wie immer dachten wir groß: Wir wollten uns an prominente Grünflächen wie den Palmengarten oder den Zoo heranwagen, und auch der riesige, von Rasenflächen geprägte Campus der Goethe-Universität reizte uns extrem. Wo, wenn nicht hier, sollte die Zukunft der Ernährung erforscht werden?

… und sie wachsen uns innerhalb kürzester Zeit um die Ohren.

Juhu, es wächst und wächst und wächst.

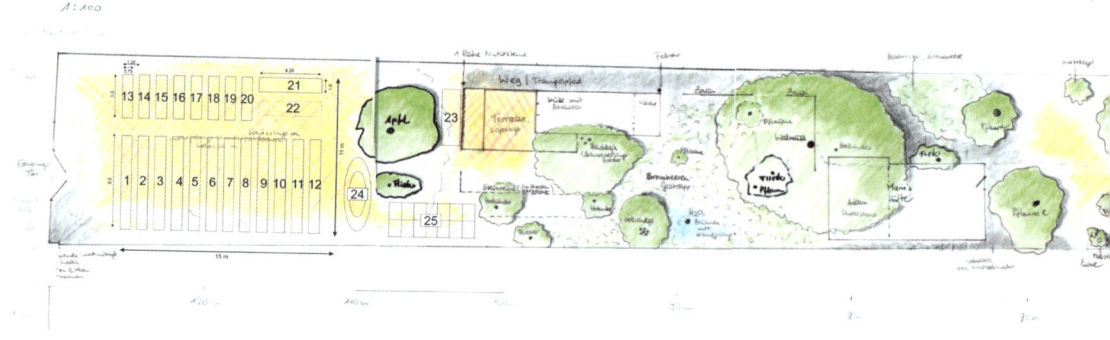

Mitten in der Stadt knallroten Mangold aus der Erde zu ziehen, das ist einfach genial.

Ohne Plan läuft's nicht. So schaut er für den Vier-Jahreszeiten-Garten aus.

Mit unserer Idee wendeten wir uns an den AStA (Allgemeinen Studierendenausschuss) der Uni und bekamen prompt eine Antwort: Ein Gemüsegarten stand weit oben auf der Liste des „Green Office" des AStA. Allerdings war das Unterfangen im Vorjahr von der Universität abgelehnt worden. Jetzt hofften die Studierenden, gemeinsam mit uns ihre Idee doch noch verwirklichen zu können. Denn auf einem anderen Campus der Uni war bereits ein Permakulturgarten in Planung.

Wir machten uns also an die Arbeit und entwarfen eine Beispiel-PermaKulturInsel, wie wir sie uns auf dem Campus vorstellen konnten. Das Konzept verwandelten wir in eine Präsentation, die wir beim Arbeitskreis „Lebendiger Campus" vorstellten. Die Uni-Präsidentin war anwesend, das Echo durchweg positiv — wir konnten also nur noch gespannt abwarten, ob den Worten auch Taten folgen würden.

HURRA:
DIE GRÜNE LUNGE BLEIBT!

Während wir der Grünen Lunge zeitweise den Rücken kehrten und uns um neue PermaKulturInseln kümmerten, geschahen in der Politik Zeichen und Wunder: Die Grünen, die der Koalition im Frankfurter Rathaus angehören, vollbrachten eine Kehrtwende. Bisher hatten sie sich für die Bebauung der Grünen Lunge ausgesprochen und dies auch im Koalitionsvertrag bestätigt. Jetzt stimmten sie bei ihrer Kreismitgliederversammlung für einen Antrag, der eine Bebauung nur auf bereits versiegelten Flächen vorsah (das passierte übrigens am gleichen Tag, an dem bekannt wurde, dass Joe Biden die Präsidentschaftswahl gewonnen hatte). Und wieder war Rosemarie Heilig, unsere Umweltdezernentin, federführend mit dabei. Sie positionierte sich gegen die Bebauung und setzte sich für neue Klimagutachten ein, die durch die Hitzesommer 2018 und 2019

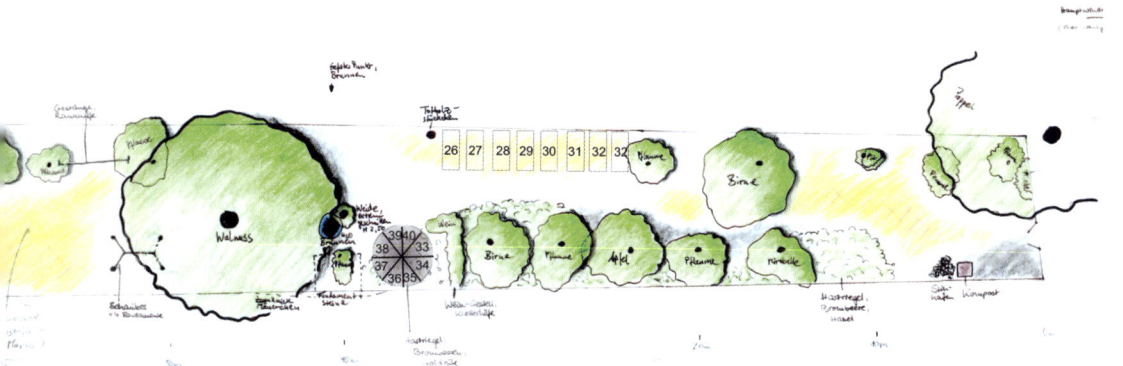

notwendig geworden waren. Die Zeitungen schrieben tagelang über diese Sensation: war doch die Bebauung damit radikal in Frage gestellt. Wir stießen mit Tee in den Gärten auf die Neuigkeit an — und bildeten uns ein, dass dieser Erfolg auch ein Resultat unserer Arbeit war; hatten wir doch gerade in den Wochen vor der Entscheidung unsere Vision an verschiedenen Orten vorgestellt, unter anderem auch bei den Grünen. Es war uns offenbar gelungen, gemeinsam mit den anderen Initiativen und ganz besonders der Bürgerinitiative, doch ein Umdenken in der Politik zu bewirken. Wir hatten einen Etappensieg errungen!

Nun stehen die Chancen gar nicht so schlecht, in einigen Jahren unsere Vision „PermaKulturGarten Frankfurt 2025" oder Teile davon in die Tat umsetzen zu können. Vielleicht 2025?

DRANBLEIBEN LOHNT SICH:
WIR WERDEN MARKET GARDENER

Direkt am Zaun der Grünen Lunge, in bester Sonnenlage, lachte uns schon lange ein mit Goldrute zugewucherter Garten an, der offenkundig nicht bewirtschaftet wurde. Laura ließ er keine Ruhe: Immer wieder befragte sie die verschiedensten in der Grünen Lunge aktiven Menschen, ob sie nicht wüssten, wer die*der Pächter*in dieses Gartens sei. Und auch den zuständigen Mitarbeiter vom Liegenschaftsamt löcherte sie. Nach monatelangen Bemü-

hungen hatte sie schließlich Erfolg: Martin, ein Nachbar des Fliedergartens, der seit fast 40 Jahren in der Grünen Lunge gärtnert (und vom Fliedergarten so angetan war, dass er uns im Herbst noch ein angrenzendes Stück seines eigenen Gartens dazugab), wusste, dass der Pächter Hausmeister in einer der umliegenden Schulen war. Laura machte sich also auf die Suche und klapperte die Schulen ab, ließ sich mit den Hausmeistern bekannt machen und stieß nach einigen Versuchen tatsächlich auf den richtigen Mann. Wie sich herausstellte, hatte er schon länger vor, den Garten abzugeben. Er freute sich riesig, dass wir den Garten bewirtschaften wollten.

Schon wenige Tage später begannen wir, der Goldrute zu Leibe zu rücken, und Laura stürzte sich auf das Design des Gartens. Einen so großen, vollkommen sonnigen Garten hatten wir bisher noch nicht gehabt.

Im Sommer waren wir auf das Konzept des Market Gardening gestoßen. Nach diesem Vorbild wollte Laura den neuen Garten anlegen und ihm auch den passenden Namen geben: Market Garden. Auf einer Fläche von 120 Quadratmetern sollten gleich lange, 80 cm breite Beete entstehen, die dicht an dicht bepflanzt werden könnten.

So soll es sein, so kann es bleiben: Wir baden in unserem Gemüse.

Kleine Fläche, null Maschinen, Gemüse für alle: Market Gardening

Biologisches und saisonales Gemüse auf kleiner Fläche und mit wenigen Mitteln hochproduktiv anbauen — das ist das Prinzip des Market Gardening. Nach dem Vorbild der Pariser Marktgärtner des 19. Jahrhunderts wird beim Market Gardening ohne schwere Maschinen, ohne Pestizide und Kunstdünger, dafür aber mit viel Wissen, Handarbeit und innovativen Techniken gearbeitet. Hilfsmittel sind verschiedene klug konzipierte Werkzeuge und Handmaschinen. Die Kulturen werden extrem dicht gepflanzt. Dadurch entsteht eine natürliche Mulchdecke, die den Boden schützt und Verdunstung verhindert; gleichzeitig kann der Ertrag pro Quadratmeter maximiert werden.

Mithilfe von Kompost und Fruchtfolge, aber auch durch den weitgehenden Verzicht auf Bodenbearbeitung, fördern die Market Gardener das Bodenleben. Sie erzeugen so eine hohe Bodenfrucht-barkeit, die sich von Jahr zu Jahr steigert. Verkauft werden die Erzeugnisse — daher auch der Name „Market" — auf Bauern- oder Wochenmärkten oder aber in Form von solidarischer Landwirtschaft oder Bio-Abokisten.

Vorreiter des heutigen Market Gardening ist der Kanadier Jean-Martin Fortier. In seinem Buch *The Market Gardener*, deutsch-sprachig erhältlich als *Bio-Gemüse erfolg-reich direktvermarkten*, zeigt er genau, wie seine Methode funktioniert. Darauf baut auch sein Onlinekurs auf: *The Market Gardener's Masterclass — Organic Farming Online Course with JM Fortier*. Darin erklärt er in vielen anschaulichen Videos, wie man selbst, Schritt für Schritt, zum Market Gardener werden kann und worauf man bei Anbau, Pflege, Ernte und Vermarktung achten sollte. Mit seiner Frau Maude-Hélène hat Fortier die Farm *Les Jardins de la Grelinette* in Québec erschaffen.

Im Mittelpunkt stehst du!

Tschau, Traktor. Beim Marketing Gardening brauchst du nur wenige Werkzeuge.

JEDER KANN LOSLEGEN: MIT WENIG GELD UND EIN BISSCHEN KNOW-HOW

Market Gardening zeigt uns, dass Landwirtschaft auch anders gehen kann: ohne hohe Anfangsinvestitionen für große Flächen und schwere Traktoren. Loslegen kann man beispielsweise schon mit einer Fläche von 500 bis 2000 Quadratmetern, und das notwendige Startkapital kann sogar unter 10.000 Euro liegen; selbst in der Deluxe-Variante reichen 30.000 Euro vollkommen aus, um als Market Gardener durchzustarten.

Es ist also gar nicht so schwer, sich ein Leben als Market Gardener aufzubauen; besonders auch für Menschen, die nicht aus dem landwirtschaftlichen Bereich kommen. Das Risiko ist nicht so hoch, da sich Fläche und Ertrag langsam steigern lassen, ganz so, wie es den eigenen Fähigkeiten entspricht. Besonders reizvoll am Market Gardening — auch im Vergleich zur Permakultur — ist der schnelle Erfolg: Schon im ersten Jahr ist es mit der Methode von Jean-Martin Fortier möglich, schwarze Zahlen zu schreiben. Denn durch die Verwendung großer Kompostmengen ist der Ertrag von Beginn an meist beachtlich.

Das Market Gardening hat im Vergleich zur Permakultur allerdings einen Nachteil: Es wird nämlich ausschließlich mit einjährigen Kulturen gearbeitet. Somit entstehen keine dauerhaften Ökosystem-Strukturen. Deshalb geht es auch so schnell, einen Market Garden zum Erfolg zu führen: Es ist keine jahrelange Aufbauarbeit notwendig. Manche Permakultur-Designer empfehlen Market Gardening daher als Einstieg in eine landwirtschaftliche Tätigkeit. Ein Betrieb kann so schon zu Beginn wirtschaftlich arbeiten, während parallel die Ökosystem-Strukturen aufgebaut werden, die langfristig die Produktivität und Stabilität sichern. Beim Market Gardening wird im Gegensatz zur Permakultur auf Mischkulturen verzichtet. Viele Market Gardener meinen, Mischkulturen seien etwas für den Hobbybereich. Dabei wird auf der *Ferme du Bec Hellouin* in Frankreich ein außergewöhnlicher Ertrag gerade durch die Kombination hoher und niedrigwachsender Kulturen erreicht, die den vorhandenen Raum optimal ausnutzen.

Für die Zukunft der Landwirtschaft scheint uns die Market-Gardening-Methode wegweisend: Hunderttausende von Gemüsegärtner*innen könnten kleinste Flächen ohne viel Vorwissen bewirtschaften und damit die industrielle Landwirtschaft ablösen. Wenn sich dabei auch noch Market Gardening und Permakultur aufeinander zubewegen, wäre das ideal. Utopisch ist das nicht, denn diesen Weg beschreiten bereits mehrere Market Gardener, die wir besucht haben: Sie beginnen, auch Beerensträucher und Obstbäume um ihre Beete zu pflanzen, um somit dauerhafte Strukturen in ihren Garten einzuführen. Das ist allerdings nur dann möglich, wenn ihnen die Fläche gehört; andernfalls ist das Risiko zu groß, dass nach wenigen Jahren die Fläche gekündigt wird und sie alle Bäume und Sträucher wieder entfernen müssen. Insofern liegt auch hier ein Vorteil des Market Gardening im Vergleich zur Permakultur: Die Beete sind so schnell errichtet, wie sie auch wieder abgetragen werden können. Gärtner*innen brauchen also nur wenig Planungssicherheit, um mit ihrem Vorhaben loslegen zu können.

EIN TOLLES BEISPIEL FÜR MARKET GARDENING: WEIERHÖFER GARTENGEMÜSE

Orfeas Fischer und Sara Knapp vom *Weierhöfer Gartengemüse* haben es geschafft. Das junge Paar aus der Pfalz bewirtschaftet 1800 Quadratmeter und versorgt an 30 Wochen im Jahr 220 Familien mit Gemüsekisten auf dem Weg der Direktvermarktung. Sie sind dem Online-Kurs von Fortier gefolgt und haben anfangs seine Methoden fast 1:1 kopiert. Damit waren sie so erfolgreich, dass sie bereits im ersten Jahr einen Gewinn erzielten. Sie starteten mit 50, steigerten sich im zweiten Jahr auf 140 und im dritten Jahr auf 220 Gemüsekisten.

An den beiden sieht man gut, wie der Aufbau eines Market Gardens funktionieren kann: Mithilfe von Fortier hatten sie einen reibungslosen Einstieg und konnten dann die Methode weiterentwickeln. Orfeas und Sara setzen auf erdölunabhängige Handgeräte — anders als Fortier. Dieser nutzt mittlerweile mehr Maschinen wie z.B. den Einachsschlepper und macht dafür Werbung; er arbeitet mit einigen Herstellerfirmen zusammen. Orfeas und Sara dagegen haben festgestellt, dass sie manche Maschinen, die sie sich zugelegt haben, gar nicht brauchen. Sie möchten ganz bewusst mit einfachsten Mitteln anbauen und so den Ursprungsgedanken der Methode erhalten. Die beiden bieten nun selbst einen Online-Kurs für Market Gardening an: *Market Garden Pro*. Er kostet rund 1000 Euro.

Gut zu wissen: Kartoffeln, Kohl, Fleisch und Zucker. Um diese Erzeugnisse bräuchten wir uns keine Gedanken zu machen, falls es in Deutschland irgendwann zu Einfuhr-Engpässen kommen sollte. Bei Gemüse und Obst sieht die Sache schon wieder ganz anders aus. Statistiken des Bundesamts für Landwirtschaft und Ernährung (BLE) über den sogenannten Selbstversorgungsgrad zeigen, dass wir hier nicht sonderlich gut aufgestellt sind. Gerade mal 4 Prozent aller gegessenen Tomaten werden in Deutschland angebaut. Die anderen kommen aus Italien, Spanien und den Niederlanden.

Dabei ist es auch in Deutschland gut möglich, Freilandtomaten anzubauen — passende und supergut schmeckende Sorten gibt's genug. Vivian Clover, die den Market Garden *Gemüsegarten Hoxhohl* 60 Kilometer von Frankfurt entfernt betreibt, baut auf ihren 2500 Quadratmetern Tomaten sowohl im Folientunnel als auch im Freiland seit Jahren erfolgreich an.

Orfeas hat einfach alles optimiert: Wir sind uns ziemlich sicher, dass niemand schneller Karotten binden kann.

Blitzschnell bildete sich im Market Garden ein hochmotiviertes Team. Jeremias, der eigentlich im Familiengarten aktiv war, hatte das Market Gardening auch vor kurzem für sich entdeckt und sprühte vor Ideen. Ihn begeisterte vor allem die „No dig"-Methode (wörtlich übersetzt: „kein Umgraben") von Charles Dowding, die wir dann auch umsetzten: Dabei wird der Boden zunächst mit Pappe abgedeckt. Darauf kommen dann 15 cm hohe Beete aus reinem Kompost, in die im Frühjahr direkt gepflanzt werden kann. Kurz darauf hatte Jeremias bereits die Pappe besorgt und innerhalb weniger Stunden brachten wir zehn Kubikmeter Kompost auf, den uns die Stadt geliefert hatte.

Für den Winter deckten wir die Beete mit Blättern ab und mulchten die Wege mit Holzhäckseln. Dann wechselten wir zum Computer: Ilka hatte komplizierte Excel-Tabellen erstellt und per Zoom legten wir die Kulturabfolge für das ganze kommende Jahr fest. Unser Ziel war es, möglichst viele Kulturen über das Jahr verteilt aufeinander folgen zu lassen. Mit diesem Garten möchten wir uns nämlich dem professionellen Gemüseanbau annähern und unter optimalen Bedingungen den maximalen Ertrag erwirtschaften.

Luise und Johann machen mal eben den Boden locker, bevor die Pappe draufkommt.

Rechen-Action: Die Beete zu modellieren, ist echt anstrengend.
Aber das Ergebnis kann sich sehen lassen, oder?

Pappe gießen? Ja, Pappe gießen!
Dann kommt der Kompost drauf.

ES WIRD BUNT UND GRÜN:
STADTPLANUNG MIT DEN GEMÜSEHELDINNEN

Mit unseren PermaKulturInseln wollen wir das Stadtbild nachhaltig verändern. Das bedeutet: Wir möchten uns in die Stadtplanung einklinken und bei der Entwicklung eines zukunftsfähigen Großstadtmodells mitwirken.

Was läge da näher, als sich mit den Ämtern kurzzuschließen, die in Frankfurt für Grünflächenentwicklung zuständig sind?

Genau das haben wir getan: Im Sommer schrieben wir dem Planungsdezernenten Mike Josef einen Brief und stellten ihm unsere Vision für die Grüne Lunge, aber auch unser Projekt im Allgemeinen vor.

Natürlich könnte uns der eine oder die andere genau das vorwerfen: Schließlich ist es der Planungsdezernent, der die Grüne Lunge bebauen lassen möchte und in Bezug auf die Grüne Lunge könnte man ihn als unseren größten Kontrahenten bezeichnen. Wir sind aber überzeugt davon, dass wir nur gemeinsam mit den städtischen Institutionen nachhaltige Lösungen finden können und dass eine ablehnende Haltung zu nichts führt.

Wenige Wochen, nachdem wir unseren Brief abgeschickt hatten, konnten wir zusammen mit Joerg im Planungsdezernat die PermaKulturInseln vorstellen. Unsere Präsentation wurde gleich an alle Projektleiter*innen im Planungsamt weitergeleitet, die an einer Zusammenarbeit interessiert sein könnten. Schon kurz darauf meldeten sich zwei Planerinnen bei uns und schlugen uns vor, bei der umfangreichen Umgestaltung eines ganzen Stadtteils mitzuhelfen. Uns wurde klar, dass wir über unsere Zukunft nachdenken mussten: Denn spätestens jetzt, bei einem so großen Projekt, war es nicht mehr möglich, auf ehrenamtlicher Basis zu arbeiten. Die PermaKulturInseln bewegten sich in Richtung eines professionellen Unternehmens. Wie genau wir es handhaben werden, ob wir eine GmbH gründen oder BIONALES einen wirtschaftlichen Zweig eröffnet — das wird sich in den nächsten Monaten zeigen. Doch wir sind uns sicher: Es wird sich schon fügen. Denn bisher folgte in unserem Projekt immer ein Schritt organisch aus dem letzten.

UND DA GEHT NOCH MEHR:
SCHÖNE AUSSICHTEN

Wir sind oftmals selbst fassungslos, was wir in so kurzer Zeit erreicht haben und fragen uns, wie das möglich war. Wahrscheinlich waren wir einfach zur richtigen Zeit am richtigen Ort. Die Sehnsucht der Stadtbewohner*innen nach einem Fleckchen Grün, danach, einen Beitrag zum Klimaschutz zu leisten, sich selbst versorgen zu können und ein Stückchen unabhängiger von der konventionellen Nahrungsmittelversorgung zu sein, ist groß. Das menschliche Bedürfnis nach Natur ist einfach überall vorhanden, im urbanen Raum genauso wie auf dem Land. Nur ist es inmitten von blühenden Wiesen leichter zu stillen als zwischen Autoverkehr und Hochhäusern — wobei auch das oft gar nicht mehr stimmt. Manchmal beherbergt eine ländliche „Agrarsteppe" weniger Leben als städtische Grünflächen ... Durch das gemeinsame Gärtnern schaffen wir einen Rahmen für Naturerfahrungen in der Stadt, für das „Selbermachen" und einen Bezug dazu, wie Lebensmittel wachsen und produziert werden. Gleichzeitig bereichert die gemeinsame Erfahrung, das gemeinsame Anpacken ungemein — denn viele von uns haben bisher nur den maximalen Individualismus in unserer Gesellschaft kennengelernt und wissen gar nicht, wie erfüllend gemeinschaftliches Wirken sein kann.

Von den Pionier*innen lernen oder: Wo liegen die Wurzeln?

Der große Vorteil unserer digitalisierten Welt? Ganz klar! Für uns ist es die Möglichkeit, uns mit unseren Vorbildern zu vernetzen und uns Wissen und Know-how von überall her zu beschaffen. Auch uns fällt es nicht immer leicht, ausgetretene Pfade zu verlassen und Neuland zu erkunden; da ist es sehr hilfreich, wenn wir uns an starken Persönlichkeiten oder Kollektiven orientieren können, die mit dem Wandel schon begonnen haben. In unserem GemüseheldInnen-Alltag sind viele unserer Vorbilder unsere ständigen Begleiter*innen. Weil uns ihre Kraft und ihre Ausstrahlung immer wieder aufs Neue inspirieren — und uns immer wieder den Weg weisen. Dabei geht es nicht darum, blind etwas zu imitieren, was wir als gut empfinden; vielmehr versuchen wir, verschiedene Einflüsse und bereits beschrittene Wege gemeinsam mit unseren Ideen und unserem Bauchgefühl zu einem harmonischen Ganzen zusammenzufügen.

Wir möchten dir nun unsere Vorbilder vorstellen, denn sie sind wichtig, um unser Projekt besser zu verstehen. Zusammengenommen bilden sie aus unserer Sicht eine ganz bedeutende Grundlage für die Planung und Umsetzung städtischer Landwirtschaft.

IN EINE HEILE PARALLELWELT FLÜCHTEN? **NEIN, WIR WOLLEN ANPACKEN**

Der Winter 2018/2019, bevor wir als GemüseheldInnen loslegten, war für uns eine Zeit, in der wir sehr viel lasen und nachdachten. Wir spürten stark, dass wir aktiv etwas gegen die Klimakrise tun wollten. Etwas, das über unser Konsumverhalten hinausging. Die Jahre davor hatten wir in eine völlig andere Richtung gedacht: Wir wollten irgendwann nach Südfrankreich auswandern und dort unseren eigenen kleinen Bauernhof gründen. Ich fühle mich dort heimisch. Ich liebe die südliche Atmosphäre, den Geruch der Garrigue, die Einsamkeit und Weitläufigkeit der Landschaft. Das ganze Jahr über lebte ich auf unseren vierwöchigen Sommerurlaub hin und sah uns schon in einem alten Natursteinhaus auf dem Berg unsere Schafherde versorgen und unseren Gemüsegarten pflegen. Mit Blick auf den Klimawandel hatten wir das Gefühl: Da ist sowieso nichts mehr zu machen. Am besten, wir ziehen uns zurück und schaffen unser privates kleines Paradies, das möglichst unabhängig von der Gesellschaft bestehen und unsere Existenz sichern kann. Es war eine Art innere Emigration, ein Resignieren gegenüber dem Gang der Dinge und den Irrwegen der Menschheit.

Das Ganze hatte allerdings einen großen Haken: Wir konnten unser Auswanderungsprojekt frühestens dann angehen, wenn unsere Kinder nicht mehr schulpflichtig waren, also in mehr als zehn Jahren! So lange mussten wir durchhalten in der Stadt, in diesem Leben, das nur eine Vorstufe zu unserem „richtigen" Leben sein sollte, und sozusagen die Zeit totschlagen. Wir merkten selbst, dass das keine guten Aussichten waren: In der Zukunft leben und die Gegenwart „absitzen"? Jede Ferienwoche, in der die Kinder nicht bei uns waren, verbrachten wir in Südfrankreich beim *Wwoofen*. Wer das nicht kennt: Wwoofen bedeutet *Worldwide Opportunities on Organic Farms* und ist ein Online-Portal, auf dem man Bio-Bauernhöfe findet, wo man gegen Kost und Logis arbeiten und lernen kann. Wir besuchten verschiedene Höfe und hofften dabei, vielleicht unseren zukünftigen Hof zu finden. Wir spürten aber immer stärker, wie unbefriedigend diese Flucht aus der Realität war.

MANCHMAL BRAUCHT ES EINEN **WECKRUF: TOMORROW**

Den Wendepunkt brachte uns ein Film: *Tomorrow* von Cyril Dion und Mélanie Laurent. Wir hatten in diesem Herbst 2018 viele Filme angeschaut, die sich mit den ökologischen Problemen unserer Zeit beschäftigten: *Plastic Planet* und *Die grüne Lüge* von Werner Boote, *10 Milliarden — Wie werden wir alle satt* von Valentin Thurn und eben *Tomorrow — Die Welt ist voller Lösungen*. In diesem Film tauchten all jene auf, die unsere großen Vorbilder werden sollten: Rob Hopkins und seine *Transition-Town*-Bewegung, die englische Urban-Farming-Initiative *Incredible Edible* und die französische *Ferme du Bec*

Rob Hopkins' Transition-Town-Bewegung geht um die Welt.

Hellouin. Wir fanden endlich ein Ventil für unser inneres Bedürfnis, aus der passiven Rolle herauszukommen. Schon klar, dass wir uns da selbst hineinmanövriert hatten. Aber dieser Film war sozusagen der letzte Anstoß, etwas zu tun: Wir sahen, dass tatsächlich überall auf der Welt Menschen im Kleinen aktiv waren und damit große Veränderungen hervorbrachten!

ROB HOPKINS UND DIE
TRANSITION TOWN-BEWEGUNG: LOKAL AKTIV WERDEN!

Von Rob Hopkins lernten wir, angesichts der riesigen Herausforderungen unserer Zeit nicht zu kapitulieren, sondern selbst aktiv zu werden. Auf den Film *Tomorrow* hin kauften wir uns sein Buch *Energiewende – das Handbuch. Anleitungen für zukunftsfähige Lebensweisen* und begannen begierig zu lesen. Das Buch ist zwar mehr als zehn Jahre alt, wir fanden aber dort den für uns richtigen Ansatz: nicht warten, bis die Politik die richtigen Entscheidungen trifft und alle Menschen ihr Verhalten ändern. Stattdessen können wir bei uns selbst und in unserer Umgebung ansetzen. Programmatisch dafür steht der Titel eines anderen Buches von Hopkins: *Einfach. Jetzt. Machen!*

ERDÖL-TRIP WAR GESTERN:
PEAK OIL UND KLIMAKRISE

Rob Hopkins wurde 1968 in London geboren. Er wuchs in der englischen Kleinstadt Totnes auf und war ursprünglich Permakultur-Lehrer. Als er sich 2004 mit dem sogenannten Peak Oil, dem Ölförder-Maximum, beschäftigte, hatte er eine für ihn ziemlich traumatische Erkenntnis: Unsere derzeitige Lebensweise basiert auf billigem Erdöl, das in absehbarer Zeit nicht mehr vorhanden sein wird. Jedes Alltagsdetail ist vom Öl geprägt, ob es sich nun um die Zahnbürste aus Plastik, den Staubsauger, den Inhalt des Kühlschranks oder den Wochenendausflug ins Grüne handelt. Hopkins wurde klar: Wenn uns das Öl ausgeht, steht unser Leben kopf, kein Stein bleibt auf dem anderen. Verschärft wird diese Tatsache durch den Klimawandel: Er macht es uns unmöglich, anstelle des Öls andere Energiequellen wie die Kohle zu nutzen, um unsere Bedürfnisse zu stillen.

Rob Hopkins ist überzeugt, dass uns die Kombination aus Peak Oil und Klimawandel schon sehr bald zwingen wird, unseren Energieverbrauch drastisch herunterzufahren. Und zwar auf ein vorindustrielles Niveau. Da wir aber nach Hopkins' Meinung alle erdölsüchtig sind, stehen wir vor einem nie dagewesenen radikalen Umbau aller Lebensbereiche.

„ICH GLAUBE, DASS DIE MENSCHEN IN DER LAGE SIND, AUSSERGEWÖHNLICHE DINGE ZU TUN ...": INTERVIEW MIT ROB HOPKINS

Sie beschreiben unsere Gesellschaft als eine Gesellschaft von Ölabhängigen. Sind Sie der Meinung, dass wir die Kurve kriegen, bevor es für unseren Planeten und das Fortbestehen der Menschheit zu spät ist?

Ich glaube, es gibt niemanden, der eine sichere Antwort auf diese Frage geben kann. Jeder, der sagt, der Kollaps sei unvermeidlich, hat im Grunde nicht recht. Wieso? Weil wir es ganz einfach nicht wissen. Was würde passieren, wenn wir überhaupt nichts täten? Davon gehen die meisten wissenschaftlichen Prognosen aus, die die katastrophalsten Ergebnisse vorhersagen. Klar ist, dass wir uns bereits im Klimawandel befinden. Und wir sehen auch, was infolge des Klimawandels passiert. Aber ich glaube, dass die Menschen in der Lage sind, außergewöhnliche Dinge zu tun. Und dass Veränderungen in kurzer Zeit geschehen können, wenn wir es wollen. Wenn wir sagen: „Es ist zu spät". Was meinen wir damit? Ist es zu spät, die Klimaerwärmung auf 1,5 Grad zu drosseln? Vermutlich, aber es ist immer noch möglich. Aber ist es auch zu spät, die Klimaerwärmung bei zwei Grad, drei Grad zu stop-

pen? Tatsache ist, dass selbst die kleinste Temperaturerhöhung massive Auswirkungen auf das Leben der Menschen hat. Deshalb sollten wir alles in unserer Macht Stehende tun, um den Temperaturanstieg niedrig zu halten. Und dann werden wir hoffentlich intelligente Wege finden, um immer mehr Kohlenstoff einzulagern. Manchmal kommt es mir so vor, dass wir einfach aufgeben, wenn wir sagen: Es ist zu spät. Womit das Ganze zu einer sich selbst erfüllenden Prophezeiung wird.

Dabei gibt es so viele großartige Beispiele für phänomenale soziale Bewegungen, die etwas verändert haben! Ja, wir sind eine Gesellschaft von Ölabhängigen. Aber wir sind auch eine Gesellschaft von außergewöhnlichen Menschen mit Fantasie und großer Erfindungsgabe, die zu Veränderungen fähig sind.

Das Wichtigste, was wir tun können: eine Sehnsucht nach einer kohlenstoffarmen Welt zu kultivieren. Als wir beispielsweise zum Mond flogen, war das nicht die Idee von Neil Armstrong. Es war nicht die Idee von JFK im Jahr 1960, wir waren schon vier Jahrzehnte vorher zum Mond geflogen, in Geschichten und Liedern, Frank Sinatra, Tintin. Zum Zeitpunkt, als JFK sagte „Lasst uns zum Mond fliegen!", war die Sehnsucht als Gesellschaft so stark geworden, dass wir tatsächlich keine Wahl hatten. Ich bin also der Überzeugung, dass wir vor allem die Sehnsucht kultivieren müssen. Und man kultiviert die Sehnsucht nicht, indem man nur davon spricht, wie schrecklich alles ist.

Wir stellen jeden Tag fest, wie schwierig Veränderungen sind. Bis zu welchem Grad ist es in unserer auf Öl gegründeten Gesellschaft möglich, so zu leben, wie es in absehbarer Zukunft notwendig sein wird?
Letztes Jahr haben die Leute in rechten Medien über Extinction Rebellion oft gesagt: „Wer sind diese Leute, dass sie uns sagen, wir sollen uns ändern? Die leben doch alle in einem Haus und trinken Kaffee und es ist Öl erforderlich, damit sie das tun können." Aber niemand ist perfekt! Niemand behauptet, perfekt zu sein. Tat-

sache ist, dass wir in Großbritannien zum Beispiel etwa neun Tonnen CO_2 pro Person pro Jahr verbrauchen. Innerhalb der nächsten zehn Jahre müssen wir diesen Wert auf etwa eine Tonne senken. Das heißt, es gibt Dinge, die wir tun müssen, z.B. müssen wir sehr viel weniger fliegen, wenn überhaupt. Wir müssen viel weniger Fleisch essen. Wir müssen mehr nachhaltige, regional produzierte Lebensmittel essen. Wir müssen damit aufhören, so viele Sachen zu kaufen. Wir müssen die Dinge langlebiger machen, Dinge reparieren. Wir müssen unsere Häuser so energieeffizient wie möglich machen. Einiges davon können wir selbst tun, manches können wir nur mit Unterstützung der Regierung und der Wirtschaft tun, manches können wir in der Gemeinschaft tun. Der Punkt ist, dass wir eine Kultur schaffen müssen, in der sich Menschen für Veränderungen begeistern. Die Leute sind begeistert, wenn sie alle zwei Jahre ein neues Telefon bekommen, aber nicht von der Idee, dass wir unser Energiesystem ändern könnten. Ich glaube, wir müssen uns wirklich darum bemühen, Sehnsucht zu erzeugen. Natürlich können wir einen Lebensstil mit einer Tonne leben und wir können dabei aufblühen und tatsächlich ein viel gesünderes, viel erfreulicheres Leben führen, als wir es derzeit tun.

Wie schätzen Sie die Zukunft der Technologie, insbesondere des Internets ein? Wird sie die erforderlichen Veränderungen beschleunigen oder sollten wir uns schnell davon verabschieden, weil es in einer energiearmen Welt nicht mehr existieren kann?

Vor kurzem kam ein Bericht heraus, in dem stand, dass man bei einem Zoom-Anruf den Energiebedarf um 95 Prozent reduziert, indem man die Kamera ausschaltet. Und kürzlich habe ich gelesen, dass der CO_2-Fußabdruck von Menschen, die sich im Internet Pornografie ansehen, dem CO_2-Fußabdruck von Belgien entspricht, was wirklich ziemlich verrückt ist. In den vergangenen Jahren habe ich mit Interesse folgenden Ansatz verfolgt, der über die Jahre gewachsen ist: Was, wenn man das Internet als ein 20-jähriges Experiment betrachtet? Dann stellt sich die Frage: Wie läuft es eigentlich? Und wollen wir das wirklich so weiterführen? Wenn man sich beispielsweise die Auswirkungen des Internets auf die Demokratie anschaut, auf faire Wahlen, auf unsere Aufmerksamkeitsspanne, auf unsere Konzentrationsfähigkeit, dann spricht einiges dafür, zu sagen: Ist das wirklich etwas, was wir brauchen? Ich weiß es nicht. Wenn wir eine Gesellschaft gestalten wollen, die reich und florierend und fantasievoll und demokratisch ist, dann ist das Internet, sofern es nicht tiefgreifend reformiert wird, tatsächlich ziemlich gefährlich. Ironischerweise nutzen wir es natürlich, um diese Ideen zu teilen.

Nach wie vor gibt es viele Menschen, die den Klimawandel und das globale Ölfördermaximum leugnen oder nicht akzeptieren wollen. Haben Sie irgendwelche konkreten Ideen, wie man diese Menschen erreichen kann?

Ich habe in meinem Leben einige Zeit damit verbracht, mit diesen Leuten zu argumentieren und Ideen mit ihnen zu diskutieren. Meine Erfahrung zeigt, dass es eine komplette Zeitverschwendung ist. Ich versuche vielmehr, mit Leuten zu arbeiten, die begeistert sind und die Energie haben, tatsächlich etwas gegen den Klimawandel zu tun. Lasst uns die Energie einfach dorthin lenken, wo sie hin will. Mein Freund Ben, mit dem ich viele Jahre zusammengearbeitet habe, sagte: „Don't feed the trolls." Ich versuche, das zu befolgen. Manchmal ist die Leugnung des Klimawandels so idiotisch, dass ich nicht anders kann, als zu reagieren. Aber man begreift recht schnell, dass es sich eigentlich um eine Debatte handelt, die keine wissenschaftliche Grundlage hat, denn die meisten Leute, die über die Klimawissenschaft diskutieren, tun dies von einem ideologischen und nicht von einem wissenschaftlichen oder rationalen Standpunkt aus.

Sie sprechen immer so positiv darüber, wie unsere Gesellschaft nach dem Übergang in ein postfossiles Zeitalter aussehen könnte. Gibt es Dinge, die Ihnen wichtig sind und auf die Sie verzichten müssten?

Vor ein paar Jahren hat Leonardo DiCaprio einen Film über den Klimawandel gedreht, in dem er auf der Suche nach Lösungen um die Welt reist. Er ist einer der reichsten Menschen in Amerika. Er besitzt die elftgrößte Superyacht der Welt. Einmal ist er mit einem Privatjet von Paris nach New York geflogen, um einen Preis für seine Arbeit zum Klimawandel entgegenzunehmen. Und tatsächlich gibt es eine Stelle im Film, an der er nach Indien reist, um mit indischen Klimaaktivist*innen zu sprechen und sie zu fragen: „Was tut Indien gegen den Klimawandel?" Worauf sie vollkommen zu Recht sagten: „Wie können Sie es wagen, aus Amerika zu kommen, um uns zu sagen, was wir tun sollten?" Also, ich hätte gerne einen Film gesehen, in dem er berichtet, wie sein Lebensstil aussehen würde, wenn er aufgrund des Klimawandels etwas ändern wollte oder müsste. Was müsste er aufgeben — seine Superyacht zum Beispiel? Das wäre doch eigentlich eine beeindruckende Sache, die man mit anderen Menschen teilen könnte. Aber das hat er nicht.

Worauf also müsste ich verzichten? Es fühlt sich so an, als hätte ich eine Menge Dinge getan: Ich verzichte aufs Fliegen, ich bin Vegetarier, seit ich 14 bin. Ich trinke keine Milch mehr. Mein Haus ist wirklich sehr gut isoliert, wir heizen nicht mehr mit Gas, sondern mit Holz von unseren eigenen Bäumen. Wir haben ein Auto, benutzen es aber nicht sehr oft. Wir fahren viel mehr mit dem Fahrrad. Ich reise überall mit dem Zug herum. Wir bemühen uns, möglichst

viel regionale Lebensmittel zu essen und regionale Lebensmittelerzeuger*innen zu unterstützen. Ich kaufe nicht viele neue Klamotten, wir haben einen Garten, wir versuchen, einen Teil unserer Lebensmittel selbst anzubauen. Was würde ich also tun? Ich würde wohl weniger Bücher kaufen. Ich würde weniger Filme im Internet schauen. Weniger Schallplatten kaufen. Vielleicht ist es das: Ich kaufe viele Schallplatten, was ich gerne als eine Art Weg betrachte, Öl zu nutzen und es in eine Form zu bringen, die nicht verbrannt wird, weil man das Öl sozusagen einschließt. Es ist also eine Art Kohlenstoffspeicherung mit großartiger Musik. Aber vielleicht mache ich mir auch nur etwas vor.

Bei der Permakultur liegt der Schwerpunkt auf der langsamen, behutsamen Veränderung von etwas Vorhandenem, das zunächst einmal genau beobachtet wird. Ist die Permakultur der richtige Ansatz angesichts der Geschwindigkeit, mit der wir unsere menschlichen Systeme verändern müssen?

Das Prinzip der Permakultur ist es, zunächst einmal zu beobachten und das System wirklich zu verstehen, bevor man Veränderungen daran vornimmt. Aber das hindert einen nicht daran, anzufangen. Ich habe schon immer das Gefühl gehabt, dass die Prinzipien der Permakultur brillant sind, egal mit welcher Geschwindigkeit man vorankommt. Es macht keinen Sinn, einfach loszurennen und Dinge zu tun, die man nicht richtig durchdacht hat, weil man sie am Ende nur noch einmal tun muss. Permakultur ist für mich die Gesamtheit von Denkmethoden und Gestaltungsmitteln, die wir jetzt brauchen, um das zu tun, was wir tun müssen.

Wenn man sich aktiv gegen den Klimawandel engagieren möchte, kann man sich in verschiedenen Bereichen (Nahrung, Kleidung, Energie etc.) einbringen. Welches Thema finden Sie persönlich am wichtigsten?

Ich finde den Versuch, die Kultur rund ums Fliegen zu verändern, sehr wichtig. Wie ich bereits sagte, habe ich 2006 mit dem Fliegen aufgehört. Seither bin ich dreimal geflogen und jedes Mal war es eine schwere Entscheidung. Eines dieser Male betraf eine Reise nach Amerika, um die größten Geldgeber für Umweltprojekte zu treffen, wo wir feststellten, dass wir fünf Tonnen CO_2 für die Hin- und Rückreise benötigten und eine Finanzierung erhielten, die etwa 20.000 Tonnen CO_2 einsparte. Ich glaube also, das war in Ordnung. Man kann keine Plastiktüten verwenden. Man kann sich besser ernähren. Aber wenn man einen Flug nach New York und zurück unternimmt, kann man sich die Mühe genauso gut sparen.

Wir haben ein Netzwerk von Bewegungen in 50 Ländern rund um die Welt aufgebaut, ohne herumzufliegen. Und ich habe tatsächlich das Gefühl, dass mein Leben besser wird, wenn ich nicht über-

all hinfliege. Ich reise viel langsamer. Ich sehe mehr von dem Ort, an den ich reise und treffe mehr Leute. Ich muss nicht zu furchtbaren Flughäfen gehen.

Unser Lebensstandard hat inzwischen schwindelerregende Höhen erreicht. Welche politischen Maßnahmen könnten und sollten ergriffen werden, um das Konsumverhalten positiv zu beeinflussen?

Ich glaube, wir brauchen Regierungen, die ehrlich zu den Menschen sind und den klimatischen und ökologischen Notstand ausrufen und dann auch entsprechend handeln. Ich glaube auch, dass wir bei der Erzählung von Geschichten brillant werden müssen. Ich finde es fantastisch, was Anne Hidalgo, die Bürgermeisterin von Paris macht. Sie hat die Idee der 15-Minuten-Stadt (alle Bürger*innen sollen in einer Gehweite von 15 Minuten mehr oder weniger alles bekommen, was sie brauchen) populär gemacht. Sie möchte die Champs-Élysées in einen außergewöhnlichen Garten verwandeln. Wir brauchen Menschen wie sie, die über eine Zukunft sprechen, in der wir weniger konsumieren, aber dafür so viel mehr erleben und in der das Leben so viel interessanter und reizvoller ist. Ich glaube, dass wir eine Kohlenstoffsteuer brauchen. Ich glaube, dass wir ein universelles Grundeinkommen brauchen.

JEDE*R KANN WAS TUN: DEN WANDEL AKTIV GESTALTEN

Natürlich können wir nun wie das Kaninchen vor der Schlange in Schockstarre verfallen und warten, bis unser aktuelles System zusammenbricht. Oder, für den Moment viel einfacher, die Augen vor dem drohenden Zusammenbruch verschließen und leben, als würde es ewig so weitergehen. Nichts anderes tun ja die meisten von uns: Wenn wir ehrlich sind, wissen wir alle, dass die Tage unseres Erdöldaseins gezählt sind, aber da wir uns nichts anderes vorstellen können, stellen wir uns blind und taub. Oder aber wir sehen den anstehenden Herausforderungen ins Gesicht und beginnen so schnell wie möglich, zukunftsfähige Lebensweisen zu entwickeln. Je früher wir uns darin üben, mit weniger Energie auszukommen und unsere Gesellschaft umbauen, desto weniger abrupt und damit schmerzhaft wird der Einschnitt, den Peak Oil und Klimawandel für uns bedeuten.

Diese Gedanken sind der Ausgangspunkt für die *Transition-Town*-Bewegung, die Hopkins 2006 gegründet hat. Ihr Ziel ist es, die Städte zu resilienten (= widerstandsfähigen), unabhängigen, lokal vernetzten Orten zu machen und Strukturen zu schaffen, die auch zukünftig überleben werden. So sollen beispielsweise wieder Tauschgemeinschaften entstehen: Fähigkeiten, aber auch Gegenstände werden in der Nachbarschaft oder im Viertel geteilt und müssen nicht von außerhalb importiert werden. Reparaturcafés sind mittlerweile schon in vielen Städten entstanden. Nach dem Motto „ich repariere dein Fahrrad, dafür strickst du mir neue Socken" können vielfältige neue Beziehungen geknüpft werden. *Transition Town*-Initiativen gibt es mittlerweile in über 50 Ländern weltweit. Sie bereiten ihre Städte auf die Welt von morgen vor.

THINK POSITIVE ODER: DIE ZUKUNFT WIRD GANZ WUNDERBAR

Zentral ist bei Hopkins eine optimistische Herangehensweise: Wenn wir unsere Lebensweise andern, ist das kein Abstieg, kein Verlust oder Verzicht. Vielmehr können wir unsere Situation verbessern, unserem Leben mehr Sinn und Glück verleihen. Das unterscheidet die *Transition-Town*-Bewegung grundsätzlich von vielen anderen Umweltbewegungen, die häufig darauf setzen, Horrorszenarien an die Wand zu malen. Für Hopkins führt eine negative Herangehensweise nicht zum Ziel: Denn mit Angst kommen wir nicht weiter. Aber die Aussicht auf ein erfüllteres, bunteres, intensiveres Leben hat eine enorme Zugkraft. Als Permakultur-Lehrer ist er davon überzeugt, dass wir ganz viel erreichen können, wenn wir Menschen emotional mitreißen. Denn die große Frage ist ja, warum wir unser Verhalten nicht ändern, obwohl wir wissen, was die Folgen davon sein werden. An den technologischen

Möglichkeiten zum Umbau unseres Lebensstils scheitert es nicht, die gibt es bereits. Aber wir nutzen sie nicht. Hopkins meint, dass wir uns nicht ändern, weil wir süchtig nach Erdöl sind, weil wir auf unser Recht beharren, bequem zu leben. Dabei ist es vielleicht gar nicht so schwer, loszulassen und loszulegen und den Wandel einzuläuten: Vielleicht müssen wir uns nur vorstellen, wie eine Welt jenseits der Ölabhängigkeit beschaffen sein könnte, wie sie vor unserer Haustür aussehen könnte. Und wir können uns diese neue Welt in den schillerndsten Farben ausmalen.

DIE STADT DER ZUKUNFT IST **LEBENDIG, ESSBAR, RESILIENT**

Wie aber kann eine Gesellschaft aussehen, die unabhängig ist von fossiler Energie und nicht darauf basiert, dass Waren rund um die Welt geschickt werden? Ganz klar: Wir müssen wieder lernen, uns selbst zu organisieren. Und hier kommt die Permakultur ins Spiel: Ihr Grundprinzip ist es, alle menschlichen Systeme nach dem Vorbild der Natur zu gestalten. Und natürliche Ökosysteme zeichnen sich genau dadurch aus, dass sie aus sich heraus funktionieren. Das heißt, sie brauchen nichts „von außen". Sie sind resilient, benötigen keine fossilen Energien und bauen darauf auf, dass sie vielfältig sind und alle Elemente miteinander in Beziehung stehen. Wenn wir dieses Prinzip auf eine postfossile Gesellschaft übertragen, bedeutet das:

Wir brauchen keine fossilen Energien mehr, stattdessen ein dichtes Netzwerk an Beziehungen. Alles, was wir benötigen, wird dann so weit wie möglich innerhalb dieses Systems erzeugt und ausgetauscht.

Das trifft natürlich ganz besonders für Waren des täglichen Bedarfs und die Grundversorgung zu. Und was steht da an erster Stelle? Das Essen!

ÄH JA, **ERDÖL ESSEN IST NICHT GESUND**

Im Augenblick ernähren wir uns zu einem großen Teil von Lebensmitteln aus aller Welt. Der durchschnittliche europäische Einkaufswagen hat bis zu 200.000 Kilometer zurückgelegt. Das ist in vielerlei Hinsicht ziemlich krass. Zum einen essen wir damit mehr Erdöl als irgendetwas sonst: Für die Produktion einer Nahrungsmittelkalorie werden momentan zehn bis zwölf Kalorien fossile Energien eingesetzt. Das beginnt schon auf dem Acker: Traktoren und andere Maschinen sowie Agrarchemikalien verbrauchen große Mengen an Erdöl (und setzen gleichzeitig viel CO_2 frei — das gilt insbesondere auch für Stickstoffdünger). Nach der Ernte werden unzählige Nahrungsmittel aufwendig gekühlt und das teilweise über Wochen, bis sie an ihrem Bestimmungsort ankommen. Ganz zu schweigen vom Flugzeug- und LKW-Treibstoff, der notwendig ist, um sie dorthin zu bringen. Auch nach dem Transport wird die Kühlkette fortgesetzt, damit die inzwischen schon Tage oder Wochen alten Lebensmittel weiterhin frisch aussehen. Oder sie werden, wie im Fall der Avocado, zum Nachreifen noch wochenlang bei festgelegten Temperaturen gelagert.

Natürlich stellt sich die Frage, wie viele Nährstoffe ein Nahrungsmittel nach Tausenden Transportkilometern noch enthält. Was wir im Supermarktregal vorfinden, ist mehr Schein als Sein: Die pralle Tomate wurde unreif geerntet und schmeckt fade. Der künstlich feucht gehaltene Salat hat all seine Lebensenergie eingebüßt, ist er doch schon vor Tagen oder Wochen geschnitten worden.

Unser vollständig auf billigem Erdöl fußendes Ernährungssystem macht uns hoffnungslos abhängig. Dabei sind die globalen Lieferketten äußerst fragil: Sie können so leicht durch ein unvorhergesehenes Ereignis unterbrochen werden — wie zum Beispiel die Corona-Pandemie; wir alle haben kürzlich leere Supermarkt-Regale gesehen. Dann sind wir im gegenwärtigen Zustand binnen weniger Tage am Rande einer Hungersnot; der Nahrungsmittelvorrat der meisten europäischen Großstädte reicht gerade mal für drei bis vier Tage.

URBAN FARMING IST UNSERE ALTERNATIVE

Stellen wir uns jetzt doch einfach mal vor, wie es anders aussehen könnte, also in einem selbstorganisierten, resilienten System. Die Lebensmittel? Würden dort in der unmittelbaren Umgebung produziert, wo sie benötigt werden. Wichtige Basics wie Dünger oder Kompost? Kämen aus der Nachbarschaft, etwa in Form von Pferdemist oder aus der örtlichen Kompostierungsanlage. Wir würden also das essen, was direkt in unserer Umgebung wächst. Frisch, vollgepackt mit Vitaminen und Geschmack, weil es eben nur dann auf den Tisch kommt, wenn es gerade Saison hat.

Und an dieser Stelle kommen wir ins Spiel: Für uns ist urbane Landwirtschaft die einzig logische Schlussfolgerung. Schon heute leben 55 Prozent der Menschen in der Stadt und es werden immer mehr. Ist es da nicht wichtig und richtig, auch ihre Nahrung in der Stadt anzubauen? Eine lebenswerte Stadt ist für uns eine essbare Stadt, die den Menschen darin die Dinge bereitstellt, die sie brauchen.

Rob Hopkins' Ansichten und Ideen gaben für uns also in mehrfacher Hinsicht den Ausschlag, aktiv zu werden: Erstens vertrauten wir jetzt darauf, dass unser Handeln wirksam sein könnte. Wie es die deutsche Homepage der *Transition*-Initiativen formuliert: „Selbstwirksam — wir nutzen die Kraft des Handelns, um das Vertrauen in unsere Fähigkeiten und unsere Wirksamkeit zu stärken." Zweitens glaubten wir nun fest daran, dass unsere Visionen von einer besseren Zukunft keine bedeutungslosen Spinnereien waren; nein, sie waren die Grundlage für unser reales Handeln.

Drittens konnten wir nun genau beschreiben, was unser Unbehagen auslöste in dieser unpersönlichen, von Autos und Rasen dominierten Stadt. Und viertens wussten wir nun, wie wir unsere persönlichen Zukunftsträume und unser reales Leben verbinden konnten: Wir mussten vielleicht gar nicht warten, bis wir aus der Stadt ziehen und unseren eigenen Bauernhof mit Gemüseanbau starten konnten. Wir würden stattdessen den Gemüseanbau einfach in die Stadt holen!

Übrigens ist der Film *Tomorrow* auch eine Umsetzung von Hopkins' Ideen: Denn er zeigt, wie die Visionen einzelner Menschen Wirklichkeit werden können. Er beschwört herauf, welche Kraft eine intensive Imagination entfalten kann.

INCREDIBLE EDIBLE — UNGLAUBLICH ESSBAR ODER: WIE MAN MIT FREUNDLICHKEIT ZUM ERFOLG KOMMT

Eine solche Wirklichkeit gewordene Vision ist die Initiative *Incredible Edible*. Sie ist 2008 entstanden, beinahe zeitgleich mit der *Transition-Town*-Bewegung, und hat eine so große Strahlkraft entwickelt, dass sie sich inzwischen über die ganze Welt ausgebreitet hat. Wie Rob Hopkins sind auch Mary Clear und Pamela Warhurst davon ausgegangen, dass sie bei sich und ihrem Umfeld anfangen müssten, um eine Veränderung anzustoßen. In ihrem Heimatort Todmorden, einer Kleinstadt

mit ca. 15.000 Einwohnern, begannen die beiden Frauen, gemeinsam mit interessierten Mitstreiterinnen Obst und Gemüse in ihren Vorgärten anzubauen. Ernten konnte dann jede*r, was sie*er mochte. „If you eat, you're in" — so einfach war es von Anfang an, Teil der Initiative zu werden. Schon nach kurzer Zeit begnügten sich die Aktivistinnen nicht mehr mit ihren eigenen Gärten, sondern besetzten öffentliche Flächen, die verwahrlost oder lieblos gestaltet waren. Das taten sie ohne Absprache mit der Kommune — erst einige Zeit später kam diese auf sie zu und bot an, sie zu unterstützen.

Inzwischen ist Todmorden eine vom „Gemüsetourismus" geprägte Stadt: Überall wachsen Obst und Gemüse, sogar am Bahnhof und an der Polizeistation.

NICHTS VERBINDET SO SEHR WIE ESSEN. AUSSER VIELLEICHT, ES GEMEINSAM ANZUBAUEN

Von Anfang an war *Incredible Edible* vor allem ein soziales Projekt. Mary und Pam fragten sich: Welches Thema könnte alle Altersklassen und alle gesellschaftlichen Gruppen miteinander verbinden? Was betrifft jede*n in der Stadt? Und wie könnte man damit eine neue Art von Gemeinschaftlichkeit begründen? Für sie war das Thema im Grunde gleich klar: Essen. Denn jede*r muss essen und Essen ist traditionell etwas, das Gemeinschaft

Vorrang für Insekten: In Todmorden gibt es die fruchtbare Pollination Street (Bestäubungs-Straße).

Wollen wir nicht alle ein bisschen grün sein?

Ist das nicht großartig?
Dschungel-Feeling am Straßenrand.

Von den Pionier*innen lernen oder: Wo liegen die Wurzeln?

Eine ganze Stadt gärtnert gemeinsam.

bringt. Gleichzeitig ist Essen ein gesell-schaftspolitisch brisantes Thema: Denn gerade qualitativ hochwertige Nahrung bleibt allzu oft den besserverdienenden Gesellschaftsschichten vorbehalten. Im Bioladen einzukaufen, das muss man sich leisten können.

So entstand die Idee, auf öffentlichen Flächen Nahrungsmittel anzubauen, die jede*r ernten kann — als Geschenk der Gärtner*innen an die Gemeinschaft.

Bei *Incredible Edible* haben alle Aspekte des Essens ihren Platz: Es wird nicht nur (gemeinsam) frische, gesunde Nahrung angebaut, sondern dann auch verarbeitet und — natürlich — gegessen. Mit gezielten Aktionen holt die Initiative große und klei-ne Bürger*innen ins Boot und verwandelt

lokale Nahrungsmittel in köstliche Ge-richte. Das gemeinsame Essen hat einen besonders hohen Stellenwert: Denn was könnte mehr verbinden, als zusammen um einen großen Tisch zu sitzen und — im wahrsten Sinne des Wortes — die Früchte von monatelangem Gießen, Jäten und Pflegen zu teilen?

BÜROKRATIE? NEIN, DANKE!

Was uns an *Incredible Edible* so fasziniert hat, war die Dynamik der beiden Frauen: Ohne zu fragen, ohne sich um bürokrati-schen Kram zu kümmern, haben sie ein-fach losgegärtnert und innerhalb kürzester Zeit so viel Begeisterung ausgelöst, dass niemand danach fragte, ob sie auf öffent-lichen Flächen anbauen „durften" oder nicht. Im Gegenteil: Jede*r sah sofort die ungeheure Verbesserung, die das städtische Gärtnern bewirkte.

Wie erfolgreich sie damit waren, zeigen die blühenden Beete von Todmorden und die offenen Gespräche, die dort an jeder Ecke geführt werden. Ganz oft geht es dabei zuerst um das Gemüse, das frisch-fröhlich und bunt und üppig in der ganzen Stadt sprießt.

Eine Sache ist unserer Ansicht nach ausschlaggebend für den Erfolg der Bewegung: „kindness" — Freundlichkeit. Durch Freundlichkeit allen gegenüber, ob sie einem nun wohlgesonnen sind oder nicht, entsteht eine Atmosphäre von Toleranz und Offenheit. Auf dieser Basis kann alles Weitere wachsen — buchstäblich. Wir hatten vor einigen Monaten das große Glück, mit Mary zu skypen und sie strich im Gespräch heraus, dass sie bei *Incredible Edible* niemals „gegen" etwas sind. Sie beziehen keine politische Position und sie lassen sich von niemandem instrumentalisieren. Stattdessen suchen sie überall das Verbindende und gehen grundsätzlich davon aus, dass in jedem Menschen gute Absichten schlummern: „Every person wants to be good." Dieses Bedürfnis, gut zu sein und Gutes zu tun, wollen die Aktivistinnen ansprechen und befriedigen. Für uns ist gerade diese unerschütterliche „kindness" immer wieder eine Quelle der Inspiration und ein großes Vorbild. Wie oft kamen wir schon in die Situation, dass jemand von uns verlangte, für oder gegen

etwas Partei zu ergreifen; oder dass uns etwas furchtbar gegen den Strich ging und wir das Bedürfnis hatten, deutliche Worte zu finden. Und immer wieder erinnerten wir uns gegenseitig, und es war fast wie ein Mantra: „Kindness!" Das gab häufig den Ausschlag, innerlich wie äußerlich: Es hat uns dazu gebracht, keine Kämpfe um Kleinigkeiten auszufechten, nicht recht haben zu wollen, uns nicht aufzureiben und zu streiten, sondern stattdessen lieber gute Beziehungen in alle Richtungen zu etablieren und zu pflegen.

„PERMACULTURE IS FOR RICH WHITE PEOPLE!" ODER?

Incredible Edible finanziert sich vollständig aus Spenden. Damit ist es der Initiative gelungen, viele öffentliche Grünflächen in essbare Orte zu verwandeln. Und obwohl die Bewegung sich inzwischen weltweit verbreitet hat, hat sie ihre Bodenständigkeit und Bescheidenheit nicht verloren. Mary und Pam wollten nie wirtschaftlich unterstützt werden. Sie bauten immer auf das ehrenamtliche Engagement gerade von Menschen aus gesellschaftlichen Randgruppen, die ihr Potenzial anderswo nicht entfalten konnten, bei *Incredible Edible* aber zur Höchstform auflaufen.

Diese Bodenständigkeit ist auch der Grund, warum Mary mit dem Begriff Permakultur nichts zu tun haben will: Als wir sie danach fragten, antwortete sie uns, dass Permakultur etwas Snobistisches sei,

Das Motto, das Incredible Edible leitet? Kindness! Menschen und Gemüse wachsen damit am besten.

etwas für „rich white people". Ein Begriff wie Permakultur, dem immer auch etwas Intellektuelles anhaftet, erschwert den niedrigschwelligen Einstieg in ein Projekt. Das ändert aber nichts daran, dass *Incredible Edible* aus unserer Sicht reinste Permakultur ist: Denn es erfüllt beispielhaft die ethischen Grundprinzipien der Permakultur Earth Care, People Care und Fair Share ...

MIT DER *INCREDIBLE-EDIBLE-*BRILLE **WACHSEN AN JEDER ECKE SÜSSE BEEREN**

Als wir die Obstbäume sahen, die in Todmorden zwischen den Parkplätzen wachsen und die Beerensträucher, von denen jede*r naschen darf, fiel uns noch stärker auf, wie lieblos Frankfurt an vielen Ecken gestaltet ist. Mit der *Incredible Edible*-Brille sahen wir plötzlich überall schlummernde Potenziale. Wir suchten online nach einer Frankfurter Initiative zum Thema „Essbare Stadt", der wir uns anschließen könnten, wurden aber nicht fündig. Und so wurde uns schnell klar: Dann müssen wir es eben selbst machen!

Mary Clear in unserem Wohnzimmer!

„WIR HABEN JEDE MENGE KAFFEE GETRUNKEN, KUCHEN GEGESSEN UND EINEN PLAN GESCHMIEDET": INTERVIEW MIT MARY CLEAR

Was war der Anstoß für das Projekt Incredible Edible? Wie seid ihr darauf gekommen, so ein Projekt ins Leben zu rufen?

Angefangen hat wohl alles damit, dass wir uns mit dem Beginn des internationalen Zusammenbruchs und dem Mangel an Gemeinschaftsaktionen auseinandergesetzt haben. Wir haben uns Sorgen um den Planeten, die Vögel und die Bienen gemacht und um die zunehmende Abhängigkeit unserer Ernährung vom Flugverkehr.

Wir wollten nicht etwas Unnachhaltiges oder Exklusives schaffen. Und wir haben versucht, eine originale Sprache und hohe Qualifikationsanforderungen zu vermeiden. Wir haben Freude, Essen und Zusammensein gewählt, weil das die Gelegenheiten sind, wo Vertrauen entsteht.

Wir glauben, dass der Anbau von Lebensmitteln und das Teilen von Nahrung

natürliche Instinkte in allen Kulturen und Glaubensrichtungen sind.

Wir haben jede Menge Kaffee getrunken, Kuchen gegessen und einen Plan geschmiedet.

Wie hat sich die Essenskultur und auch Ernährungsbildung in Todmorden verändert, seit es Incredible Edible gibt?

Die Kinder leben in einer essbaren Landschaft, alle Schulen haben ein wenig Platz für Gemüseanbau. Die Stadt ist zu einer Stadt des Essens geworden. Gute Restaurants, Bäckereien, Käsereien, Bioläden — ohne Zweifel haben wir eine starke Esskultur. Keine unserer Anbauflächen ist Opfer von Vandalismus geworden, die Menschen lieben das Essen, das in der Stadt wächst.

Denkst du, dass die Bürger*innen von Todmorden anders einkaufen, seit sie selbst erleben, wie Obst und Gemüse entsteht? Ist ihr ökologisches Bewusstsein gewachsen und kaufen sie mehr Produkte aus ökologischer Landwirtschaft und weniger in Discountern?

Ja, die Art und Weise, wie die Menschen einkaufen und essen, hat sich verändert. 50 Tüten mit Ernteanteilen werden jede

*Freegan-Boxes ist ein Projekt in England, das sich gegen Lebensmittelverschwendung wendet. Aussortierte Lebensmittel (Obst, Brot, Milchprodukte u.v.m.) werden jede Woche in Kisten gepackt und ähnlich wie Gemüsekisten ausgeliefert. Bezahlen darf man dafür, so viel man kann oder will.

Woche geliefert, außerdem kümmern sich die Menschen um Lebensmittelabfälle, und 100 Freegan*-Kisten werden ebenfalls in die Stadt gebracht.

Hunderte von Menschen bauen zu Hause an und wir haben mehrere gemeinschaftliche Obstgärten.

Glaubst du daran, dass eine Stadt wie Todmorden sich auf Dauer selbst ernähren kann? Und wenn nicht: Bis zu welchem Grad könnte das möglich sein?
Wir können uns nie selbst ernähren, aber wir können sicher sein, dass niemand hungern muss, weil wir eine Kultur der Freundlichkeit entwickelt haben.

Kommt es vor, dass Menschen bei euch mitmachen wollen, die du nur schwer integrieren kannst? Wie gehst du damit um?
Wir heißen die Süchtigen, die Traurigen und Einsamen willkommen. Wir heißen Menschen willkommen, die Lernschwierigkeiten haben, wir wollen sie sogar mehr, wenn sie Schwierigkeiten haben. Wir alle kümmern uns um neue Menschen.

Wenn man eure Bewegung verfolgt, sprecht ihr immer wieder über „Kindness". Wie hat sich das Miteinander der Menschen in Todmorden verändert?
Während Corona wurde jedem, der es brauchte, große Freundlichkeit entgegengebracht. Schulen schreiben darüber und Chöre singen darüber.

Habt ihr Angebote bekommen, aus Incredible Edible ein wirtschaftliches Unternehmen zu machen? Und wenn ja, warum habt ihr euch dagegen entschieden?
Wir würden das nie tun, aber viele Menschen auf der ganzen Welt haben ein Geschäft daraus gemacht. Wir haben uns entschieden, es auf unsere Weise zu tun, indem wir die menschliche Kraft und Freundlichkeit nutzen. Wir kritisieren niemanden: Jede Gruppe muss tun, was für sie am besten funktioniert.

In Todmorden gibt es nicht nur Incredible Edible, sondern auch Incredible Farm, einen Bauernhof, der professionell Gemüse anbaut. Was unterscheidet Incredible Farm von Incredible Edible?
Der Hof verkauft an Geschäfte und liegt weit außerhalb der Stadt. Sie waren anfangs ein Teil von uns, aber jetzt konzentrieren sie sich darauf, zu experimentieren, was auf unseren Hügeln in unserem feuchten Klima angebaut werden kann. Das Geld unterscheidet uns voneinander. Wir von *Incredible Edible* verlangen nichts und wir stellen nicht nur Lebensmittel zur Verfügung, sondern auch Gesellschaft und Lernen.

Incredible Farm arbeitet nach Permakultur-Prinzipien. Spielt die Permakultur auch bei Incredible Edible eine Rolle?
Wir gärtnern biologisch, ganz schlicht und einfach. Wir wenden keine Permakultur-Prinzipien an, wir haben nur unseren eigenen Weg entwickelt, anzubauen.

DIE *FERME DU BEC HELLOUIN*: WO **DIE SUPERHELDEN DER PERMAKULTUR** ZU FINDEN SIND

Am tiefsten von allen unseren Vorbildern berührt uns wohl die *Ferme du Bec Hellouin.* Die Kombination aus vollkommener Schönheit und atemberaubender Produktivität, die wir dort erlebt haben, haben wir sonst noch nirgendwo gefunden.

Die Gründer der Ferme, Charles und Perrine Hervé-Gruyer, betreiben die wohl prominenteste Gemüsefarm Frankreichs — auf kleinstem Raum, ganz ohne Chemie und ohne Maschinen. Es ist kaum zu glauben, aber keiner der beiden ist ausgebildeter Landwirt oder gelernte Gärtnerin. Ganz im Gegenteil: Sie hatten vor der Gründung ihrer Farm nicht die geringste Erfahrung in diesem Bereich. Charles bereiste als Segellehrer die ganze Welt, Perrine arbeitete als erfolgreiche internationale Juristin. Anfangs trug Perrine sogar Plastikhandschuhe, wenn sie die Erde anfasste ... Angefangen hat alles damit, dass die beiden sich und ihre Töchter mit biologisch erzeugten Nahrungsmitteln versorgen wollten. Sie begannen mit Bioanbau, hatten damit aber kein Glück. Als sie schon beinahe aufgeben wollten, entdeckten sie die Permakultur — und damit ihren persönlichen Weg zum Erfolg. Heute macht die *Ferme du Bec Hellouin* Schlagzeilen mit ihren außergewöhnlich hohen Erträgen und beherbergt gleichzeitig eine Artenvielfalt, die viele Forscher*innen staunen lässt. In den kommenden Jahren soll auf der Ferme wissenschaftlich untersucht werden, wie die Landwirtschaft der Zukunft aussehen könnte; dafür ziehen sich Charles und Perrine aus dem professionellen Gemüseanbau zurück.

Die *Ferme du Bec Hellouin* entdeckten wir nicht in *Tomorrow*, sondern im Gegenteil: Unsere Beschäftigung mit dem französischen Hof führte uns zum Film. Auf die *Ferme du Bec Hellouin* stießen wir bereits im Herbst 2017, als wir dieses ominöse Wort „Permakultur" immer wieder hörten und uns fragten: Was ist das eigentlich? Ein kurzer SWR-Beitrag auf YouTube porträtierte sieben Minuten lang die *Ferme du Bec Hellouin* — und sprach uns sofort an. Und das vor allem wegen der Schönheit, die von dem Beitrag ausging. Wir sahen ein kleines Paradies auf Erden, so liebevoll gestaltet, dass wir sofort Lust hatten, dort zu sein und mitzuarbeiten. Im grippegeplagten Winter 2017/2018 lasen wir alle Texte auf der französischsprachigen Homepage mit Wörterbuch und 2018 lernte ich intensiv Französisch, indem ich mir die Videos der *Ferme du Bec Hellouin* ansah; mit Untertiteln und Übersetzungscomputer in der Hand. Schon bald hatten wir ein diffuses Bild davon im Kopf, dass wir gärtnern wollten wie Charles und Perrine — doch wie sollten wir Permakultur mitten in der Stadt umsetzen? Dieser Teil fehlte uns, bis wir *Tomorrow* sahen — und sich plötzlich alles zu einer schlüssigen Idee verband.

*Von den Pionier*innen lernen oder: Wo liegen die Wurzeln?*

Im Gewächshaus von Charles und Perrine ist paradiesisch ein Hilfsausdruck.
Maracujas ploppen neben Blumen, Weinreben, Orangen auf und Gemüse gibt's sowieso ohne Ende ...

UNGLAUBLICH, **WAS AUF EINER KLEINEN FLÄCHE ALLES WACHSEN KANN**

Was ist es, das die *Ferme du Bec Hellouin* so einzigartig macht? Sie ist wohl der erste Permakultur-Hof weltweit, der wirklich wirtschaftlich funktioniert und dessen Leistungsfähigkeit detailliert wissenschaftlich erfasst wurde. In Deutschland muten Permakulturgärten oder -höfe häufig etwas chaotisch und wild an; die wirtschaftliche Produktivität steht weniger im Vordergrund als die naturnahe Gestaltung. Die *Ferme du Bec Hellouin* dagegen ist weithin bekannt für ihre Professionalität. Sie etabliert die Permakultur als ernstzunehmende Alternative zur industriellen Landwirtschaft (und auch zur biologischen Landwirtschaft): Eine wissenschaftliche Studie namens *Maraîchage biologique permaculturel et performance économique* (*Biologische permakulturelle Gemüsegärtnerei und ihre ökonomische Performanz*), die von 2012 bis 2015 von der französischen INRA (Institut national de la recherche agronomique) durchgeführt wurde, ergab, dass die *Ferme du Bec Hellouin* auf 1000 Quadratmetern den gleichen Ertrag erzielte wie ein normaler biologischer Betrieb auf einem Hektar. Sie war also zehnmal so produktiv. Gleichzeitig zeigte die Studie, dass eine 1000 Quadratmeter permakulturell bewirtschaftete Fläche eine Vollzeitstelle finanzieren kann, die sogar besser vergütet wird als in der Landwirtschaft üblich. Das ist auch deshalb

möglich, weil die Produktionskosten nur einen Bruchteil der Ausgaben auf einem mechanisierten Hof betragen: Durch den völligen Verzicht auf Maschinen und Agrarchemikalien fallen die größten Kostenpunkte weg. An die Stelle der Maschinen tritt die menschliche Handarbeit.

In Frankreich sind mittlerweile 80 Prozent der Neugründungen von biologischen Bauernhöfen permakulturell motiviert und orientieren sich am Vorbild der *Ferme du Bec Hellouin*. Davon sind wir in Deutschland noch meilenweit entfernt.

WURZELN AUS ALLER WELT: **DIE METHODE VON BEC HELLOUIN**

Im Laufe des Jahres 2018 las ich das erste, leider nicht ins Deutsche (wohl aber ins Englische) übersetzte Buch von Charles und Perrine: *Permaculture. Guérir la terre, nourrir les hommes* (Permakultur. Die Erde heilen, die Menschen ernähren). Darin beschreiben die beiden hauptsächlich die Entstehung der Ferme und ihre Vorbilder in aller Welt: Die einzigartige Methode von Bec Hellouin ist eine fantastische Kombination aus vielen verschiedenen Ansätzen, so z.B. aus der amerikanischen Mikroagrikultur, wie sie in den 70er Jahren von John Jeavons begründet und später von Eliot Coleman weitergeführt wurde, aus dem Market Gardening, wie es von Jean-Martin Fortier und Maude-Hélène Desroches in Kanada praktiziert wird, aber auch aus den Jahrtausende alten Traditionen der Urvölker. Besonders interessant für unser Urban-Farming-Projekt ist der Bezug zu den Pariser Marktgärtnern des 19. Jahrhunderts. Sie sind wohl das eindrucksvollste Beispiel für städtische Landwirtschaft überhaupt. In der zweiten Hälfte des 19. Jahrhunderts war Paris dank seiner Marktgärtner eine Stadt, die sich vollständig selbst mit Nahrungsmitteln versorgte — ganzjährig. Die Wiederentdeckung dieser hochvirtuosen Gärtner hat den Amerikaner Coleman entscheidend geprägt, und über diesen Umweg sind auch Charles und Perrine auf die Anbaugenies gestoßen — und haben viele von deren Techniken in ihren Arbeitsablauf integriert. Techniken, die auch wir uns in unserem städtischen Umfeld perfekt zunutze machen können.

EINE LANDWIRTSCHAFT OHNE ÖL UND PLASTIK

Ähnlich wie für Rob Hopkins ist auch für Charles und Perrine eine Hauptantriebsfeder, dass uns über kurz oder lang das Erdöl ausgehen wird. Charles beschreibt sehr eindrücklich in *Permaculture*, wie haarsträubend unser bedenkenloser Verbrauch des kostbaren Rohstoffs ist. Über Millionen von Jahren hat sich der Wunderstoff gebildet und ist wie ein Schatz in unsere Hände geraten. Man kann die verschiedensten Dinge mit ihm herstellen und seine Kraft übersteigt alles, was die Menschheit bis zu seiner Ent-

deckung kannte. Und wir verschwenden diesen Schatz, als wäre er unendlich verfügbar! Wie in einem großen Feuerwerk verbrennen wir die Reserven und maßen uns an, dass uns das zusteht — ohne Rücksicht darauf, dass vielleicht auch zukünftige Generationen noch vom Erdöl profitieren möchten. Wir gründen unseren gesamten Lebensstil darauf und verlernen dabei alle Fähigkeiten, die wir früher hatten und die wir in Zukunft wieder brauchen werden, um ohne Erdöl zu überleben. Aus diesem Blickwinkel erscheint es geradezu grotesk, dass wir das Erdöl dafür verwenden, Wegwerfprodukte und Verpackungen herzustellen, die hinterher zu Problemabfällen werden. Indem wir jahrtausendealte gespeicherte Sonnenenergie verfeuern, verursachen wir den Klimawandel und zerstören unsere Lebensgrundlagen.

Einer der beiden so genannten Inselgärten (îles-jardins) der Ferme du Bec Hellouin. Ein Augen- und Gaumenschmaus.

Vergessene Helden des 19. Jahrhunderts — die Pariser Marktgärtner

Dieser Boden lebt. Und das spürt man.

Unsere Utopie, einer sich selbst versorgenden, in Kreisläufen funktionierenden Stadt, gab es bereits im 19. Jahrhundert: Die sogenannten „jardiniers-maraichers", die Pariser Marktgärtner (wörtlich übersetzt: Gemüsegärtner), versorgten damals die komplette Stadtbevölkerung von Paris mit Gemüse. 1845 befanden sich innerhalb der Pariser Stadtmauern auf einer Fläche von 1378 Hektar Land ca. 800 Gärten, jeder davon durchschnittlich 7650 Quadratmeter groß, die von insgesamt 9000 Gärtner*innen bewirtschaftet wurden.

Das waren etwa fünf Personen pro Garten. Die Hauptverantwortlichen Marktgärtner waren durchwegs Männer, in den Gärten arbeiteten allerdings mindestens genau so viele Frauen mit, die, der damaligen Zeit geschuldet, in der Literatur jedoch nicht erwähnt werden.

Die Arbeit dieser Marktgärtner reichte tatsächlich aus, um den Gemüsebedarf der ganzen Stadt zu decken und sogar noch Überschüsse nach London zu exportieren. Ohne jegliche Form der Mechanisierung und ohne einen Tropfen fossiler Brennstoffe bauten sie über das ganze Jahr acht bis neun rotierende Kulturen pro Beet an. Frischen Salat gab es zu jeder Zeit. Melonen, Tomaten, Gurken und Erdbeeren konnten bereits ab April und Mai geerntet werden.

Das erste gedruckte Zeitzeugnis über das Leben und die Praxis der Pariser Marktgärtner ist das *Manuel pratique de la culture maraichère de Paris*, ein ergreifendes Dokument, verfasst von zwei Gärtnern namens Moreau and Daverne, herausgegeben im Jahr 1845. In diesem Buch werden die Werkzeuge, Techniken und Organisationsstrukturen der Pariser Marktgärtner beschrieben.

WAHRE KÜNSTLER DES BODENAUFBAUS

Die Pariser Marktgärtner verstanden ihr Handwerk und wussten sehr genau, wie ihr Boden beschaffen sein musste, damit erfolgreich Pflanzen darin kultiviert werden konnten. War ein Boden von minderer Qualität, wurde er jahrelang intensiv verbessert. Wie? Mit Unmengen an Pferdemist.

DIE „HEISSEN BEETE" DER MARKTGÄRTNER

Besonderen Einfallsreichtum bewiesen die Pariser Marktgärtner mit den sogenannten „couches chaudes", den „heißen Beeten". Aus frischem und abgelagertem Pferdemist schichteten sie Beete auf, die sich durch den Zersetzungsprozess des Mists erwärmten und damit den Anbau auch im Winter sicherten. Die Mistschichten legten sie entweder in Gräben oder in Hochbeeten an und deckten sie mit Hauben (Glocken) aus Glas ab. Darunter konnten die Jungpflanzen heranwachsen.

Woher der Pferdemist kam? Sieben Nächte die Woche fuhren die Kutschen, mit Gemüse vollgepackt, von den Gärten zu den Pariser Markthallen. Dort luden die Gärtner ihre Erzeugnisse ab. Zurück kamen sie jedoch nicht mit leeren Kutschen, sondern voll beladen mit Pferdemist.

Die Ferme du Bec Hellouin hat die „couches chaudes" wiederbelebt: Charles und Perrine arbeiten den ganzen Winter über mit den „warmen Schichten" aus Pferdemist. Dadurch brauchen sie kein beheiztes Gewächshaus.

EIN OPFER DER INDUSTRIALISIERUNG: DAS VERSCHWINDEN DER MARKTGÄRTEN

Zunehmende Industrialisierung und Urbanisierung verdrängten die Marktgärtner nach und nach aus Paris. Ihre ausgefeilten Methoden wurden in einer maschinellen Landwirtschaft nicht mehr gebraucht und ihre hochproduktiven Gärten fanden in Paris keinen Platz mehr. Zum Glück entdeckte Eliot Coleman die Marktgärtner in der zweiten Hälfte des 20. Jahrhunderts wieder. Sie liefern uns heute extrem wichtige Impulse für die städtische Selbstversorgung.

Eine Landwirtschaft zu entwickeln, die auf fossile Brennstoffe weitgehend — langfristig vollständig — verzichtet, das ist das erklärte Ziel von Charles und Perrine. Deshalb arbeiten sie auch konsequent ohne Maschinen und, so weit wie möglich, ohne Plastik.

Nur für die Anlage ihres Hofes haben sie Bagger und andere Maschinen genutzt. Denn um Permakultur-Systeme zu erschaffen, die später dauerhaft ohne Erdöleinsatz funktionieren, kann es gerechtfertigt sein, fossile Brennstoffe zu verwenden, so die Ansicht der beiden.

Agriculture du Soleil, eine Landwirtschaft der Sonne, das möchten Charles und

Diesen See gäbe es ohne Bagger nicht ...

Manchmal kann es gerechtfertigt sein, Erdöl einzusetzen.
Damit Strukturen entstehen, die dann ohne Maschinen und Erdöl auskommen.

Von den Pionier*innen lernen oder: Wo liegen die Wurzeln?

Perrine erreichen. Die Kraft der Sonne ist es, die alle organische Materie auf der Erde entstehen lässt. Indem die Pflanzen ihr Licht einfangen und in Blattmasse umwandeln, bilden sie die Grundlage für alles Leben — auch für das unsere.

VIVRE AVEC LA TERRE: DIE BIBEL DER ECOCULTURE

Viele Detailfragen zur Anbaupraxis der *Ferme du Bec Hellouin* blieben im ersten Buch der Hervé-Gruyers offen. Das sollte sich gründlich mit ihrem neuen Buch *Vivre avec la Terre* (Mit der Erde leben) ändern, das im Mai 2019 erschienen ist. Monatelang fieberte ich auf das Erscheinungsdatum hin und bestellte das Buch bei unserer Buchhandlung, sobald es erhältlich war. Welch eine Offenbarung! Seit ich das Buch bei mir zu Hause habe, ist kaum ein Tag vergangen, an dem ich nicht darin gelesen hätte. Auf über 1000 Seiten mit zahlreichen anschaulichen Bildern beschreiben die beiden eine ganz neue Art der Landwirtschaft: die sogenannte „Ecoculture". Denn Permakultur, so argumentiert Charles Hervé-Gruyer, ist eher ein Denkansatz oder eine philosophische Haltung als eine konkrete Landwirtschaftsmethode. Sie bestimmt die Perspektive, aus der heraus man an die Landwirtschaft herantritt; sie beschreibt ein bestimmtes Verhältnis zur Natur und sie ist auf alle Lebensbereiche anwendbar. Wie genau sich also die Prinzipien der Permakultur in der professionellen landwirtschaftli-

chen Produktion anwenden lassen, das ist Inhalt der Ecoculture und Thema von *Vivre avec la Terre*. Wie wir schon vorher erwähnt haben, beinhaltet die Ecoculture viele Techniken, die aus sehr unterschiedlichen Zusammenhängen stammen: Neueste wissenschaftliche Erkenntnisse werden mit Traditionen aus vergangenen Jahrhunderten, Jahrtausenden und aus der ganzen Welt verbunden. Über Jahre experimentierten die Hervé-Gruyers mit Beetformen und Kulturarten, immer unter der Prämisse, den maximalen Ertrag ohne Einsatz von Maschinen und Agrarchemikalien im Einklang mit der Natur zu erwirtschaften — und das mit einer hochästhetischen Gestaltung. Dabei herausgekommen ist keine veränderte (bzw. verkleinerte) Form der konventionellen (oder auch biologischen) Landwirtschaft, sondern eher eine Modifikation und Erweiterung des Gartenbaus. Deshalb nennen sich die Hervé-Gruyers auch, wie ihre Pariser Vorbilder aus dem 19. Jahrhundert, „Jardiniers-maraichers": Gemüsegärtner. Für sie liegt die Zukunft der Landwirtschaft in vielen „Microfermes", Mikrofarmen, auf denen intensiv Bodenaufbau betrieben und auf kleinstem Raum ein hoher Ertrag erwirtschaftet werden kann.

ECOCULTURE IM GEMEINSCHAFTSGARTEN: GEHT DAS?

Die Beschäftigung mit der *Ferme du Bec Hellouin* hat unser gärtnerisches Tun von Anfang an stark geprägt und bestimmt es immer mehr, je intensiver ich *Vivre avec la Terre* lese. Wir sehen uns hier als Pionierinnen: Denn unseres Wissens sind wir die Ersten in Deutschland, die urbanes Gärtnern in einem Gemeinschaftsprojekt mit den neuartigen Methoden der Ecoculture verbinden. Besonders herausfordernd ist dabei, dass *Vivre avec la Terre* bisher nur auf Französisch erschienen ist. Die meisten GemüseheldInnen sind im Französischen nicht bewandert, und so kommt mir eine Vermittlerrolle zu. Ich versuche, auf verschiedenen Wegen das Gelesene weiterzugeben: Zum einen schreibe ich immer wieder Rundmails zu bestimmten Themen wie z.B. Gießen oder Unkrautregulierung. Außerdem haben wir, bevor die Corona-Krise dies unmöglich gemacht hat, in regelmäßigen Abständen Mitmachaktionen angeboten und dabei Inhalte aus *Vivre avec la Terre* veranschau-

licht. Und natürlich versuche ich im täglichen Miteinander, das aus dem Buch gewonnene Wissen unter die GemüseheldInnen zu bringen. Ja, und wir drehen auch Tutorials zu verschiedenen Themen.

Wichtig ist dabei für uns immer, zu schauen, welche Methoden sich in einem Gemeinschaftsgartenprojekt verwirklichen lassen. Manche der Techniken sind ja eher für den professionellen Bereich gedacht. Hier die Trennlinie zu finden, ist eine Sache von Versuch und Irrtum: Wie professionell kann ein Gemeinschaftsprojekt sein? Und wie sinnvoll ist es überhaupt, nach einer gewissen Professionalität zu streben? Wie sehr darf ich mich einmischen in die gartnerischen Praktiken der einzelnen GemüseheldInnen und wo schränke ich sie damit in ihrer Selbstentfaltung und Freiheit ein?

Manchmal hilft alles nichts mehr. Dann ist die Hand das effizienteste Jätewerkzeug.

JUNGGEMÜSE ODER UNKRAUT: VERDAMMT ÄHNLICH, DIESE ZWEI

Ein solches Thema, bei dem ich ständig jongliere, ist das Unkraut: Charles und Perrine entfernen das Unkraut immer im Baby-Stadium. Das geht viel leichter, als wenn das Unkraut (oder höflicher: Wildkraut) zur stattlichen Pflanze herangewachsen ist, und stört die Gemüsekulturen viel weniger. Das Stichwort ist: kultivieren, nicht jäten. Mit einer Jätefaust oder einer Drahthacke wird der Boden gelockert, dabei werden die Mini-Wildkräuter mühelos entfernt — eine Win-win-Situation sozusagen.

Dieses einfache Mittel versuche ich unter den GemüseheldInnen auf allen Wegen zu verbreiten. Und dann sehe ich in den Gärten immer wieder das Unkraut ungehemmt sprießen. Meine Rundmails und persönlichen Vorstöße kommen dagegen einfach nicht an. Ähm, was war da los? Irgendwann dämmerte mir, dass auch in meiner ersten Gartensaison das Unkraut frisch-fröhlich vor sich hin wucherte. Das hatte einen einfachen Grund: Ich freute mich, wenn ich sah, wie sich ein vitales Pflänzchen vor meinen Augen entfaltete. Hurra, das ist bestimmt der erste heiß erwartete Spinat. Aber das war er nicht. Nur: Mangels Erfahrung konnte ich die jungen Kulturen nicht vom Unkraut unterscheiden. Und so geht es auch vielen GemüseheldInnen. Deshalb jäten sie nicht, bis sie sicher sind, womit sie es zu tun haben, und da sie die Gemüsepflanzen im Babystadium noch nie gesehen haben, müssen sie eben warten. Und so hat man bald einen vielgestaltigen Unkrautteppich im Beet, der sich nur noch schwer in den Griff kriegen lässt. Ich kann aber natürlich nicht jedes Beet besichtigen und gemeinsam mit den Gärtner*innen Unkräuter identifizieren. Das möchte ich auch nicht, denn wie leicht könnte dadurch ein übergriffiger Eindruck entstehen. Da muss ich mich eben damit abfinden, dass viele ihre erste Gartensaison mit uns erleben und genauso wie ich vor einigen Jahren das Recht haben, ihre eigenen Erfahrungen zu sammeln. Das geht dann zu Lasten der Produktivität und der Professionalität, hat aber in unserem Gemeinschaftsprojekt eindeutig Vorrang.

DÜRFEN WIR VORSTELLEN? DAS „FRANZÖSISCHE" HÜGELBEET

Ein Element, das wir von der *Ferme du Bec Hellouin* übernommen haben, ist das „französische" Hügelbeet. An diesem Beispiel möchten wir zeigen, wie wir die Inhalte von Charles und Perrine an die GemüseheldInnen bringen.

Es ist ein weitverbreiteter (Irr-)Glaube, dass Hügelbeete und Permakultur ein und dasselbe sind. Natürlich gibt es Permakulturgärten, die komplett ohne Hügelbeete auskommen und Hügelbeete, die nichts mit Permakultur zu tun haben. Aber es stimmt schon: Das Hügelbeet eignet sich besonders gut, um die Methoden der Permakultur umzusetzen. Nebenbei bemerkt ist es ein echter Hingucker und sorgt oft für reichlich Gesprächsstoff und Aufmerksamkeit in der Nachbarschaft. In unseren Gärten haben die vorbeigehenden Spaziergänger*innen und Radfahrer*innen des Öfteren gefragt, ob wir denn jetzt Spargel anbauen würden. Ja, ein bisschen schauen unsere Hügelbeete danach aus.

Ein großer Pluspunkt von Hügelbeeten? Im Vergleich zu einem flachen Beet bieten sie auf der gleichen Grundfläche etwa 20 Prozent mehr Platz zum Anbauen. Da lacht das Städter*innenherz natürlich, wo wir doch jeden Quadratmeter optimal ausnutzen möchten, oftmals sogar müssen.

Hierzulande bedeutet „Hügelbeet" meistens, dass ein organischer Kern aufgeschüttet wird (größere Äste, kleine Zweige, Grünschnitt, Blätter, Mist oder Küchenabfälle), der dann mit Erde abgedeckt wird. Innerhalb einiger Jahre zersetzt sich das organische Innenleben und dabei werden laufend Nährstoffe frei, die den auf dem Hügel wachsenden Pflanzen zugutekommen. Allerdings fallen diese Hügelbeete mit der Zeit in sich zusammen. Wenn der organische Teil zersetzt ist, muss das Beet komplett erneuert werden.

Die Hügelbeete, die wir bei der *Ferme du Bec Hellouin* kennengelernt haben und die wir deshalb „französische" Hügelbeete

nennen, sind ganz anders. Sie werden nämlich vollständig aus fruchtbarer Erde geformt. Dabei werden die Wege zwischen den Beeten etwas tiefer gelegt, und die Erde, die von den Wegen genommen wird, kommt auf die Beete. So entsteht eine dicke Schicht fruchtbarer Erde, die im Idealfall noch mit größeren Mengen Kompost aufgewertet wird. Hier können sich die Pflanzenwurzeln optimal entfalten und die Beete bleiben dauerhaft erhalten. Sie werden sogar mit den Jahren immer besser, da sich durch Mulch und Kompost der Anteil organischer Substanz ständig erhöht. Gerade für einen professionellen Betrieb eignen sich diese Beete viel besser als die „deutschen" Hügelbeete, die aufwendig in der Anlage und Pflege sind und nicht im großen Stil genutzt werden können, zumal sehr viel Material für den Kern des Beets erforderlich ist. Das „französische" Hügelbeet wird im asiatischen Raum seit 4000 Jahren verwendet und wurde von der *Ferme du Bec Hellouin* nur wiederentdeckt und für ihren eigenen Kontext weiterentwickelt. Uns hat diese Beetform überzeugt, gerade auch, weil sie ganz unterschiedlich angelegt werden kann: gerade, bogenförmig oder auch halbrund, in verschiedenen Längen, immer so, dass ein organisches Ganzes entsteht. Der Fantasie sind dabei keine Grenzen gesetzt. Besonders schön ist die Anordnung von Hügelbeeten zu einem runden Mandalabeet, wie in unserem Sonnengarten.

WIR HOLEN **FRANKREICH NACH FRANKFURT**

Wir waren schnell davon überzeugt, dass wir diese Art der Beete auch bei uns nutzen wollten. Aber wie sollten wir das französische Vorbild zu uns nach Frankfurt holen? Dafür waren verschiedene Schritte notwendig: Zum einen mussten wir die GemüseheldInnen mit ins Boot holen. Und zum anderen brauchten wir weitere Helfer*innen: Denn so pflegeleicht die Beete später sind, die Erstanlage ist doch ein Kraftakt.

UNSER VORTEIL: **WIR SIND VIELE!**

Wir gingen die Sache in Form einer Mitmach-Aktion Ende Januar an: „Gemeinsam Beete anlegen im Mirabellengarten mit Laura und Juli." Schon Wochen vorher kündigten wir die Aktion auf Facebook und im E-Mail-Verteiler an, außerdem platzierten wir einen Aufruf in der Zeitung. Den

Mirabellengarten hatten wir erst seit Ende November, und da er von vielen Bäumen beschattet wurde, gab es nur zwei überschaubare Flächen, die sich für Beete eigneten. Über Wochen hatten wir winterliche Sonnentage dort verbracht und die Flächen von Wildkräutern, Baumschösslingen und Plastikmüll befreit, der sich überall in der Erde verbarg.

Schaut fast ein bisschen wie eine Sonne aus, unser Mandala-Beet.

Zu glauben, du kannst alles am besten, ist ein Irrtum

Ich bin der*die Größte, Schnellste, Beste! Mit dieser Einstellung kommt man in einem Gemeinschaftsprojekt nicht weit. Hier sind Teamgeist und Wertschätzung gefragt. Klar würden wir manchmal die Beete anders kultivieren oder fänden eine originellere Mischkulturenplanung spannender. Für uns ist es aber sehr wichtig, dass jede*r selbst experimentieren darf und seine Ideen und Vorstellungen einbringen kann. Sonst gehen der Spaß und die Freude am Gärtnern schnell verloren.

leg ein französisches Hügelbeet an

WAS DU DAFÜR BRAUCHST

- » Zollstock oder Maßband
- » Stöcke zum Abstecken
- » Rechen

- » Spaten
- » Grabegabel oder Grelinette
- » Komposterde

1 BEARBEITE DIE FLÄCHE MIT DER GRABEGABEL ODER GRELINETTE

Ist deine Fläche vorher noch nie ein Beet gewesen und mit Gras bewachsen? Dann lockere mit der Grabegabel die komplette Fläche. Drehe anschließend die Grasnarbe um. Das Gras wird so in den nächsten Wochen verrotten, da es unter der Erde kein Licht bekommt. Mit dieser Technik sparst du dir eine Menge Zeit!

Falls deine Fläche vorher schon ein Beet war, arbeitest du am besten trotzdem mit der Grabegabel oder Grelinette, damit die Erde gut handhabbar wird.

2 MISS DAS BEET AB UND MARKIERE ES MIT STÖCKEN

Die Hügelbeete der Ferme du Bec Hellouin sind immer 1,20 m breit, die Zwischenwege 60 cm. Miss zuerst dein Beet, dann deinen Weg ab, und markiere beides mit Stöcken.

3 HEBE EINEN WEG AUS

Jetzt kannst du dich auspowern! Schaufle die Erde, die sich auf dem zukünftigen Weg befindet, auf die abgemessene Beetfläche. Traue dich ruhig, 20 cm Erde vom Weg abzutragen. Er liegt am Ende etwas tiefer als vorher.

4 VERMISCHE KOMPOST MIT ERDE

Arbeite nun den Kompost mit der Grabegabel oder der Grelinette gleichmäßig ein. Je nach Beschaffenheit deiner Ausgangserde kannst du eine beträchtliche Menge Kompost untermischen — es darf ruhig eine 10—20 cm dicke Schicht sein.

5 RECHE DAS BEET IN FORM

Jetzt kommt der schönste Teil der Arbeit: das Formen! So bekommt ein flaches Stück Boden seinen dreidimensionalen Charakter. Stell dich auf eine Seite des Beetes und reche die Erde auf der anderen Seite von unten nach oben. Hilfreich ist es, wenn du hierfür immer einen Schritt weiter nach rechts oder links gehst. Du darfst diesen Arbeitsschritt auch ein paar Mal wiederholen. Genau so machst du es nun auch auf der anderen Seite. Wenn du gleichmäßig gearbeitet hast, sollte am Ende ein umgedrehtes „V" entstehen.

6 ENTFERNE STEINE, GRASNARBE UND WURZELN

Beim Rechen wird es dir passieren, dass Steine, Reste der Grasnarbe oder Wurzeln an die Oberfläche befördert werden. Da am Ende eine wirklich feine Oberfläche entstehen soll, ist es wichtig, alle Störfaktoren zu entfernen. Kleine Wurzeln kannst du ruhig mit den Resten der Grasnarbe auf den Weg werfen, denn die Wege werden am Ende sowieso gemulcht. Warum? Nach 2—3 Jahren entsteht aus dem Mulchmaterial auch auf den Wegen feinster Humus, den du für das Anlegen neuer Beete verwenden kannst.

7 RECHE DIE SPITZE HERUNTER

Wenn du mit deinem umgedrehten V zufrieden bist, musst du dessen Spitze nun wieder — es tut uns sehr leid — herunterrechen, und zwar so, dass die Erde auf beiden Seiten gleichmäßig herunterrieselt. Beginne an einem Beetende und arbeite dich bis zum anderen Ende vor. Diesen Schritt kannst du auch 2—3 Mal wiederholen. Achte darauf, dass die flache Mitte des Beets etwa 40—50 cm breit ist.

8 DER FEINSCHLIFF

Na, sieht dein Beet schon wie eines der Beete von Bec Hellouin aus? Falls nicht, dann lass dich nicht entmutigen. Übung macht bekanntlich die*den Meister*in.

Wenn du zufrieden bist, nimm ein letztes Mal den Rechen zur Hand, diesmal mit der Rückseite. Klopfe das Beet zuerst auf der Oberseite, dann an den Seiten behutsam fest. Et voilà — fertig ist dein erstes Hügelbeet!

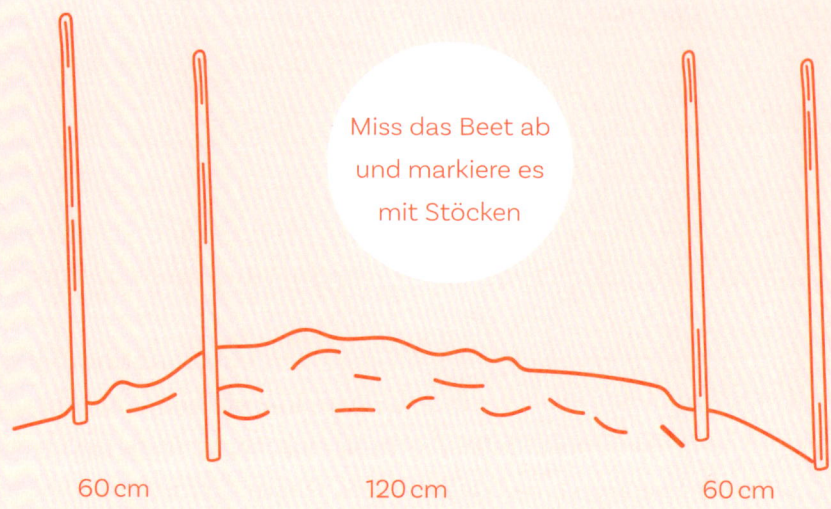

Miss das Beet ab
und markiere es
mit Stöcken

60 cm · 120 cm · 60 cm

Vermische
Kompost
mit Erde

Reche
das Beet
in Form

Reche
die Spitze
herunter

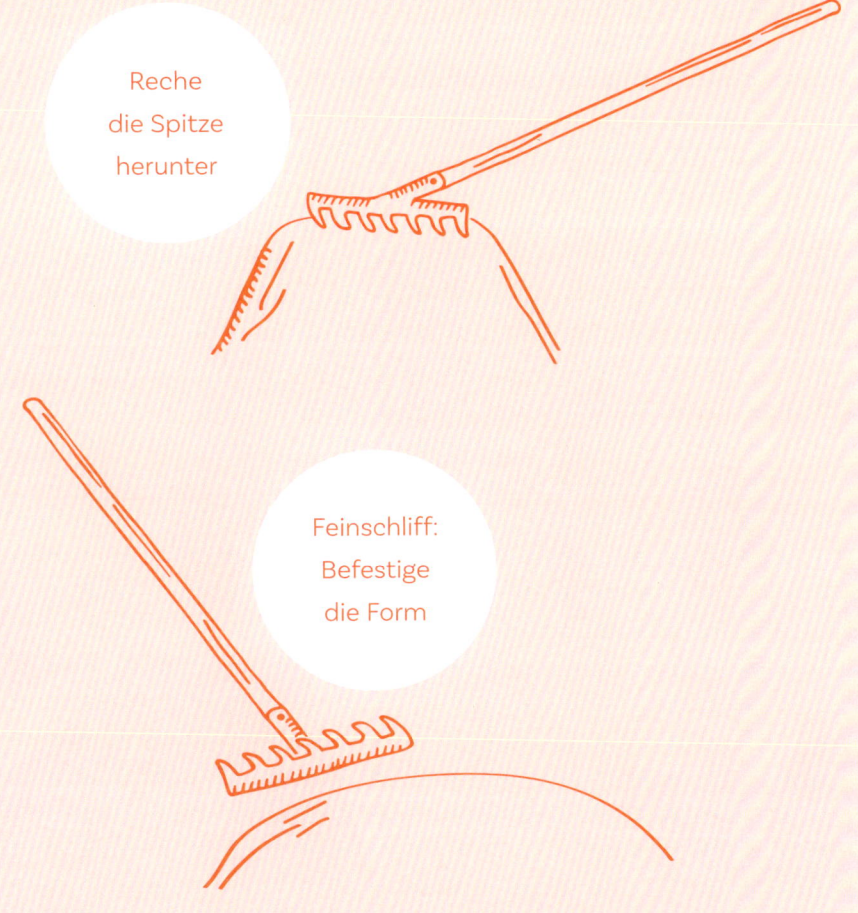

Feinschliff:
Befestige
die Form

Unglaublich, wie viel Plastikteilchen wir aus der — eigentlich sehr guten — Erde des Mirabellengartens fischten.

Tadaaa, mit 40 Leuten geht es einfach schneller.

Als dann an einem feuchtkalten Wintertag fast 40 Leute im Mirabellengarten standen, waren wir ein wenig überfordert. Wir fragten uns, ob wir überhaupt genügend Werkzeug haben würden und ob unser Garten groß genug wäre, um all die Menschen drei Stunden lang zu beschäftigen. Wir wischten die Bedenken aber schnell beiseite und starteten mit einer kurzen Info zum Thema Hügelbeete: Wir wollten, dass alle über die Vorteile Bescheid wussten und natürlich auch, wie sie die Beete Schritt für Schritt am besten anlegen konnten. Und dann ging's auch schon los. Die Leute, darunter auch einige Kinder, strömten im Garten aus und machten sich mit Feuereifer an die Arbeit; einige begleiteten Chris in den Wiesengarten, um auch dort Hügelbeete anzulegen. Unser Hauptjob bei der Sache? Werkzeug zu beschaffen. Grabegabeln, Spaten und Rechen wurden in großer Zahl gebraucht!

Innerhalb von zwei Stunden waren die Beete grob geformt und wir waren vollkommen perplex, was 40 Menschen in kürzester Zeit zustande bringen können. Zwar hatten viele nicht mehr die Geduld, die Beete zu vollenden — gerade, wenn es an den Feinschliff geht, dauert es nochmal eine ganze Weile —, aber das wurde dann einfach bei der nächsten Aktion drei Wochen später erledigt. Da es noch so früh im Jahr war, konnte auf den Beeten ja sowieso noch nichts gepflanzt werden …

An diesem Tag waren hauptsächlich neue Menschen da, aber auch einige „alteingesessene" GemüseheldInnen, die sich über das Thema Hügelbeete schlau machen wollten, um sie später in „ihrem" Garten auch umzusetzen.

So viel Platz für unsere Pflänzchen!

DIE **HÜGELBEETE EROBERN DIE STADT**

Zwei Wochen später eröffneten wir unsere erste PermaKulturInsel, den sogenannten Ernährungsrat-Garten, und wieder kündigten wir das gemeinsame Anlegen von Hügelbeeten an. Und auch diesmal kamen, Anfang Februar, um die 30 Personen, wobei einige sich mit den Hügelbeeten schon von der letzten Aktion her auskannten und uns eifrig assistierten. Viele waren sehr angetan von dieser „neuen" Beetform und wollten sie auch bei sich im Garten ausprobieren.

Auf diese Weise verbreiteten sich die Hügelbeete rasant. Im Ernährungsrat-Garten sind die Beete sehr exponiert und wir werden jeden Tag mehrmals von Spaziergänger*innen auf sie angesprochen. Klarerweise lassen wir es uns nicht nehmen, dann auch gleich von den vielen

Vorteilen des Hügelbeets zu schwärmen und das Wissen so in die Stadt hineinzutragen.

Zusätzlich zu den Aktionen und den Mensch-zu-Mensch-Unterhaltungen haben wir auch noch ein Tutorial zum Thema Hügelbeete gedreht, das auf YouTube zu finden ist. Wir möchten die Idee der französischen Hügelbeete nicht nur an die GemüseheldInnen bringen. Nein, möglichst viele Leute sollen davon erfahren.

GRELINETTE UND CAMPAGNOLE: **DIE WERKZEUGE DER ZUKUNFT**

Wir haben von der *Ferme du Bec Hellouin* nicht nur die gärtnerischen Techniken, sondern auch die Werkzeuge übernommen. Denn ohne das richtige Werkzeug

Es macht riesig Spaß, Know-how weiterzugeben. Mit Georg und
Franzi legten wir im Ernährungsrat-Garten ein erstes Schaubeet an —
damit die Menschen bei der Aktion sich vorstellen konnten, wie so etwas aussieht.

Schaut lustig aus, dieses Teil, oder? Das ist Ingrid
mit einer *Gabarit de repiquage*. Damit lassen sich
Pflanzabstände ganz einfach markieren. Jetzt
brauchen wir nur noch jemanden, der uns das Ding
nachbaut.

So locker geht das Boden-Lockern mit der Grelinette.

läuft beim Gärtnern nichts. Und hier besonders hervorzuheben? Die berühmte Grelinette. Sie lockert den Boden ähnlich wie eine Grabegabel, aber noch schonender; und sie ist angenehm leicht zu handhaben. Durch die beiden Stiele ist es möglich, aufrecht zu arbeiten. Die GemüseheldInnen staunten zunächst ziemlich, als ich mir im Winter die erste Grelinette bestellte. Doch kaum hatte Chris sie zum ersten Mal benutzt, war sie Feuer und Flamme: Die brauchen wir in jedem Garten. Sie stellte gleich einen Antrag beim örtlichen Energieanbieter Mainova und wünschte sich fünf Grelinetten.
Die ihr prompt bewilligt wurden.

Seitdem vergeht kaum ein Tag, an dem die Grelinetten nicht im Einsatz sind. Aber nicht nur in unseren Gärten wird damit fleißig gegraben. Mittlerweile sind die Grelinetten auch in den Gärten von Freund*innen hochbeliebte Helferlein.

Ein Werkzeug, das bisher unsere finanziellen Mittel gesprengt hat (es kostet um die 300 Euro), ist die Campagnole. Sie eignet sich nicht für die Bearbeitung von Hügelbeeten, aber alle flachen Beete lassen sich mit ihr perfekt vorbereiten. Vielleicht können wir ja bald mit ihr arbeiten.

EIN OFFENES GEHEIMNIS:
DIE ENTSTEHUNG UNSERES BUCHES

Ohne die *Ferme du Bec Hellouin* gäbe es dieses Buch nicht. Ich wünschte mir nämlich eine deutsche Ausgabe von *Vivre avec la Terre*, damit auch die anderen GemüseheldInnen es lesen können. Deshalb schrieb ich in Absprache mit Charles an verschiedene Verlage, ob sie sich eine Übersetzung vorstellen könnten. Leider waren bisher alle Antworten negativ; gerade für kleinere Verlage ist es kaum möglich, ein tausendseitiges Buch übersetzen zu lassen. Der Löwenzahn Verlag antwortete auf ganz unerwartete Weise: Die Lektorin Katharina Schaller fragte uns, ob wir nicht ein Buch darüber schreiben möchten, wie wir bei uns die Methoden der *Ferme du Bec Hellouin* anwenden. Da überlegten wir nicht zweimal.

Schaut alle her: Im Ernährungsrat-Garten wächst das Gemüse quasi auf die Straße.

Und cheese! Stefanie Kösling hat uns quasi auf Schritt und Tritt verfolgt. Und die schönsten Momente eingefangen.

Die Heldinnen des Nicht-Umgrabens

Wie mühsam war es doch für unsere Großeltern, mit dem Spaten den kompletten
Garten umzugraben. Glücklicherweise
sind diese Zeiten ein für alle Mal vorbei.
Es hat sich nämlich herausgestellt, dass
diese gute alte Methode überholt ist.
Das Umgraben des Bodens führt dazu,
dass die verschiedenen Bodenschichten
durcheinanderkommen. Lebewesen und
Mikroorganismen, die in Schichten mit viel
Sauerstoff leben, geraten in Schichten, in
denen es wenig Sauerstoff gibt, und umgekehrt. Alles steht dann — im wahrsten
Sinne des Wortes — kopf. Das wäre, als würde man uns plötzlich ins Meer befördern,
und wir sollten unter Wasser überleben.

Um dieses Bodenchaos zu vermeiden, gibt
es ein paar sehr effiziente Gehilfen unter
den Gartenwerkzeugen, die wir dir hier
gerne vorstellen möchten.

NUR ZUR INFO: Auf der Ferme du
Bec Hellouin werden zwölf Minuten
benötigt, um einen Quadratmeter
Erde mit der Grelinette zu bearbei-
ten. Mit der Campagnole braucht es
gerade mal eine Minute.

GRABEGABEL — DIE SOLIDE

Eine Grabegabel, auch Grabeforke genannt,
ist ein Mix aus Mistgabel und Spaten. Das
Blatt besteht aus meistens 4 kräftigen,
nur ganz schwach gekrümmten Zinken,
die rund bis flach sein können. Die Grabegabel wird zum Auflockern des Ober-
bodens — ohne Umgraben — verwendet.
Im Verlauf des Gartenjahres kannst du sie
auch zum schonenden Ausgraben von
Pflanzen oder Sträuchern benutzen. Für
uns ist sie ein unverzichtbares Werkzeug
im Permakulturgarten.

GRELINETTE — DIE EFFIZIENTE

Die Grelinette ist in Frankreich deutlich weiter verbreitet als in Deutschland.
Hierzulande ist die Doppelgrabegabel
geläufiger. Wir verwenden aber lieber die
Grelinette.

Im Gegensatz zur französischen Grelinette
befinden sich bei der Doppelgrabegabel
die Stiele mittig zur Gabel. Das Besondere
an der Grelinette ist die doppelte Größe
der Grabefläche. Dadurch kann man
wesentlich schneller arbeiten. Außerdem

benutzt man die Grelinette im Rückwärts-gang. Nach dem Einstich, dem Lockern der Erde, dem anschließenden Herausziehen, geht man also einen Schritt zurück. Das ist nicht nur ziemlich effizient, sondern auch rückenschonend, zumal man im Vergleich zur Grabegabel auch noch zwei Stiele zum Festhalten hat.

CAMPAGNOLE –
DIE ALLESKÖNNERIN

Die Campagnole ist eine Erweiterung der Grelinette und wurde von Vincent Legris in Zusammenarbeit mit der Ferme du Bec Hellouin konstruiert. Sie ist ein ganzes Stück schwerer, besitzt dafür aber Rollen und muss somit nicht getragen werden. Bei Grabegabel und Grelinette hat man häufig das Problem, dass größere Erdbro-cken nach oben kommen und vom Beet fallen oder die Beetoberfläche unregel-mäßig machen. Für das Zerkrümeln dieser Erdklumpen hat sich der Erfinder der Cam-pagnole eine kreative Lösung einfallen lassen: Sie besitzt zu ihren 24 cm langen vertikalen Zinken noch horizontale Stäbe, die wie eine Art Sieb arbeiten. Die Erd-

klumpen drücken sich sozusagen durch die Stäbe und werden auf diese Weise zerkleinert. Damit spart man sich einen ganzen Arbeitsschritt, denn bei der Grabe-gabel und Grelinette müssen die großen Brocken am Ende mit dem Rechen oder der Hand zerkleinert werden.

Laura hat das geniale Werkzeug in Bec Hellouin zum ersten Mal ausprobiert.

„ICH TRÄUME VON EINER WELT, DIE …“:
INTERVIEW MIT CHARLES HERVÉ-GRUYER

Was glaubst du, war das Erfolgsgeheimnis für eure mittlerweile weltbekannte Permakulturfarm? Denkst du, dass ihr der Permakultur aus ihrer Nischenrolle herausgeholfen habt?

Wir sind selbst überrascht vom Erfolg der Farm. Er ist, so denke ich, darauf zurückzuführen, dass wir unseren Traum bis zum Ende verfolgt haben und dass unser Traum dem von Millionen anderen gleicht. Die Farm wurde aus einer jahrzehntelangen Suche heraus geboren, einer Suche nach Lösungen, um in Harmonie mit unserem Planeten zu leben. Und auch unsere Gesellschaft sucht nach Lösungen. Diejenigen, die wir in Bec Hellouin erforschen, stellen sich als sehr effizient heraus und sind wissenschaftlich untermauert, auch wenn sie unserer Zeit in vielerlei Hinsicht zuwiderlaufen.

Es scheint, dass wir zumindest in Frankreich die Brücke zwischen Permakultur und Landwirtschaft geschlagen und bioinspirierten (von der Natur inspirierten) Lösungen Attraktivität und Legitimität verliehen haben. Lange Zeit hat die Permakultur die landwirtschaftliche Welt kaum befruchtet — nicht mal die biologische Landwirtschaft. Das hat sich durch die Studien geändert, die wir mit großen Organisationen wie INRA und AgroParisTech realisiert haben: Die Ergebnisse waren so erstaunlich, dass wir, wenn wir die

Studien allein durchgeführt hätten, kaum glaubwürdig gewesen wären. Die Verbindung zwischen der wissenschaftlichen Welt und den Landwirt*innen hat sich als sehr wertvoll erwiesen.

Hältst du es für realistisch, dass die globale Landwirtschaft auf Permakultur umgestellt wird? Und wie lange könnte das dauern?

Ich stelle die Permakultur nicht gerne als eine Form der Landwirtschaft dar, weil der Gegenstand der Permakultur weiter gefasst ist: Sie strebt nach einer „dauerhaften Kultur" und dies umfasst potenziell alle menschlichen Aktivitäten. Wir ziehen es vor, von Ecoculture zu sprechen: eine vom Lebendigen inspirierte Landwirtschaft, welche die Konzepte der Permakultur integriert.

Die heute vorherrschende Landwirtschaft wird die Menschheit morgen nicht mehr ernähren können, weil sie zu abhängig von fossilen Brennstoffen ist und die Biosphäre aus dem Gleichgewicht bringt (Klimawandel, Erosion von Böden und Biodiversität, Verlust von Süßwasserressourcen u.a.).

Die Ecoculture nimmt sich die Natur zum Vorbild und die Natur ist außerordentlich produktiv und widerstandsfähig. In Bec Hellouin sehen wir, dass es möglich ist, auf kleinen, sorgfältig gepflegten Flächen viel zu produzieren und gleichzeitig die Bodenfruchtbarkeit schnell zu verbessern,

Kohlenstoff zu speichern, die Artenvielfalt zu steigern, die Wasserressourcen zu schützen …

Es ist eine gewaltige Baustelle, unsere Beziehung zur Lebenswelt zu verändern: Wir müssen lernen, sie zu respektieren, sie wiederherzustellen. Zu produzieren, was die Menschen brauchen und gleichzeitig alle Lebensformen zu achten. Die Ecoculture muss noch weitgehend erfunden werden! Aber es gibt schon an vielen Orten der Welt überzeugende Beispiele. Also ja: Ich bin absolut sicher, dass die Ecoculture das Potenzial hat, die Menschheit zu ernähren und gleichzeitig die Biosphäre wiederherzustellen — aber nur, wenn wir uns bereiterklären, einige der Grundlagen unserer Gesellschaft zu überdenken: unsere Ernährung, den Anteil der landwirtschaftlich aktiven Personen, den Ausstieg aus der Globalisierung …

Du machst dich in deinen Büchern dafür stark, dass wir uns wieder der Lebensform der Urvölker annähern müssen. Haben wir dazu in der Stadt überhaupt die Chance, und wenn ja, wie könnte das aussehen?
Es ist unmöglich, zur Lebensweise der Urvölker zurückzukehren. Aber sie können uns inspirieren, neue Lebensformen zu erfinden, die es noch nie gegeben hat und die uns glücklicher machen als das gegenwärtige System. In jedem von uns steckt ein immenses Bedürfnis nach Natur, ein Stück Wildheit. Wir haben uns über Millionen von Jahren entwickelt, in denen wir

nackt in der Natur gelebt haben. Erst seit so kurzer Zeit sind wir „zivilisiert". Also ja, ich denke, es gibt viele Möglichkeiten, im 21. Jahrhundert zu leben und sich gleichzeitig wieder mit unseren tiefen Wurzeln zu verbinden. Paradoxerweise hat noch keine Epoche eine solche Freiheit geboten wie die unsere. Ergreifen wir sie, um unser Leben neu zu erfinden!

Inwiefern bestimmt die Permakultur auch euren privaten Alltag und euer persönliches Leben?
Die Permakultur bietet ein Raster zum Lesen der Welt und hebt unser Bewusstsein, indem sie uns die ökologischen Auswirkungen unserer Existenz sehr deutlich vor Augen führt. Wir sind ständig bestrebt, unseren ökologischen Fußabdruck zu verkleinern und von biologischen statt von nicht erneuerbaren Ressourcen zu leben.

Ihr schreibt, dass ihr viel über das Internet gelernt habt. Wie siehst du die Rolle des Internets, eines der größten Energiefresser, für den ökologischen Wandel?
Das Internet bietet fantastische Möglichkeiten, das Wissen zu verbreiten, das von den unzähligen Zivilisationen erworben wurde, die seit Urzeiten aufeinander gefolgt sind. Der Mensch entwickelt sich weiter, wenn er Zugang zu mehr Wissen hat. Sein Bewusstsein wächst und er kann sich aktiver für das Wohl aller einsetzen. Außerdem geht es mit unserem Planeten sehr schnell abwärts und das Internet

macht es möglich, Warnmeldungen und Lösungen sehr schnell zu verbreiten.

Aber das Internet ist auch ein großer Energieverbraucher ... und es vergrößert unseren ökologischen Fußabdruck. Jeder kann seinen digitalen Fußabdruck verkleinern, indem er achtsam ist, aber Lösungen sollten in größerem Maßstab gefunden werden. Ich bin kein Experte auf diesem Gebiet.

In eurem Buch Permaculture wird deutlich, dass ihr viel gereist seid, um euch weltweit inspirieren zu lassen und weiterzubilden. Eure Methode ist eine Synthese aus globalen Einflüssen. Wie passt das zusammen mit einer relokalisierten Landwirtschaft? Könnte man sagen, dass wir in einem kurzen Zeitfenster leben, in dem wir gerade noch die erdölgestützten, klimaschädlichen Technologien wie den Flugverkehr und die globale Vernetzung nutzen können, um innovative Projekte für eine Zukunft ohne diese Technologien zu entwickeln?
Ich weiß nicht ... Ich träume von einer Welt, in der die Produktion von materiellen Gütern so lokal wie möglich stattfindet, in der aber jeder freien Zugang zu allen kulturellen, künstlerischen und spirituellen Schätzen der Menschheit hat. Wir leben in einer endlichen Welt mit immer engeren Grenzen, aber das innere Wachstum jedes Menschen ist unbegrenzt! Perrine und ich fliegen nicht mehr. Es gibt so viele Ressourcen in Büchern und im Internet ... Und vergessen wir nicht, dass die Beobachtung der Natur das beste aller Bücher ist!

Als wir *Vivre avec la Terre* veröffentlichten, trafen wir die Entscheidung, für jedes verkaufte Buch einen Baum zu pflanzen. Wir hielten das für notwendig, um den ökologischen Fußabdruck dieses Vertriebsmediums auszugleichen.

Gibt es in eurem Leben Dinge (Aktivitäten, Produkte), die gegen eure Überzeugungen verstoßen, auf die ihr aber trotzdem nicht verzichten wollt?
Ja, natürlich. Kohärenz ist ein Weg, kein statischer Zustand und jedes Jahr steigen die Anforderungen. Es ist vor allem der Gebrauch des Autos, der uns zuwider ist, aber da wir auf dem Land leben, mit vier Kindern und den Sachzwängen, die mit der Schulbildung der Jüngsten verbunden sind, können wir darauf nicht verzichten. Wir hätten im Dorf wieder eine Schule einrichten müssen — davon haben wir geträumt, aber wir können nicht alles allein ändern.

Unsere Töchter machen manchmal Sprachaufenthalte im Ausland. Und sie verbringen viel Zeit im Internet. Aber wir wollen sie gegenüber ihren Freundinnen nicht ins Abseits drängen ...

Alle Vorbilder, die ihr in euren Büchern nennt, sind männlich — obwohl ihr die Weiblichkeit der Natur immer stark betont. Ist die Permakultur bzw. Mikro-Agrikultur eine männlich geprägte Bewegung? Und wenn ja, woran könnte das liegen?
Ah, die schreckliche Vorherrschaft alter weißer Männer ... zu denen ich gehöre!

Diese Frage macht mich zutiefst betroffen. In unseren Inspirationsquellen finden wir leider eine überwältigende Mehrheit von Männern ... Warum ist das so? Die Welt der Landwirtschaft ist immer noch sehr männlich, auch wenn Frauen den größten Teil der Nahrungsmittel produzieren und in diesem Bereich die meisten Arbeitsstunden auf der Welt leisten. Glücklicherweise habe ich auch weibliche Vorbilder — sie drücken sich wahrscheinlich mehr auf subtile und spirituelle Weise aus als auf technische, und ich habe sie weniger zitiert ... Obwohl Janine Benyus' Arbeit über Biomimikry einen beträchtlichen Einfluss auf mich gehabt hat. Aber ich sehe, dass sich die Dinge ändern und dass eine bewundernswerte Generation von engagierten und kreativen jungen Frauen heranwächst, die es wagen, das Wort zu ergreifen. Die Welt von morgen hängt von ihnen ab!

Meine älteren Töchter führen mich in den Ökofeminismus und andere soziale Bewegungen ein, von denen ich begeistert bin.

Ich möchte meiner Frau Perrine, ihrer unersättlichen Neugierde, ihrem Mut und ihrem grenzenlosen Engagement meine Hochachtung aussprechen ... Ohne sie würde die *Ferme du Bec Hellouin* nicht existieren! Sie ist wirklich eine außergewöhnliche Frau, bescheiden und kraftvoll. Gandhi sagte, dass Frauen die bessere Hälfte der Menschheit sind und ich stimme ihm zu!

Noch immer argumentieren viele Menschen, dass sie sich keine Biolebensmittel leisten können. Wie könnten wir es in der Zukunft schaffen, dass alle Menschen Zugang zu guten, gleichzeitig aber bezahlbaren Lebensmitteln haben?

Zunächst einmal, indem wir unser System überdenken, das die chemische Landwirtschaft permanent begünstigt und der Gesellschaft ihre negativen Nebenwirkungen aufbürdet: Zerstörung der Biosphäre, Beschädigung unserer Gesundheit. Wenn wir die positiven Auswirkungen einer tugendhaften Landwirtschaft integrieren und die Biobauern wirklich unterstützen würden, hätte dies einen starken Einfluss auf die Preise.

Es gibt auch die missbräuchlichen Gewinnspannen der Händler ... So viele Gründe, die Kleinbauern, die in unseren Gemeinden produzieren, wirklich zu unterstützen! Ihr könnt mit eurem Portemonnaie abstimmen. Jeder von uns kann einen kleinen Teil der Welt verändern. Warten wir nicht, das Abenteuer ist schön!

Gelebte Permakultur mitten in der Stadt — die GemüseheldInnen als Ökosystem

PERMAKULTUR —
WAS IST DAS EIGENTLICH?

Wir haben in den vorangegangenen Kapiteln den Begriff Permakultur so häufig benutzt, als wäre er ein Allerweltswort. Dabei haben manche Menschen noch nie davon gehört und auch bei uns hat es einige Zeit gebraucht, bis wir uns unter Permakultur etwas vorstellen konnten. Jeder, der sich damit beschäftigt, wird wohl eine Art Evolution durchmachen, was sein Verständnis von Permakultur angeht. Denn Permakultur ist eine ganz eigene Art zu denken, sie hat unzählige Facetten und bietet grenzenlose Möglichkeiten. Wir möchten dir nun gern zeigen, wie die Permakultur entstanden ist und was Permakultur für uns bedeutet. Und natürlich, wie wir Permakultur bei den GemüseheldInnen umsetzen.

SAGT DOCH MAL
IN EINEM SATZ!

Immer wieder werden wir gefragt, was diese Permakultur denn eigentlich ist. Hat sie etwas mit dem Permafrost zu tun? „Sagt doch mal in einem Satz!" Lange haben wir gelacht, wenn wir diese Aufforderung hörten und etwas in die Richtung gesagt, dass wir das keinesfalls könnten und dafür viel weiter ausholen müssten. Aber weil wir die Menschen nicht jedes Mal mit einem einstündigen Vortrag malträtieren wollen, haben wir schließlich doch den Ehrgeiz entwickelt, diesen einen Satz zu finden. Für

uns lautet er: „Permakultur ist die Erschaffung menschlicher Systeme nach dem Vorbild der Natur." Der Grund, weshalb wir natürliche Ökosysteme imitieren sollten, ist ganz einfach: weil natürliche Ökosysteme nachhaltig funktionieren. Ohne Input von außen, ohne Abfälle bleiben sie über Jahrzehnte, ja über Jahrhunderte oder Jahrtausende im Gleichgewicht.

UND WER HAT'S ERFUNDEN?
DIE GESCHICHTE DER
PERMAKULTUR

„Erfunden" wurde die Permakultur in den 70er Jahren von zwei Australiern (wenn sie auch, in der ein oder anderen Form, schon seit Jahrtausenden praktiziert wird): von Bill Mollison und seinem Schüler David Holmgren. In ihrem Buch *Permaculture One: A Perennial Agriculture for Human Settlements* leiteten sie den Begriff „Permaculture" von „permanent" und „agriculture" her. Schockiert von den Verwerfungen der industriellen Landwirtschaft, waren die beiden überzeugt, dass es eine Landwirtschaft geben müsse, die natürlichen Ökosystemen abgeschaut wäre. Eine Landwirtschaft, die die Natur nicht zerstört, sondern erhält. Eine Landwirtschaft, die dauerhaft funktioniert, ohne den Einsatz von Agrarchemikalien und schweren Maschinen.

In *Introduction to Permaculture* (1991) weitete Bill Mollison den Begriff „Permakultur" auf alle menschlichen Systeme aus.

Er leitete ihn nun von „permanent" und „culture" her. Denn ihm war klar geworden, dass man die Merkmale von natürlichen Ökosystemen auch auf alle anderen Lebensbereiche des Menschen anwenden kann (z.B. auf Gesellschaft, Kultur, Gesundheit, Ökonomie, Politik).

Dabei beruht die Permakultur auf drei ethischen Grundprinzipien: „Earth Care" — Sorge für die Erde; „People Care" — Sorge für den Menschen; und „Fair Share" — gerechte Verteilung von Überschüssen und Begrenzung des Verbrauchs.

In den letzten Jahren ist Permakultur schon fast ein Modewort geworden. Und das ist auch gut so: Schließlich wird es immer dringender, dass wir endlich verstehen, was uns die Natur vormacht. Wie man nachhaltige Systeme gestaltet, wie man Vielfalt erzeugt und erhält, wie man Müll vermeidet, wie man produktiv ist … Wir müssen eigentlich nur die Augen aufmachen und bekommen die Lösungen für unsere Probleme auf dem Silbertablett präsentiert.

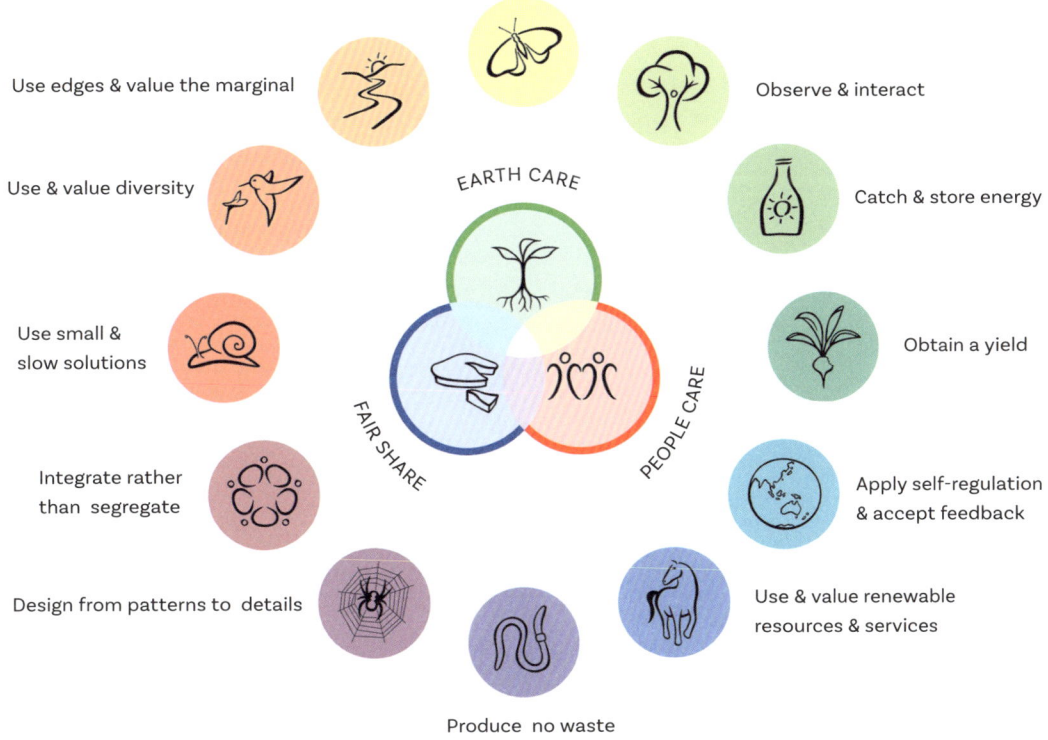

EARTH CARE — SORGE FÜR DIE ERDE

Wir Permakulturisten sind fest davon überzeugt, dass wir für das Wohl der Erde sorgen und sie schützen müssen. Das bedeutet, dass wir so wenig Erdoberfläche wie möglich durch unsere Aktivitäten stören. Die Permakultur gibt hierfür die Mittel an die Hand: Mit ihrer Hilfe können menschliche Systeme so produktiv gestaltet werden, dass sie mit wenig Fläche auskommen. Indem z.B. die Ferme du Bec Hellouin auf 1000 Quadratmetern genauso viel produziert wie ein normaler biologischer Betrieb auf einem Hektar, werden neun Zehntel der bewirtschafteten Fläche frei und können der Natur zurückgegeben werden.

Die Flächen, die zur Ernährung und Verwirklichung des Menschen dennoch notwendig sind, sollten sich in ihrer Funktionsweise so wenig wie möglich von natürlichen Ökosystemen unterscheiden, sich vielmehr harmonisch in ihre Umgebung eingliedern und sich an der Genialität der Natur orientieren.

Demut der Natur gegenüber spielt in der Permakultur eine übergeordnete Rolle. Wir können ein Ökosystem niemals ganz verstehen, die Komplexität der Natur ist durch unsere wissenschaftlichen Methoden nicht vollständig zu fassen. Deshalb sollten wir auch in bestehende Ökosysteme so wenig wie möglich eingreifen, denn wir können die Folgen unserer Intervention nie ganz abschätzen.

PEOPLE CARE — SORGE FÜR DEN MENSCHEN

Genauso wichtig wie die Sorge für die Erde ist in der Permakultur die Sorge für den Menschen. Bei der Erschaffung von Permakultur-Systemen muss das Wohl aller Beteiligten, aber auch der ganzen Menschheit mitbedacht werden.

Ein Schlüssel dazu ist die kluge Gestaltung von Systemen: das Design. Die Menschen glauben häufig, Effizienz (in der Landwirtschaft und woanders) sei entweder durch harte menschliche Arbeit oder durch erdölbasierte Technik möglich. Die Permakultur bietet eine dritte Alternative: Indem Systeme sorgfältig durchdacht und designt werden, können sie dem Menschen viel Arbeit ersparen.

Sorge für den Menschen bedeutet aber auch, dass das psychische Befinden jedes Einzelnen im Fokus steht. Unser ökologisches Problem ist nämlich, so die Überzeugung der Permakultur, kein technisches, sondern ein emotionales und spirituelles; daran müssen wir arbeiten, wenn wir eine Verhaltensänderung erreichen wollen. Jeder kann seinen Lebensstil ändern, wenn er nur möchte. Das bedeutet übrigens auch, dass es keine Option ist, sich auf Entscheidungen der Politik zu verlassen und das eigene Nichthandeln durch die Untätigkeit der Politiker*innen zu rechtfertigen.

People Care spielt natürlich eine besondere Rolle in sozialen Systemen wie unserem Projekt. Damit eine Gemeinschaft gut funktioniert, muss für das Wohlergehen jedes Einzelnen gesorgt sein.

FAIR SHARE —
GERECHTES TEILEN UND
BEGRENZTER VERBRAUCH
VON RESSOURCEN

Das dritte Prinzip, Fair Share, ergibt sich im Grunde aus einer Kombination von Earth Care und People Care. Wie viel darf jede*r

von uns verbrauchen, um den Planeten gesund zu erhalten und allen Menschen die Möglichkeit zu einem materiell befriedigenden Leben zu geben? Da landet man schnell beim ökologischen Fußabdruck. Aktuell kann von Verteilungsgerechtigkeit global keine Rede sein: Die Industrieländer (20 Prozent der Weltbevölkerung) allein haben schon einen ökologischen Fußabdruck, der die Kapazitäten der Erde überschreitet; ein westlicher Mensch hat einen 10—35 Mal höheren ökologischen Fußabdruck als jemand aus einem Land des globalen Südens. Oftmals wird die Technologie als Antwort gesehen, um den Verbrauch zu reduzieren. De facto hat das aber noch nie funktioniert: Technischer Fortschritt ging in der Vergangenheit immer mit wachsendem Verbrauch einher. Nur ein radikaler Wandel unserer Lebensgewohnheiten kann für mehr Verteilungsgerechtigkeit sorgen.

Innerhalb eines Projekts bedeutet Fair Share, dass alles, was erwirtschaftet wird, gerecht verteilt wird. Jeder, der Teil des Projekts ist, soll seine Lebensgrundlage sichern können. Damit werden wirtschaftliche Fragen berührt: Ein Permakultur-Projekt sollte sich nach Möglichkeit selbst tragen (was in der Landwirtschaft bedeutet: unabhängig von Subventionen sein) und die Bedürfnisse der Menschen, die es betreiben, befriedigen. Dabei muss der Ertrag nicht finanzieller Natur sein — in einem Gemeinschaftsprojekt wie dem unseren stellt z.B. das Gemüse einen Ertrag dar.

Ja klar, wir lieben es, Gemüse zu ernten. Aber unsere Gärten schütteln noch so viel mehr aus dem Boden: Freund*innen, Gemeinschaft, Schönheit, Freude.

ACHTSAM UND WERTSCHÄTZEND:
PERMAKULTUR IN DER GEMEINSCHAFT

Unser Verständnis von Permakultur hat im Kleinen ungefähr dieselbe Entwicklung durchgemacht wie das der beiden „Erfinder". Auch wir sind zuerst im Zusammenhang mit Gemüseanbau auf die Permakultur gestoßen und wollten sie in unseren Gärten anwenden. Erst mit der Zeit ist uns das ganze Potenzial der Permakultur klar geworden: dass wir sie genauso für unsere Gruppenbildung und -struktur nutzen können wie für unsere Gärten. Über Permakultur in Bereichen jenseits des Gärtnerns gibt es noch kaum Literatur. Immerhin: Die *Transition-Town*-Bewegung basiert auf den Prinzipien der Permakultur. Aber sonst steckt die Entwicklung menschlicher, insbesondere zwischenmenschlicher Systeme nach Permakultur-Kriterien noch in den Kinderschuhen. Deshalb können wir hier nicht auf bewährte Muster zurückgreifen, sondern müssen uns selbst erarbeiten, wie wir Permakultur in der Gemeinschaft leben können und wollen. Erstaunlicherweise haben wir das in unserem ersten Jahr großenteils unbewusst getan. Wir haben uns instinktiv dafür entschieden, achtsam und wertschätzend miteinander umzugehen und erst nach einer ganzen Weile realisiert: Das ist ja Permakultur, wie sie leibt und lebt.

VIELFALT ALS PRINZIP: MENSCHLICHE
BIODIVERSITÄT BEI DEN GEMÜSEHELDINNEN

Wenn wir unser eigenes Permakultur-System erschaffen wollen, müssen wir uns zuallererst fragen: Was macht denn ein natürliches Ökosystem aus? Was sind die besonderen Merkmale, die wir auf unsere menschlichen Bereiche übertragen wollen?

Und da ist wohl das Erste, was ins Auge fällt, die ungeheure Vielfalt, die Ökosysteme auszeichnet. Biodiversität ist hier das richtige Stichwort. Was sich da alles tummelt, das lässt sich gar nicht zählen und überblicken! Jede Pflanze, jedes Bakterium bildet ein winziges Zahnrad im Getriebe des Ökosystems. Und alle diese Zahnräder greifen ineinander, beeinflussen sich gegenseitig und halten das Ganze im Gleichgewicht. Nur, dass der Vergleich mit dem Zahnrad viel zu kurz greift: Denn die Funktionsweise einer Maschine ist genau definiert, jedes Zahnrad hat eine genau festgelegte Funktion, während die Komplexität der Natur keine Grenzen kennt. Keine Nische ist unbesetzt, jedes Eckchen wird optimal ausgenutzt und bespielt — und zwar immer von der Art, die gerade in dieses Eckchen perfekt passt. In der Natur gibt es weder Zeit- noch Platzverschwendung!

Discounter lohnt sich?
Ein Blick in unseren
Einkaufswagen

Wenn wir die ethischen Prinzipien der Permakultur, Earth Care, People Care und Fair Share ernst nehmen, dann wird das zwangsläufig unser Konsumverhalten ändern. Wenn wir uns jedoch das globale Ernährungssystem anschauen, ist es im Augenblick schier unmöglich, Nahrungsmittel zu kaufen, die hundertprozentig diesen Prinzipien gerecht werden.

Schon Jahre vor der Gründung der GemüseheldInnen haben wir damit aufgehört, unsere Lebensmittel in Discountern einzukaufen. Denn selbst wenn wir im Supermarkt biologische Lebensmittel bevorzugen, unterstützen wir mit dem Kauf doch den Großkonzern, der hinter dem Produkt steht, zumal Bioprodukte in Discountern häufig nur den niedrigsten Standard einhalten und kaum besser produziert wurden als die konventionelle Alternative. Kaufen wir ein Bioprodukt aus dem Discounter, so kommt unser Geld trotzdem der jeweiligen Firma zugute, die vielerorts unter unwürdigen Bedingungen und mit katastrophalen ökologischen Folgen produzieren lässt.

Deshalb haben wir entschieden, (neben dem Obst und Gemüse aus dem Garten) nur noch im Reformhaus Andersch einzukaufen, in dem Juli arbeitet — einer der letzten Tante-Emma-Läden Frankfurts. Achim Andersch, der Besitzer, kennt seine Produzent*innen häufig persönlich und weiß somit genau, wo seine Ware herkommt.

Das war jedoch keine Entscheidung von heute auf morgen, sondern eine persönliche Entwicklung, die lange gedauert hat. Leben wir doch alle in einem, wie es die Bewegung Extinction Rebellion so präzise auf den Punkt bringt, „toxischen System". Daraus Auswege zu finden, ist ein schwieriges Unterfangen, denn es geht ja nicht nur um die Ernährung, sondern auch um alle anderen Lebensbereiche, in denen Produkte, Güter oder Dienstleistungen nicht dem Wohl aller, sondern der Bereicherung weniger dienen.

Wenn wir an unser Klimaprojekt denken, an unsere biodiversen Gärten und an die GemüseheldInnen, die alle auf Augenhöhe zusammenarbeiten, ist es für uns nur folge- und aufrichtig, den Besuch von Discountern zu vermeiden. Wir möchten einfach regionale Produzent*innen und Läden unterstützen.

Viele Menschen haben das Gefühl, dass sie als Einzelperson nichts ausrichten können, dass sie als Verbraucher*in keine Wirkungskraft haben, und dass es doch die Politik sein müsste, die die Missstände der Welt anpackt. Wir haben eine andere Erfahrung gemacht: Durch unsere Art zu konsumieren können wir sehr viel verändern. Wir treffen jeden Tag Entscheidungen und jeden Tag haben wir die Möglichkeit, unser Leben in eine andere Richtung zu lenken. Es ist befreiend, wenn man nicht mehr nach Schnäppchen Ausschau hält, sondern sich bewusst für qualitativ hochwertige Produkte entscheidet, die zum Beispiel der Tischler von nebenan liebevoll gefertigt hat. Oder das Gemüse am Markttag von der Landwirtin kauft, an deren Feld man sonntags vorbeispaziert.

In Zeiten der Klimakrise scheint es uns außerdem unabdingbar, unsere Konsummenge gründlich zu überdenken. Die x-te Gesichtscreme oder das zwanzigste Billigshirt erhöht ja nicht das Glücksempfinden. Eigentlich stresst es nur, man muss sich ständig entscheiden, was man verwendet, das meiste davon braucht man nicht. Ausmisten und ganz bewusst einkaufen (oder tauschen) befreit.

Jetzt wollen wir uns hier aber nicht so darstellen, als würden wir alles richtig machen. Was würden wir beispielsweise ohne unseren Kaffee machen, der die Entstehung dieses Buches permanent begleitet hat? Die Wolle für unsere Textilien stammt aus Südamerika, alternativ könnten wir Baumwolle aus Indien oder Kunststofffasern tragen. Second Hand zu kaufen ist eine Alternative, aber finden wir im Oxfam-Laden alles, was wir zu brauchen meinen? Und auch wir ernähren uns im Winter nicht ausschließlich von Kohl und Kartoffeln. Ganz zu schweigen vom Smartphone, ohne das unser ganzes Projekt nicht denkbar wäre …

IM GARTEN GEHT'S BUNT ZU:
GEMÜSEVIELFALT AN ALLEN ECKEN UND ENDEN

Jedes Permakultur-System zeichnet sich also unbedingt durch die Vielfalt seiner Elemente aus. Im Garten bedeutet das unter anderem: bye-bye, Monokulturen! Stattdessen brauchen wir viele verschiedene Gemüsearten.

Nur so können wir garantieren, dass wir nicht hungrig ins Bett gehen, wenn z.B. ein Schädling über unseren Garten herfällt. Wenn man weltweit auf die Artenvielfalt in den Agrarsystemen achten würde, wäre unsere Ernährungssicherheit gewährleistet. Denn wenn eine Art durch eine Krankheit bedroht würde, wären noch all die anderen Arten da, um uns satt zu machen. Im Augenblick ist allerdings das Gegenteil der Fall: 75 Prozent der Pflanzen, die seit der Erfindung der Landwirtschaft kultiviert wurden, sind im 20. Jahrhundert verschwunden. Inzwischen basiert unsere Ernährung nur noch auf etwa 20 Pflanzenarten und 60 Prozent der Nahrung der Menschheit bestehen aus nur drei Sorten: Reis, Weizen und Mais. Dass dieses System extrem verwundbar ist, kann man an fünf Fingern abzählen.

ABER: GEMÜSE ALLEIN MACHT NOCH KEINEN PERMAKULTURGARTEN

Eine Vielzahl von Gemüsearten allein kann jedoch immer noch sehr eintönig sein: Eine Aneinanderreihung von bunten Gemüsebeeten macht eben noch keinen Permakulturgarten.

Für biologische Vielfalt braucht es auch Bäume, Sträucher, Hecken, Wasserstellen, vielleicht ein Insektenhotel, wilde Ecken als Unterschlupf für Tiere, Blumen als Insektenfutter ...

Wer sagt, dass Tomaten rot sein müssen?

Die kleine süße Hummel hat im Blütenstaub gebadet.

Komm, wir buddeln nach dem Kartoffel-Schatz.

Vielfalt im Garten entsteht nicht nur, indem die*der Gärtner*in selbst möglichst viele Arten einführt — so einfallsreich wie die Natur sind wir ohnehin nicht. Stattdessen ist es wichtig, zusätzlich ein Umfeld zu schaffen, das Tiere und Pflanzen aus der Umgebung einlädt. Je wohler diese sich im Garten fühlen, desto lieber und zahlreicher kommen sie! Ideal ist es natürlich, wenn der neue Garten dort entstehen, wo bereits eine große Zahl an Tieren und Pflanzen zu Hause ist — dadurch spart man sich einen Haufen Arbeit und kann mit dem arbeiten, was bereits da ist. Wir zum Beispiel sind in der Grünen Lunge auf ein komplexes Ökosystem gestoßen, das schon seit über 100 Jahren gewachsen war. Wir haben bei der Gartenplanung deshalb vor allem darauf geschaut, uns harmonisch in das Vorhandene einzugliedern und möglichst wenig zu stören.

SUCH DIR'S AUS:
IN DEINEM GARTEN WÄCHST, WAS DU WILLST

Artenvielfalt im Garten ist toll, aber was wäre sie ohne eine ebenso große Vielfalt an Sorten. Der Geschmack alter, regional angepasster Sorten ist unvergleichlich und übertrifft die von Monsanto & Co. gezüchteten Hochleistungssorten bei Weitem. Außerdem sind alte Sorten meist viel robuster. Vielen Tüftler*innen bereitet es auch eine riesige Freude, selber Saatgut zu gewinnen und so jedes Jahr aufs Neue die persönliche Lieblingssorte zu züchten. Das Beste daran: Die ist an den eigenen Garten und die eigene Art zu gärtnern ideal angepasst. Gerade in Zeiten des Klimawandels kommt der Sortenvielfalt eine besondere Bedeutung zu, denn viele Standorte verändern sich: Bei uns in Frankfurt zum

Beispiel hat es mehrere Sommer in Folge kaum geregnet und wir brauchen Sorten, die mit der extremen Trockenheit gut zurechtkommen.

Es macht übrigens großen Spaß, die Saatgutkataloge durchzublättern und nach den passenden Arten und Sorten zu suchen.

Falls du noch nicht allzu viel Erfahrung beim Gärtnern gesammelt hast, empfehlen wir dir fürs Erste mit einer überschaubaren Anzahl an Arten und Sorten zu beginnen und das Ganze langsam zu steigern — auch wenn es extrem reizvoll ist, in einen bunt gemischten Samentopf zu greifen. Wenn es von Anfang an allzu komplex wird, verliert man nämlich schnell den Überblick und kann am Ende gar nicht sagen, welche Sorten gut funktioniert haben und welche nicht. Mit ein bisschen Erfahrung kommt auch mehr Sicherheit und die Vielfalt im Garten lässt sich zum Glück jedes Jahr aufs Neue erweitern.

JEDE*R HELD*IN HAT IHRE*SEINE GANZ PERSÖNLICHE SUPERKRAFT

Natürlich lässt sich Vielfalt auch bei Gruppen wie den GemüseheldInnen feiern. Nehmen wir einmal an, unser Projekt wäre ein Ökosystem. Dann musste dieses Ökosystem am Anfang aus dem Nichts entstehen — wir konnten also alle Strukturen komplett neu schaffen. Und wir wollten so viele verschiedene Persönlichkeiten wie möglich ins Boot holen, sozu-

sagen menschliche Biodiversität. Uns war sofort klar, dass die Basis dafür im Grunde einfach war: Offenheit und Euphorie. Wir machten also von der ersten Stunde an deutlich: Jede*r kann bei uns mitmachen! In unserem Projekt sind Fähigkeiten aller Art gefragt: Ob jemand lieber praktisch arbeitet oder organisiert, etwas baut oder am Computer sitzt, die Sense schwingt oder zeichnet — je mehr verschiedene Vorlieben wir bei den GemüseheldInnen vereinen, desto besser. Deshalb waren gärtnerische Vorkenntnisse auch zu keiner Zeit Voraussetzung, um bei uns mitzumachen. „Wir lernen und wachsen gemeinsam" war unser Motto.

Denn mal ehrlich: Wer will schon eine Monokultur aus Gärtner*innen? In einem Projekt wie unserem fallen so viele verschiedene Aufgaben an, so viele Tätigkeitsbereiche tun sich auf, dass wir mit dem Gärtnern allein nicht weit gekommen wären.

Den Grundstein für die menschliche Vielfalt bildeten wir selbst. Während ich gerne Texte schreibe und mich für alle Details des Gärtnerns begeistere, ist Laura die geborene Netzwerkerin und kann jedes Thema grafisch einzigartig in Szene setzen. Keine von uns hätte das Projekt GemüseheldInnen allein ins Leben rufen können; nur die Kombination unserer Fähigkeiten hat das möglich gemacht.

Aber wie begrenzt wäre unser Projekt geblieben, wenn nur wir beide es gestaltet hätten? Als Chris nach wenigen Wochen

Gelebte Permakultur mitten in der Stadt – die GemüseheldInnen als Ökosystem

Die Kleinen lieben es, im Garten mitzuhelfen.

Ja, wir tüfteln. Ja, uns fällt ziemlich viel ein. Aber wir zwei allein könnten niemals die GemüseheldInnen sein.

zu uns stieß, merkten wir sofort, wie sehr ihre botanischen Kenntnisse, aber auch ihr praktisches Engagement und ihre Ideen uns bereicherten.

Interessanterweise funktionierte es bei den GemüseheldInnen wie in jedem Öko-system: Mit der Zeit wurde eine ökologische Nische nach der anderen besetzt.

So merkten wir zum Beispiel, als immer mehr Menschen regelmäßig in den Gärten arbeiteten, dass wir jemanden brauchten, der uns ein Kompostklo baute. Aber wer könnte das sein? Ein halbes Jahr lang stellten wir diese Frage bei jedem Plenum. Und dann kam Wolfgang. Schon drei Kompostklos hat er inzwischen in unseren Gärten

installiert, eines davon in einer pracht-vollen Holzhütte und eines in Thronform. Sobald wir ein bauliches Problem haben, wissen wir nun sofort, an wen wir uns wenden können. Mit der Zeit hat sich ein ganzes Bauteam um Wolfgang herum gebildet. Inzwischen hat sogar unsere Mirabellenhütte ein komplett neues Dach bekommen.

Oftmals war uns auch nicht einmal bewusst, woran es den GemüseheldInnen fehlte oder was sie gerade brauchen konnten — aber es kam die richtige Person und kümmerte sich darum, während wir staunend daneben standen und dachten: Wie ist das jetzt passiert? So ging es uns mit Georg: Nie im Leben wären wir auf die

Zum Entspannen brauchen die Sonnengärtner*innen einen Tisch. Wolfgang macht's möglich.

Gelebte Permakultur mitten in der Stadt – die GemüseheldInnen als Ökosystem

Idee gekommen, dass es einen Gemüse-heldInnen-Song geben könnte. Aber plötzlich war er da, und wie!

ES IST BEREICHERND, **AUCH MAL WAS NICHT ZU KÖNNEN**

Besonders gute Dinge sind immer wieder daraus entstanden, dass jemand erklärte, was er nicht konnte. Chris zum Beispiel hat chronische Schmerzen und kann nicht umgraben und auch sonst keine schwere körperliche Arbeit leisten. Sie hat das als Handicap hervorgehoben, aber das Resultat ist: Sie kümmert sich besonders intensiv um Förderanträge und Kontakte zur Stadt. Eine von Ilkas ersten Ansagen war, dass sie außerhalb Frankfurts wohne und deshalb nur selten vor Ort sein könne. Aber ihr Haus in Goldstein bietet den Raum für eine ausgedehnte Jungpflanzenanzucht, sodass beinahe alle unsere Pflänzchen von Ilka produziert werden.

Unsere Erfahrung hat uns gezeigt, dass in einem Permakultur-Projekt entscheidend ist, dass jede Fähigkeit willkommen ist, aber keine erwartet wird. Und beinahe ge-nauso wichtig scheint es uns, dass jede*r nur das einbringt, was sie*er kann und möchte. So hat uns beispielsweise eine unserer engagierten Rentnerinnen gleich am Beginn verkündet, dass sie vor 11 Uhr morgens nirgendwo sein könne, weil sie als Lehrerin 30 Jahre lang früh aufstehen musste — dafür hatten wir alle vollstes Verständnis. Ingrid dagegen macht gerade ein Sabbatjahr und hat Zeit und Lust, sich intensiver einzubringen — wunderbar, sie wurde umgehend zur Gartenverantwortlichen für unseren Fliedergarten ernannt. Chris hat manchmal die Tendenz, sich emotional so sehr zu engagieren, dass ihr das Projekt über den Kopf wächst. Georg steht wie ein Fels an ihrer Seite und bleibt immer locker. Und auch ein Engagement-Wechsel muss möglich sein: Als Anna mitten im Umzug steckte, war klar, dass sie nicht zu unseren Orga-Team-Meetings kommen musste. Wenn eine von uns im Urlaub ist, kann sie die Verantwortung an die anderen abgeben und auch mal ganz abschalten. So hält sich die Gefahr völliger Überforderung in Grenzen.

WOLFGANG HAHNER
GEMÜSEHELD MIT SÄGE UND AKKUSCHRAUBER

DIPL.-ING. MASCHINENBAU

Früher hatte ich mit Gartenarbeit gar nichts am Hut gehabt. Das hat sich aber in den vergangenen Jahren geändert. Wir haben viel Grün ums Haus und meine Frau Ilka gärtnert leidenschaftlich gern. Über die Jahre ist uns bewusst geworden, welch ein guter Ausgleich die Arbeit in der Natur zur Schreibtischarbeit ist. Da ist es zu den Themen Umwelt und Lebensmittelherstellung gar nicht weit. Wir fragten uns: „Was können wir konkret machen, um den Raubbau an unseren Ressourcen zu stoppen?" So fanden wir den Weg zu den GemüseheldInnen. In dieser Gemeinschaft zählt die Praxis. Essen wird hier einfach anders gemacht, mitten in der Grünen Lunge der Stadt, mit einem organischen Konzept, klasse! Aus mir wird aber kein Gärtner mehr. Mich reizt eher das Handwerk. So besteht mein Beitrag zur Initiative in der Unterstützung von Projekten, bei denen ich mich bisweilen mit Säge und Akkuschrauber austoben kann.

KOMPOSTKLO: ES STINKT NICHT! KLINGT KOMISCH … IS' ABER SO!

Bevor ich meine erste Komposttoilette bauen sollte, hatte ich davon noch nie etwas gehört. Die Bilder, die spontan in meinem Kopf entstanden, möchte ich euch jetzt nicht unbedingt beschreiben. Wer will oder kann schon auf einen Komposthaufen sch... Diese Gedanken waren aber wohl etwas irreführend; Trockentoilette beschreibt es etwas — trockener halt.

Also, der Trick ist, dass Pi und Ka getrennt werden und kein Wasser gebraucht wird. Die Schüssel hat einen Trennsteg in der Mitte, einen Trichter vorne und ein großes Loch hinten. Damit ist fast alles gesagt … Ach ja, unter dem Loch sollte ein passender Eimer stehen, am Trichter befestigt man einen Schlauch, der führt dann zu einem Pi-Kanister. Was in das Loch — trocken — fällt, das wird mit Sägespänen dezent abgedeckt und dann irgendwann zu Kompost. Was flüssig in den Tank fließt, eignet sich bei entsprechender Verdünnung als Dünger.

Die Einsätze für die Trenntoilette kann man kaufen. Bauanleitungen für Trockentoiletten gibt es im Internet in Gülle und Fülle.

Ich habe einfach einen Würfel aus Holz gezimmert und den dann ordentlich lasiert. Eine seitliche Wand muss als Schiebebrett angebaut sein, sonst kriegt man den Eimer nicht raus. Den Schlauch für das Pi muss man irgendwo durch eine Bohrung herausführen, nicht nur mit Gefühl, sondern auch mit Gefälle.

Durch die Trennung von Pi und Ka kommt es nicht zu einem Gärungsprozess. Und was nicht gärt, das stinkt auch nicht! Wetten? Versuch es selbst. Viel Erfolg bei deinen Sitzungen.

NUR ZUR INFO: Wir verwenden unsere produzierten Exkremente nicht zum Düngen. Denn hier müssten wir erst sicherstellen, dass Verunreinigung, Bakterien oder Medikamentenreste nach dem Kompostierungsvorgang ausgeschlossen sind. Stattdessen sammeln wir sie in einer tiefen Grube — zugegeben, ein richtiges Kreislaufsystem ist das noch nicht!

Ist das etwa ein Thron? — Nein, ein Klo für HeldInnen!

RETTER, BEVOR DIE NOT DA IST. ODER: ALLES WIRD GUT!

Durch die Vielfalt der Menschen in unserem Projekt standen wir bisher kaum jemals vor dem Problem, dass eine Aufgabe anstand, sich aber niemand ihrer annehmen wollte. Wie oft haben wir gedacht: Um Himmels willen, wie sollen wir das lösen? Und schon waren die Personen da, die das richtige Werkzeug und die Fähigkeit zur Lösung des Problems hatten. Eines Tages war z.B. ein großer Baum abgebrochen und lag mitten auf dem Weg. Wir organisierten also eine Gruppe, die sich am nächsten Nachmittag treffen sollte, um den Baum zu zerlegen und wegzuräumen. Aber als wir ankamen, war der Baum gar nicht mehr da. Eine Gemüseheldin und ihr Mann hatten gedacht, dass der Baum dort wirklich störte und sich sofort ans Werk gemacht.

Auch beim Gießen entstand nicht ein einziges Mal die Situation, dass die Pflanzen zu vertrocknen drohten. Vielmehr erlebten wir es im ersten Jahr, als wir noch keinen festen „Gießplan" hatten, immer wieder, dass wir zum Gießen antraten und feststellten, dass die Erde wunderbar feucht war.

DEN GRÜNEN DAUMEN AUS DEM DORNRÖSCHENSCHLAF WECKEN

Dass dann doch der eine oder die andere einen grünen Daumen hat, erfreut natürlich unsere Pflanzen. Und einen grünen Daumen zu entwickeln, ist gar nicht so schwer: Man muss sich nur für die Pflanzen und ihre Bedürfnisse interessieren — und dann geht's ans Erfahrungsammeln. So haben wir ja selber angefangen, denn auch uns ist das Gärtnern nicht in die Wiege gelegt worden. Natürlich ging dabei auch manchmal etwas schief: Der Salat begann zu blühen, bevor wir daran dachten, ihn zu ernten; die Tomaten erfroren, weil wir das mit den Eisheiligen nicht so ernst genommen hatten. Aber das Schöne bei uns ist, dass fast alle Gärtner*innen dauerhaft in den Gärten mitarbeiten und so über die ganze Saison verfolgen können, wie ihre Pflanzen sich entwickeln. Wir wissen von anderen Gartenprojekten, wo die Menschen eher punktuell zu Aktionen kommen; und auch das ist bei uns möglich. Aber das Projekt, die Gärten und die Gärtner*innen profitieren doch am meisten, wenn Menschen sich dauerhaft einbringen — schließlich wird auch ein natürliches Ökosystem von den Arten geprägt, die ihm langfristig angehören.

JEDER GARTEN IST EINZIGARTIG: DURCH VIELE KREATIVE KÖPFE

Um einen Garten zu gestalten, braucht es nicht nur einen grünen Daumen. Auch handwerkliches Geschick und ein Auge fürs Detail sind äußerst nützlich. Und hier kommt wieder die Vielfalt der Begabungen ins Spiel: Michaela ist Künstlerin und hat gemeinsam mit ihrer kreativen Tochter

Wahre Kunstwerke: Michaelas Gartenschilder.

unsere Gärten mit wunderschön gemalten Schildern ausgestattet. Chris, ebenfalls Künstlerin, schweißt aus Altmetall Schilder, die „ihrem" Wiesengarten ein unvergleichliches Gepräge geben. Damit aber nicht genug: Auch Annika hat als Architektin mit viel Designgespür GemüseheldInnen-Schilder für alle Gärten angefertigt.

Heidi flicht Zäune aus Ästen, während Katja aus Gartenfundstücken Frühbeete und kleine Teiche baut. Aber nicht nur das:

Katja ist auch Dichterin und hat ein wunderbares Gartenalphabet für uns geschrieben. Unter dem Buchstaben E steht dort zu lesen:

Eifrig wird gelacht, gestritten,
Viel gehadert, stets gesät.
Manchmal schweigen wir inmitten
Des Winds, der durch die Bäume weht.

Und Annas Freund Chris designt Hochbeete aus Schrott und Steinen.

CHRIS BELLINGWOUT
DESIGNT, REPARIERT UND MACHT UNS WUNDERSCHÖNE HOCHBEETE

INDUSTRIAL DESIGN INGENIEUR

Nach meinem Umzug von Holland nach Deutschland hat meine Freundin mich in die Gärten der GemüseheldInnen mitgeschleppt, damit ich neue soziale Kontakte knüpfe. Dort angekommen war ich total begeistert, dass ich hier nicht nur nette Menschen treffen kann, sondern auch sehr viele Möglichkeiten bestehen, meine Fähigkeiten als Designer sowie mein handwerkliches Geschick einzubringen. Bei den GemüseheldInnen wirke ich im Team des Sonnengartens mit, springe aber auch immer mal wieder ein, wenn Hilfe bei Reparaturarbeiten oder Beetanlagen in anderen Gärten benötigt wird. Mittlerweile weiß ich sogar, was Permakultur ist.

BAU DIR DEIN EIGENES
RECYCLING-HOCHBEET

Du hast noch einige ungenutzte Gegenstände herumliegen und möchtest nicht in den Baumarkt gehen? Hier erkläre ich dir, wie du aus Restmaterialien oder gebrauchten Materialien dein eigenes Hochbeet bauen kannst.

Kleiner Tipp: Mach dir im Vorfeld nicht zu viele Pläne, denn wenn du mit recycelten Materialien arbeitest, müssen deine Pläne zwischendurch immer mal wieder an die Materialien angepasst werden.

DIESE MATERIALIEN
BENÖTIGST DU DAFÜR

Zunächst einmal muss ein Hochbeet die Erde zusammenhalten. Denkbar hierfür wären Holzstämme oder Bretter. Auch Ziegelsteine, oder, wie in unserem Fall, große Wellblechplatten (C) einer alten Gartenhütte kannst du verwenden. Zusätzlich benötigst du etwas, das verhindert, dass die Seiten auseinanderfallen.

Wenn du große, schwere Ziegelsteine als einziges Material verwendest, schafft dies ausreichend Stabilität, doch bei vielen kleinen Balken oder Brettern ist eine gewisse Stützstruktur erforderlich. Wir haben z.B. Holzbalken (A) und Bretter (B) derselben alten Gartenhütte verwendet, von der auch das Wellblechdach stammte.

DAS WICHTIGSTE AN DER SACHE: **MESSEN UND PLANEN**

Dies ist die wichtigste Phase. Wenn du hier einen Fehler machst, wird dir das später viel Kopfzerbrechen bereiten.

Deshalb: Miss lieber mehrmals, anstatt sofort die Säge in die Hand zu nehmen.

Da du nicht für jedes Teil in den Baumarkt fahren, sondern bewusst recyceln möchtest, solltest du dich anhand der vorhandenen Teile entscheiden, wie hoch, breit und lang dein Beet sein soll. Ein wichtiger Gesichtspunkt für die Ausmaße des Beetes ist unter anderem, dass das Hochbeet nicht wesentlich breiter als zwei Armlängen sein sollte, damit du die Pflanzen noch bequem von beiden Seiten versorgen kannst.

Beginne also mit dem Ausmessen der Länge und Breite aller vorhandenen Materialien. Für die beiden längeren Seiten benötigst

du als Stütze einen oberen und einen unteren Balken (1); außerdem zwei stabile Balken für die Seiten. Es entsteht dann ein stützender Rahmen, an dem du später das Seitenmaterial befestigen kannst (2).

Für die kurzen Seiten sind dann nur noch ein oberer und ein unterer Balken vonnöten, die du an den Rahmen der Seitenteile anschrauben kannst (3). Bei der Stützkonstruktion ist es wirklich wichtig, einen Rahmenabschluss nach unten zu haben. Sollte das vorhandene Material nicht ausreichen und der Rahmen nicht vervollständigt werden können, kann auf den unteren Balken jeweils verzichtet werden und das Seitenmaterial ca. 15 cm im Boden versenkt werden, um das Hochbeet ausreichend zu stützen. Allerdings altert und verrottet das Material dann schneller. Wenn du dir nicht sicher bist, ob dein Rahmen wirklich stark genug ist, reduziere einfach die Höhe des Beetes ein wenig.

Auf der nächsten Seite findest du Skizzen zu den einzelnen Bauteilen und dem zusammengebauten Hochbeet.

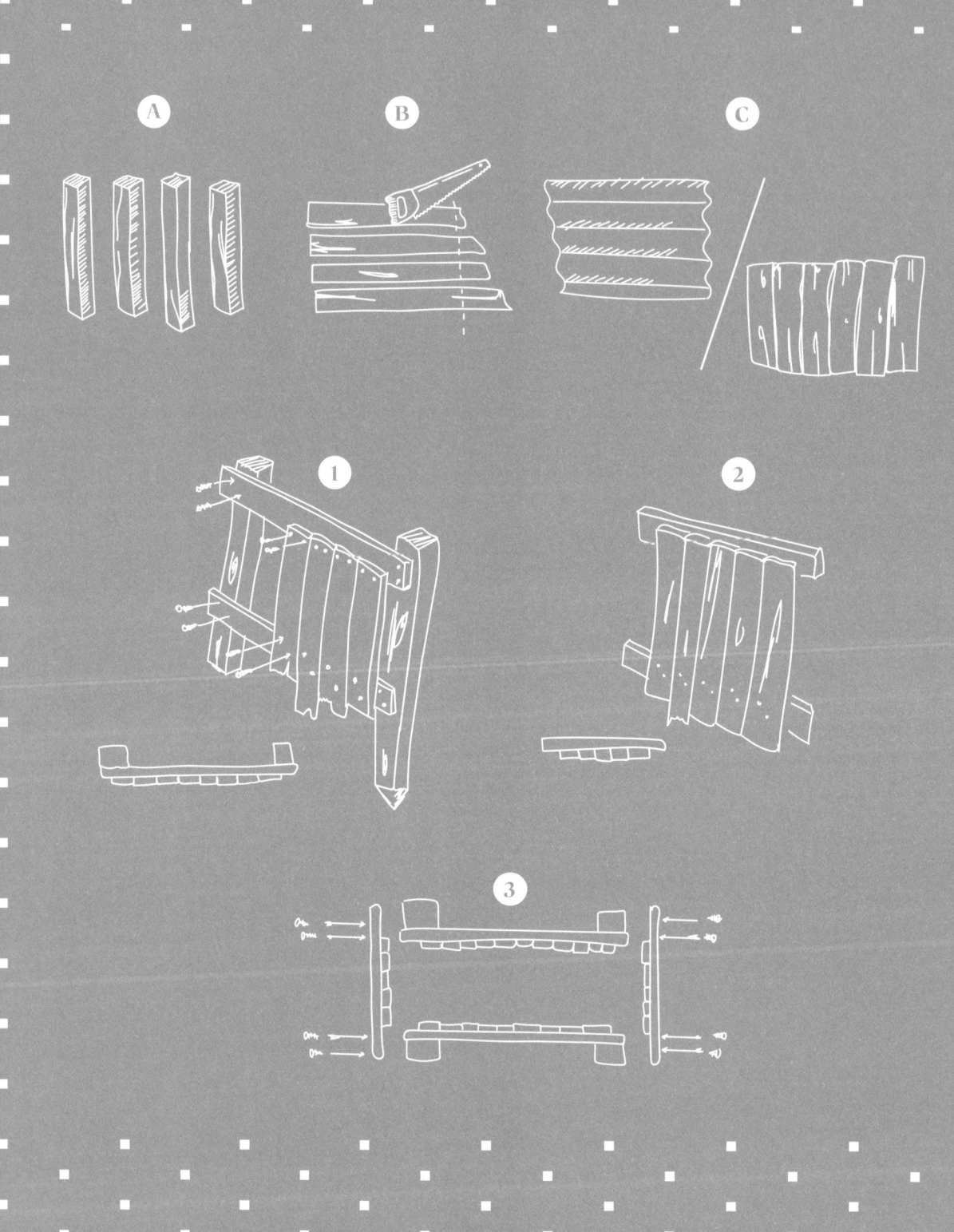

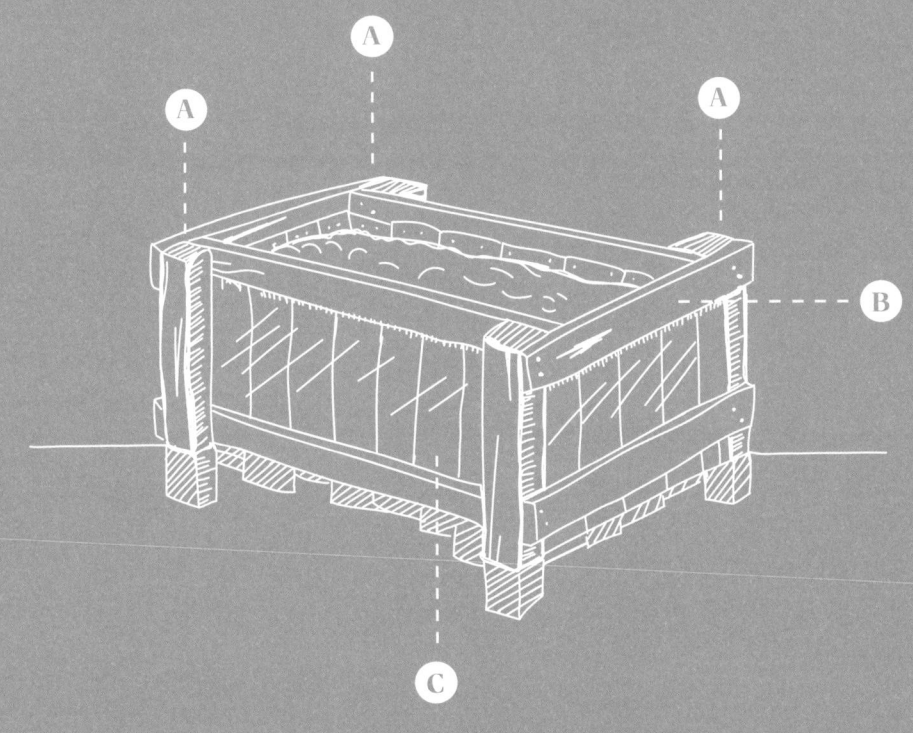

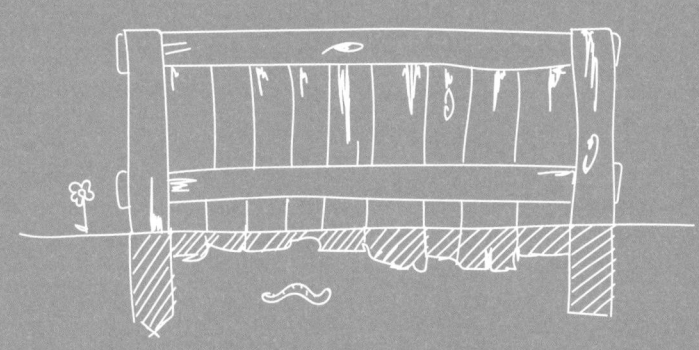

Und wer sagt überhaupt, dass sich die Gemeinschaft der GemüseheldInnen im Gärtnern und Gestalten von Gärten erschöpft? Die Menschen, die zu uns gefunden haben, bringen immer wieder neue Ideen ein, wie unser Ökosystem bereichert werden könnte. Moni zum Beispiel ist Kundalini-Yogalehrerin und bietet seit Jahren „Yoga im Park" an.

Wir fragten Moni, ob sie nicht auch in der Grünen Lunge Yogastunden geben könnte. Sie erklärte sich dazu bereit — auf Spendenbasis. Der Erlös kommt unseren Bienen im Sonnengarten zugute. Schon beim ersten Termin waren zehn HeldInnen anwesend und inzwischen ist das Dienstags-Yoga fester Bestandteil unseres Wochenplans.

Auch Georgs musikalisches Talent ist eine ganz „außergärtnerische" Bereicherung für unser Projekt. Nicht nur hat er uns den „Grüne-Soße-Song" und den „Gemüsehelden-Song" geschenkt, er hat auch in den Gärten oft seine Gitarre im Gepäck und lässt den Tag mit seiner Musik ausklingen.

Und Petra unterstützt unsere Gemeinschaft, indem sie tibetanische Massagen für GemüseheldInnen anbietet, die dann im Gegenzug fürs Projekt spenden können. So bereichert sie uns gleich in zweierlei Hinsicht: Die von ihr massierten GemüseheldInnen packen mit neuer Kraft und Energie in den Gärten an, während die Spenden uns bei wichtigen Anschaffungen helfen.

Wer weiß, welche Nischen in unserem Ökosystem noch frei sind und wer demnächst zu uns stößt und sie besetzt?

Mach deine Beetschilder aus Ästen

Nachhaltige Schilder für das Gartenbeet zu finden, ist kein leichtes Unterfangen. Sie sind häufig teuer und selbst bei Holzschildern weiß man nicht genau, woher das Holz stammt. Ganz anders ist das bei Holz aus dem Wald oder dem eigenen Garten.

Hier zeigen wir dir eine einfache Schildvariante, die nichts kostet und leicht herzustellen ist:

Wenn du das nächste Mal einen Spaziergang im Wald machst oder in deinem eigenen Garten am Werkeln bist, bediene dich an ein paar schönen heruntergefallenen Ästen. Mit einem Schnitzmesser kannst du dann nach Belieben an einer Seite des Astes eine Fläche freischnitzen.

Je nachdem, welche Informationen auf die Fläche sollen, muss sie größer oder kleiner sein. Und dann geht's auch schon ans Beschriften. Mit einem wasserfesten Stift funktioniert das am besten.

Et voilà: Fertig ist eine simple und wunderschöne Alternative zu gekauften Schildern. So ein Naturast fügt sich auch viel harmonischer ins Bild des Beetes ein.

MONIKA MADERER
BRACHTE YOGA IN UNSERE GÄRTEN

HEILPRAKTIKERIN

Kurz bevor meine Tochter Lena vor 16 Jahren zur Welt kam, zog ich nach Frankfurt am Main. Hier kam ich recht bald in Kontakt mit der Homöopathie und der Naturheilkunde. Diese Themen inspirierten und begeisterten mich so sehr, dass ich mich an der hessischen Heilpraktikerschule fortbildete, um in diesem Bereich arbeiten zu können. Es folgten Ausbildungen in Phytotherapie, Ayurveda, Schmerztherapie, Dorn-Breuss, Kundalini-Yoga, Meditation und Atemtechniken.

Als ich mich den GemüseheldInnen anschloss, begann ich zu spüren, wie eng Natur und Heilung zusammenhängen. Fast täglich führte mich mein Weg in die Grüne Lunge. Hier konnte ich tief durchatmen und viel Kraft tanken, körperlich sowie seelisch und geistig. Es ist so wertvoll, mitten in der Stadt einen Ort zu haben, an dem die Natur sich frei entfalten und uns Menschen ihre ganze Fülle zeigen kann.

KUNDALINI-YOGA
ZWISCHEN APFELBÄUMEN

Kundalini-Yoga habe ich vor etwa sieben Jahren kennengelernt und fand damit ein Werkzeug, um mich mit der Energie meines Körpers und meines Geistes zu verbinden und damit leichter Kontakt zu meiner Seele aufnehmen zu können.

Die Erfahrungen, die ich hier gemacht habe, waren so prägend und wertvoll für mich, dass ich beschloss, sie weiterzugeben.

Im Sommer habe ich begonnen, im Apfelbaumgarten in der Grünen Lunge Kundalini-Yogastunden für die GemüseheldInnen zu geben. Es ist sehr bereichernd, in der Natur Yoga und Atemtechniken zu üben, da die Atmung unser größtes — und kostenloses — Energiereservoir darstellt. Die Atemluft ist ein wertvolles Element aus der Apotheke der Natur.

Kemane und seine selbst gebaute Bansuri-Flöte lassen uns ganz tief entspannen.

UND SO SCHAUT EINE
KUNDALINI-YOGASTUNDE AUS

Zu Beginn jeder Stunde stimmen wir uns ein. Wir singen zwei Mantren — das sind Meditationsworte, die durch das Aussprechen oder Singen Reflexpunkte im Mund, besonders im Gaumen anregen, wodurch wiederum im Gehirn die Hypophyse oder der Hypothalamus aktiviert werden. Es ist, als würde man die Tasten eines Klaviers anschlagen.

1. Mantra: *Ong Namo Guru Dev Namo*, was so viel bedeutet wie: „Ich verneige mich vor der schöpferischen Energie des Universums, ich begrüße ehrfürchtig die unendliche Weisheit in mir, meinen wahren Lehrer."

2. Mantra: *Ad Gure Nameh, Jugad Gure Nameh, Sat Gure Nameh, Siri Guru Dev-e Nameh*, was bedeutet: „Ich verneige mich vor dem unendlichen zeitlosen Lehrer — ich verneige mich vor dem Lehrer in allen Zeiten — ich verneige mich vor dem inneren Lehrer, der uns die Wahrheit enthüllt — ich verneige mich vor dem Guru, dem göttlichen Lehrer, der uns aus dem Dunkeln ins Licht führt."

Danach beginnen wir mit Pranayama (Atemübungen) und/oder Aufwärmübungen, die das Wurzelchakra stärken und die Wirbelsäule beweglicher machen. Dies können der Kamelritt, Sufi-Kreise oder Schultertwist sein bzw. Tanzen, Hüpfen oder der Yogi-Walk.

Es folgt die eigentliche Übungsreihe bestehend aus kurzen, dynamischen und energetisierenden Übungen. Sie wirken reinigend, entspannend und zugleich aktivierend. Jede Übung wird mit der Atmung und der inneren Konzentration verknüpft.

Danach begeben wir uns in eine Tiefenentspannung von etwa elf Minuten, die für einen Ausgleich und die Verteilung der Energien im Körper sorgt.

Im Anschluss folgt eine Meditation, um den Geist zu zentrieren, einzustimmen und zu beruhigen. Sie verhilft uns dazu,

der feinen Stimme in unserem Inneren zu lauschen. Die Meditation im Kundalini-Yoga wird oft von Mudras und Mantren begleitet. Mudras sind Handhaltungen, die unterschiedliche Energiebahnen miteinander verbinden. Hierbei werden Reflexpunkte an den Fingerspitzen aktiviert.

Zum Schluss der Yogastunde singen wir zwei Mantren, um uns auszustimmen.

1. Mantra:
May the long-time sun
Shine upon you
All love surround you
And the pure light
Within you
Guide your way on
Guide your way on.

2. Mantra:
Sat Nam, was so viel bedeutet wie:
„Wahrheit ist meine wahre Identität."

Die ersten Sonnenstrahlen umarmen uns beim Yoga unter den Apfelbäumen.

Wenn sich die Welt irrsinnig schnell dreht: gemeinsam zur Stille

Mit dem Kundalini-Yoga in der Grünen Lunge hat sich für uns ein neues Bewusstseinstor geöffnet. Nachdem wir fast eineinhalb Jahre lang ständig aktiv gewesen waren, unsere Gemeinschaft ja geradezu über die Fülle unserer Aktivitäten definiert hatten, lernten wir nun die wohltuende Wirkung des gemeinsamen Zur-Ruhe-Kommens kennen.

Als wir mit geschlossenen Augen im Apfelbaum-Garten auf unseren Matten saßen, begriffen wir, dass die Kernbotschaft des Yoga identisch ist mit jener der Permakultur: Beide setzen auf die Einheit von allem Leben. Yoga ist für uns das intuitive Gegenstück zum intellektuellen Weg der Permakultur: Wir spürten unmittelbar am eigenen Leib, dass wir untrennbar verbunden sind mit der uns umgebenden Natur.

Das Gärtnern bewegt sich im Übrigen zwischen diesen beiden Polen: Hat doch das Arbeiten in und mit der Natur immer eine verstandesmäßige (der Verstand gibt vor, was zu tun ist) und eine spirituelle Komponente (wir tragen bei zur kosmischen Harmonie, indem wir für das Leben im Boden, das Leben der Pflanzen wie auch unser eigenes Leben sorgen).

Yoga ist inzwischen ein fester Bestandteil unseres Alltags geworden. Juli und ich praktizieren es jeden Morgen eineinhalb Stunden lang und haben damit ein Gegengewicht zu der permanenten Aktivität gefunden, die uns das Projekt GemüseheldInnen abverlangt. Seit dem Beginn des Projekts kamen wir oft an die Grenze unserer Kapazitäten und sagten uns: So können wir nicht weitermachen, das geht über unsere Kräfte — aber was können wir ändern? Die Eigendynamik des Projekts erforderte die unterschiedlichsten Tätigkeiten und uns schien es, als könnten wir an keiner Stelle Abstriche machen. Mit dem Yoga haben wir den richtigen Weg für uns gefunden: Die innere und äußere Ruhe, die wir morgens üben, trägt uns durch den ganzen Tag.

Am schönsten ist es aber, gemeinsam mit anderen GemüseheldInnen in die Stille einzutauchen und der Grünen Lunge zu lauschen. Yoga in der Natur hat eine unvergleichliche Intensität.

OLIVER SPIESS
BODENPROFI UND WURMFARMER

MUSIKER

Ich habe im Januar 2018 durch Zufall ein Buch über Kohlenstoffspeicherung und die Bekämpfung des Klimawandels durch Humusaufbau (z.B. in der Landwirtschaft) in die Hand bekommen, wovon ich vorher noch nie etwas gehört hatte. Am Ende des faszinierenden Buches gab es ein Kapitel, das praktische Möglichkeiten aufzeigte, um etwas zum Positiven zu verändern. So begann ich, mich für Projekte in Frankfurt zu interessieren, die sich mit regenerativer Landwirtschaft beschäftigen. Anderthalb Jahre lang habe ich in einer Frankfurter Foodcoop intensiv mitgearbeitet, die Lebensmittel von regionalen Bio-Erzeugern direkt und verpackungsfrei bezieht.

Irgendwann haben meine Frau Ursula und ich auf einem Spaziergang von den GemüseheldInnen gelesen und ich habe schnell gewusst, dass deren Zielsetzung bei mir ins Schwarze trifft. Denn ich war in der Zwischenzeit schon fast zum Experten (zumindest theoretisch) auf dem Gebiet Böden und regenerative Landwirtschaft — wozu auch das Prinzip der Permakultur gehört — geworden. Ich hatte mich durch unendlich viele Bücher zum Thema gelesen und wollte mein Wissen endlich in die Praxis umsetzen. Die Vorstellung, selbst anzupacken und dabei in Gemeinschaft mit anderen eigene Lebensmittel anzubauen, fand ich einfach großartig.

So kamen Ursula und ich im Januar 2020 dazu und haben uns mit all den engagierten, sympathischen Menschen dieses Projekts schnell sehr wohlgefühlt.

Bei den GemüseheldInnen kümmere ich mich mit einer festen Gruppe um den Wiesengarten, in dem vor allem alte Gemüsesorten angepflanzt werden. Seit kurzem bin ich außerdem Gartenverantwortlicher für den Mirabellengarten. Daneben betreue ich die Wurmfarmen des Projekts und kümmere mich recht erfolgreich mit sanften Mitteln darum, langschwänzige Nagetiere von unseren Gärten fernzuhalten. Ich habe ein Video zum Thema Mykorrhiza (das sind Bodenpilze, die mit Pflanzen eine Symbiose eingehen) für unseren YouTube-Channel gemacht und bin bei vielen Gemeinschaftsaktionen dabei.

WIE AUCH DU ZUR*ZUM **WURMFARMER*IN WERDEN** KANNST

Um eine Wurmfarm anzulegen, brauchst du im Prinzip eine Kiste aus Holz oder Kunststoff, die unten einen Abfluss hat (bzw. große Löcher), um den Wurmtee — einen hervorragenden Dünger — aufzufangen und Staunässe zu vermeiden. Wichtig sind außerdem viele Luftlöcher an der Seite und oben eine Abdeckung (auch mit Luftlöchern). Dann brauchst du natürlich Kompostwürmer. Das sind Regenwürmer, die darauf spezialisiert sind, in der Streuschicht des Bodens bzw. in Komposthaufen zu leben. Solche Kompostwürmer kannst du entweder kaufen oder du bekommst welche aus einem anderen Komposthaufen.

Was diese Würmchen alles verputzen können, ist echt unglaublich.

Die Wurmkiste füllst du mit organisch-pflanzlichem Material wie Grünschnitt, Küchenabfällen, Eierschalen, unbedruckter Pappe oder Kaffeepulver (keine Zitrusfrüchte oder Zwiebelschalen). Du solltest nicht zu viel Material auf einmal nehmen und es muss immer gut belüftet und locker sein, damit keine anaerobe Gärung einsetzt, sondern das Ganze mit Sauerstoff verrotten kann (Würmer können das Material nicht direkt essen, es muss erst „vorverrottet" sein). Nach ungefähr 2–3 Monaten erhältst du fertigen Humus, den du entnehmen kannst. Schau einfach einmal ins Internet, dort gibt es unzählige Bauanleitungen für Wurmkisten.

Wurmkompost ist sehr fruchtbar. Im Prinzip mineralisieren die Würmer die Nährstoffe der organischen Abfälle, das heißt, sie werden wieder pflanzenverfügbar. Darüber hinaus stellen die Wurmausscheidungen auch eine Quelle von Dauerhumus dar. Dauerhumus (das heißt Humus, der nicht schnell von Mikroorga-nismen abgebaut werden kann) ist sehr wichtig für die Fruchtbarkeit eines Bodens, da sich durch ihn sowohl die Wasserspeicherkapazität erhöht als auch das Vermögen, Nährstoffe und Spurenelemente zu binden, die sonst mit dem Regenwasser ausgewaschen werden können. Außerdem bilden die sogenannten Ton-Humus-Komplexe, die im Wurmdarm entstehen, Bodenaggregate, die den Boden lockerer machen, was wiederum Wasserspeicherkapazität und Belüftung erhöht und mehr Platz für weiteres Bodenleben schafft, welches wiederum die Umsetzgeschwindigkeit der Verrottung fördert, was wiederum dazu führt, dass Pflanzen, die einzigen „Sonnenenergiefänger", besser wachsen, was wiederum dazu führt, dass mehr Humus gebildet wird, mehr Bodenlebewesen leben und so weiter. Kurzum: Es wird also eine Positivschleife in Gang gesetzt.

WAS TUN, **WENN'S MAL UNBEQUEM WIRD**

Gelegentlich kommt es auch vor, dass es jemanden in unsere Gärten verschlägt, von dem wir den Eindruck haben, dass er nicht zu uns passt. Darüber redet niemand gern, schließlich wollen wir nicht den Eindruck erwecken, dass wir uns die Leute aussuchen, die wir aufnehmen. Und schon gar nicht, dass wir Menschen ausschließen, die uns nicht gefallen. Tatsächlich gab es schon Personen, die unser ganzes Plenum gesprengt haben. Oder die uns im Garten auf Schritt und Tritt verfolgten und uns zutexteten, ohne sonst etwas beizutragen. Da haben wir uns dann schon gefragt: Können wir es rechtfertigen, zum Wohl des ganzen Projekts jemanden abzuweisen? Glücklicherweise mussten wir eine solche Entscheidung aber bisher nie treffen —

diese Menschen scheinen bei uns nicht das gefunden zu haben, was sie suchten und sind von selbst wieder gegangen. Einer Person haben wir gesagt, dass ihre bestimmende Art bei uns nicht gut ankommt; denn wir sind in unserem Projekt alle sehr offen und versuchen, Konflikte direkt zu lösen.

Dennoch ist und bleibt das ein schwieriges Thema: Wenn ich merke, dass eine Person dem ganzen Projekt schadet und alle anderen Menschen nervt, wie gehe ich dann damit um? Kann ich bestimmen, welche ökologischen Nischen unbesetzt bleiben — zum Beispiel die des Stinkstiefels oder der ewigen Nörglerin? Wir versuchen lieber, diese Nischen bei uns möglichst unattraktiv zu machen. Genau wie ich meinen Garten so anlege, dass die Elemente sich möglichst positiv ergänzen und Störfakto-

Konflikte ausräumen?
Am besten im Keimblattstadium

Kommunikationsprobleme tauchen in einem Projekt so häufig auf wie Beikräuter auf dem Beet. Hat man sich in der einen Arbeitsgruppe ausgesprochen, kann es sein, dass in der anderen schon das nächste Missverständnis am Keimen ist. Je früher man eingreift, desto besser, denn wenn man zu lange wartet, schlagen

die Konflikte schneller Wurzeln, als man schauen kann. Für uns ist eine direkte Konfliktlösung das Rezept für ein gutes Gruppenklima. Dabei kann es sehr helfen, eine außenstehende Person dazu zu holen — im Idealfall eine*n Supervisor*in, es kann aber auch ein*e unparteiische*r Projektteilnehmer*in sein.

ren minimiert werden, kann ich auch mein Projekt so gestalten, dass für manche Rollen einfach kein Raum entsteht. Indem ich zum Beispiel vorgebe, dass Konflikte offen und direkt gelöst werden sollen, verhindere ich, dass „hinter dem Rücken" Grabenkämpfe ausgetragen werden oder gelästert wird.

EVERYBODY'S WELCOME!
WIR WOLLEN **FÜR ALLE EINEN RAUM ÖFFNEN**

Was ist nun also der Unterschied zwischen einem Garten und einer Gruppe hinsichtlich der Vielfalt der Elemente? Im Garten habe ich mehr Einfluss auf die Arten, die sich dort tummeln, denn ich kann sie zum Teil selbst einführen. Ich wähle aus, welches Gemüse ich anbaue, welche Obstbäume und Sträucher ich haben möchte. In einer Gruppe kann ich dagegen nur einen Raum öffnen und hoffen, dass sich dort möglichst viele verschiedene Menschen einfinden und wohlfühlen. Wie ich diesen Raum definiere, hat natürlich einen großen Einfluss darauf, welche Personen sich davon angezogen fühlen und Lust haben, Teil meines Projekts zu werden. Wir müssen selbstkritisch feststellen, dass unser Projekt bisher leider zum Großteil wenig divers ist, was die sozioökonomische Herkunft der Menschen angeht. Scheinbar fühlen sich hauptsächlich weiße, gebildete Bewohner*innen der umliegenden gutsituierten Viertel von uns angesprochen ...

ALLES IST MITEINANDER VERKNÜPFT: DAS SPIEL MIT DEM FADEN

Noch wichtiger als die Vielfalt der Elemente ist in einem natürlichen Ökosystem die Vielfalt der Beziehungen, die diese Elemente miteinander verknüpfen. In Permakultur-Kursen gibt es dazu ein bekanntes Spiel, das „Spiel mit dem Faden", das verdeutlichen soll, wie dicht das Beziehungsgeflecht in einem Ökosystem ist. Dazu stellen sich alle Kursteilnehmer*innen (im Idealfall um die zwölf Personen) im Kreis auf und jede*r Teilnehmer*in verkörpert ein Element eines Ökosystems. Im Fall eines Waldes könnten das sein: die Eiche, das Reh, der Teich, der Boden, der Regenwurm, das Rotkehlchen, der Fuchs, die Pilze etc. Ein*e Teilnehmer*in beginnt: Er*sie bekommt eine Rolle mit Garn in die Hand, wendet sich an eine*n andere*n Teilnehmer*in und beschreibt die Beziehung, die beide verbindet. Gleichzeitig gibt er*sie die Garnrolle an diese Person weiter, sodass sich die Schnur abrollt. Dieser Vorgang wird wiederholt, bis für sämtliche Beziehungen der Teilnehmer*innen (bzw. ihrer Ökosystem-Elemente) Fäden gespannt sind. Am Ende können die Teilnehmer*innen stolz das undurchdringliche Geflecht betrachten, das sich in ihrer Mitte aufspannt. Je dichter dieses Geflecht ist, desto stabiler ist das System: Denn selbst wenn ein Faden durchgeschnitten oder losgelassen wird, weil ein Element wegfällt, bleibt das Geflecht als Ganzes beinahe

Spinnen sind geborene Netzwerkerinnen. Wir GemüseheldInnen auch.

unverändert. Erst, wenn eine ganze Reihe von Fäden durchgeschnitten wird, beginnt das Netz sich aufzulösen. Wann genau dieser Punkt eintritt, ist natürlich schwer vorherzusagen. Deshalb ist es ratsam, nur mit äußerster Vorsicht in bestehende Ökosysteme einzugreifen.

WISSEN IST MACHT — AUCH IM GARTEN

Nicht nur die Vielzahl der Elemente, sondern auch deren Verbindung machen ein Ökosystem also stark. Für einen Permakulturgarten bedeutet das, dass die*der Gärtner*in sehr viel wissen muss. Immer, wenn ein Element neu in den Garten dazukommt, muss man schauen, in welcher Beziehung es zu den anderen Elementen steht oder stehen könnte. Ein simples Beispiel hierfür sind Mischkulturen: Es genügt nicht, dass man Gurken, Tomaten, Rote Beete und Mangold pflanzen möchte und sie irgendwie in den Beeten platziert. Man muss wissen, welche Pflanzen sich gut vertragen und zusammen gepflanzt werden können und welche lieber getrennt wachsen. Mangold und Rote Beete etwa

gehören derselben Familie an und passen daher nicht zusammen. Tomate und Gurke wachsen beide sehr hoch — besser harmoniert eine Mischung aus hochwachsenden und niedrigwachsenden Kulturen. Es gibt Kulturen, die sich gegenseitig nützen, wie z.B. Zwiebeln und Möhren: Die Möhren halten die Zwiebelfliege fern, die Zwiebeln die Möhrenfliege.

Eine gute Mischkultur ergibt aber noch kein Ökosystem: Denn wer bestäubt die Gemüsepflanzen, wo leben schneckenfressende Nützlinge, wer spendet Schatten in der Mittagssonne, wer schützt vor kalten Winden?

Es ist also alles andere als einfach, die Arbeit der Natur nachzuahmen und ein Ökosystem entstehen zu lassen. Zumal dieses Ökosystem ja so aufgebaut sein soll, dass es uns nützt, uns mit frischer Nahrung versorgt und uns Freude bereitet. Gerade am Anfang, wenn noch wenige oder gar keine Elemente da sind (falls nicht ein bereits bestehendes Ökosystem wie die Grüne Lunge genützt wird), ist das eine echte Herausforderung. Wenn das System einmal ins Laufen gekommen ist und von selbst funktioniert, wird es leichter.

DAS PARADIES AUF ERDEN — UND WIR SIND GOTT?

Wenn wir im Garten unser eigenes Ökosystem designen, dann nehmen wir gewissermaßen eine gottähnliche Position ein: Wir erschaffen ein kleines Universum.

Und wir verfügen dabei zwangsläufig über die Elemente, die wir dort einbringen. Aber kennen wir sie denn wirklich gut genug, um Entscheidungen für sie zu treffen und ihr Verhalten unter bestimmten Umständen sowie ihr Zusammenspiel vorauszusehen?

Natürlich haben wir die besten Absichten: Wir wollen die optimalen Voraussetzungen für die freie Entfaltung von Leben kreieren, wir wollen Hindernisse beseitigen oder gar nicht erst entstehen lassen — letzten Endes wollen wir ein Stückchen Paradies auf die Erde bringen. Tatsächlich sprechen Permakultur-Designer*innen oft vom Garten Eden. Da liegt der Vergleich mit Gott gar nicht fern.

Nun ist ja ein wichtiger Teil der Permakultur-Ethik eine tiefe Demut vor den Prozessen der Natur und die Einsicht, niemals ganz hinter deren Geheimnisse zu kommen. Über diese Einsicht müssen wir aber bis zu einem gewissen Grad hinwegsehen, wenn wir einen Permakulturgarten planen wollen. Im Idealfall, wenn wir alles „richtig" machen, wenn wir genug über die Natur und die Bedürfnisse unserer Elemente wissen, werden diese Elemente genau so reagieren, wie wir es vorhergesehen haben und für uns produktiv sein.

Wenn wir das Ökosystem sich einfach selbst bilden und entwickeln lassen würden, wäre es möglicherweise genauso produktiv, aber diese Produktivität wäre nicht unbedingt in unserem Sinne: Die natürliche Sukzession (in Europa die Entwicklung hin

zu einem Wald) würde ihren Lauf nehmen, Pionierpflanzen würden sich ansiedeln und wir müssten hungrig daneben stehen …

JEDER MENSCH IST EIN KOSMOS

Wenn wir nun ein menschliches, soziales System genau so wie einen Garten gestalten wollen, bekommen wir ein Hierarchieproblem: Dürfen wir uns ernsthaft anmaßen, in unserer Schöpferrolle über die Menschen zu bestimmen, die Teil unseres Systems werden sollen? Sie werden sich bedanken, wenn wir das versuchen und uns zu Recht entgegenhalten, dass sie selbst am besten wissen, was gut für sie ist. Im Garten müssen wir für die einzelnen Elemente denken und entscheiden, weil sie abhängig davon sind, wie wir sie positionieren. Wenn die Windschutzhecke auf der falschen Seite wächst, kann sie ihre Funktion nicht ausüben. Wenn es keine Blumen gibt, haben die Bestäuber kein Futter. Wenn die Tomate neben der Kartoffel zu stehen kommt, kann sie ihren Unmut nur durch kümmerliches Wachstum kundtun. Die Elemente im Garten geben uns also durchaus eine Rückmeldung, ob unser Design gut durchdacht war oder nicht. Diese Rückmeldung wird aber eher nicht individuell verschieden sein: Eine Tomatenpflanze wird an ein und derselben Stelle wahrscheinlich eine sehr ähnliche Entwicklung nehmen wie eine beliebige andere. Im Garten planen wir mit Arten, nicht mit Individuen.

Ganz anders in einem sozialen System: Jeder Mensch ist hier ein eigener Kosmos mit einer eigenen Dynamik. Wenn wir zwei verschiedene Menschen an dieselbe Stelle positionieren, werden wir nie das gleiche Ergebnis erleben. Es ist völlig ausgeschlossen, dass wir einen Menschen gut genug kennen, um seine Reaktionen genau vorauszusehen. Wir als Designer*innen können sein Verhalten nicht planen, wir können sein Potenzial nicht einschätzen und der Respekt verbietet es uns, ihm einen Platz zuzuweisen. Außerdem sind in sozialen Gefügen alle Akteur*innen beweglich und können, wenn sie meinen, am falschen Platz zu sein, selbst einen Schritt zur Seite tun.

Aus all dem folgt für uns: In menschlichen Systemen müssen und dürfen wir nicht bestimmen, wie genau die einzelnen Elemente angeordnet sind. Wir können lediglich eine Struktur und einen Rahmen entwerfen, in denen jedem die Möglichkeit gegeben wird, seinen Platz zu suchen und zu finden, aber bei Bedarf auch zu verändern und die Beziehungen zu den anderen so zu gestalten, dass sie dem Gesamtsystem zugutekommen.

WAS WIR VORGEBEN KÖNNEN: EINEN RAHMEN FÜR FREIE ENTFALTUNG

Der Rahmen, den wir bei den GemüseheldInnen vorgeben, beinhaltet praktische Regeln wie „jede*r darf überall ernten" oder „es gibt keinen Beetbesitz", vor allem aber haben wir eine bestimmte Kommunikationskultur, eine Art, miteinander umzugehen: Wir möchten einander wertschätzend begegnen, jedem seinen Raum lassen, niemanden diskriminieren oder ausschließen, Konflikte offen lösen.

Wir finden die Arbeit der anderen großartig. Aber wir feiern uns auch selbst. Wenn uns etwas gelungen ist oder wir an einem Tag besonders viel geschafft haben.

Wir möchten weder Konkurrenzkampf noch Kompetenzgerangel, sondern, wie es einer der Leitsätze der Permakultur besagt, „Kooperation statt Konkurrenz". Deshalb gibt es bei uns auch keine Bereiche, die eine bestimmte Person ein für alle Mal ausfüllt und keine Person wird auf eine bestimmte Rolle festgelegt. Wir gehen vielmehr davon aus, dass in jeder*jedem von uns haufenweise Potenziale schlummern, die alle im Projekt erwachen dürfen. Georg, zum Beispiel, ist ein Tausendsassa: Vielseitig interessiert und kompetent, arbeitet er sich in die unterschiedlichsten Bereiche ein und hat überall Wertvolles beizutragen. Dabei nähert er sich Themen häufig ganz unkonventionell und hat die kreativsten Ideen.

Und hier kommt ein anderes Grundprinzip der Permakultur ins Spiel: In einem natürlichen Ökosystem erfüllt jedes Element mehrere Funktionen — und jede Funktion wird von mehreren Elementen erfüllt. So bekommt das Ökosystem seine Stabilität.

Wenn ein Element eine Funktion verliert, so ist es immer noch vielfältig aufgestellt; und fällt ein Element weg, gibt es immer noch genügend andere, die seine Funktionen erfüllen.

ÜBER ALLES REDEN: JA!
ENDLOSE DISKUSSIONEN? BRINGEN UNS NICHT WEITER

Unsere Kommunikationskultur bestimmt auch unsere Orga-Team-Treffen, Gartenverantwortlichen-Meetings und Plenen. Von Anfang an war uns klar: Wir möchten keine ausufernden Diskussionen, keine fünfstündigen Zusammenkünfte, die alle Beteiligten ermüden und zermürben. Es soll die Möglichkeit bestehen, dass jede*r ihre*seine Meinung äußert, dass alle Argumente gehört werden, dass dann vor diesem Hintergrund aber recht zügig Entscheidungen gefällt werden. Wir haben bei sämtlichen Treffen eine lange Liste von abzuarbeitenden Themen und brauchen dafür einen straffen Zeitplan.

Wertschätzung? Merci bien!

Wertschätzung bedeutet nicht, dass wir jemandem vorgaukeln, dass sie*er etwas besonders gut kann. Viel wichtiger ist es, dass wir uns auf die Person wirklich einlassen, anerkennen, was sie ausmacht, alle ihre Besonderheiten wahrnehmen. Wir sind uns ganz sicher, dass in einem Gemeinschaftsprojekt wertschätzende Worte oder Gesten einen sehr hohen Stellenwert haben müssen. Sie sind Balsam für die Seele und tun einfach gut, denn sie bestärken, bestätigen und bringen das Beste in uns zum Vorschein.

Unsere Meetings finden draußen statt. Bei so viel Grün und Frischluft sprudeln die Ideen.

Deshalb treffen wir Entscheidungen auch nicht im Konsens. Im großen Plenum stimmen wir über manche Fragen mehrheitlich ab; im Orga-Team geht es bei der Entscheidungsfindung letztlich darum, ob jemand einen gravierenden Einwand hat. Wer ein Problem zu lösen hat, der befragt die anderen nach ihrer Meinung und versucht dann, zu einer Entscheidung zu kommen, mit der alle leben können. Bisher ist es noch nie vorgekommen, dass wir uns nicht einigen konnten.

Damit unsere Treffen möglichst effizient und zügig ablaufen, sind wir vor einiger Zeit einem Rat meiner Mutter, unserer Supervisorin, gefolgt und haben Ilka zur Moderatorin bestimmt. Wir wollten mit diesem Schritt auch deutlich machen, dass wir keine hierarchischen Strukturen

bei den GemüseheldInnen möchten: In den ersten Plenen haben wir als Gründerinnen noch den Gesprächsablauf strukturiert und gesteuert. Nun hält Ilka als Moderatorin den Gesprächsfaden in der Hand. Sie stellt sicher, dass Diskussionen nicht aus dem Ruder laufen, dass jede*r gehört und niemand benachteiligt wird, aber auch niemand mehr Raum einnimmt, als der Lösungsfindung guttut.

WIR WOLLEN FREI SEIN — DAS GEHT AM BESTEN GUT STRUKTURIERT

Wir haben also diesen allgemeinen (Kommunikations-)Rahmen, in dem sich unsere Aktivitäten abspielen. Erst mit der Zeit wurde uns klar, dass wir als Designerinnen eines sozialen Systems auch eine

Gruppenstruktur entwerfen können (und sollten). Eine Gruppenstruktur, die einerseits maximale Freiheit lässt, andererseits aber auch eine Orientierungshilfe bildet, gerade für Neueinsteiger*innen. Ganz ohne Anhaltspunkt ist es schwer — das haben wir besonders am Anfang gemerkt, als wir noch keine feste Struktur hatten und viele GemüseheldInnen einfach nicht wussten, wie sie sich einbringen konnten. Deshalb ist für uns die Aufteilung in verschiedene Gärten sehr wichtig: Jede*r weiß, zu welchem Team sie*er gehört und spinnt ihr*sein eigenes Beziehungsnetz innerhalb dieses Teams. Jeder Garten hat seine eigene WhatsApp- oder Telegram-Gruppe, in der sich die Mitglieder austauschen können. Wir bieten in der Gruppenstruktur bestimmte Rollen an, die aus unserer Sicht notwendig sind, um unser System zu stabilisieren. Wer mehr Verantwortung übernehmen will, kann sich zum Beispiel als Gartenverantwortliche*r melden und verpflichtet sich damit, die Aktivitäten in einem Garten zu koordinieren. Wenn du mehr über unsere Struktur wissen möchtest, dann schau am besten in das Kapitel über unser Design (ab Seite 189).

WAS BRAUCHT DAS PROJEKT ODER: **WELCHE FANTASTISCHEN IDEEN SCHLUMMERN IN DIR?**

Wir geben also nicht vor, welche Rollen die verschiedenen Menschen bei den GemüseheldInnen einnehmen oder wie sie sich miteinander verbinden sollen. Das können (und wollen) wir auch nicht. Trotzdem haben wir natürlich Vorstellungen davon, welche Funktionen erfüllt werden sollen und welche Beziehungen wir uns untereinander wünschen — was also notwendig ist, um unser Projekt voranzubringen. Wir wissen zum Beispiel, dass wir ein positives Verhältnis pflegen wollen: zu den städtischen Institutionen wie auch zu den anderen Gruppen, die in der Grünen Lunge aktiv sind. Wir wünschen uns, dass die GemüseheldInnen Leute, die sich für uns interessieren, durch die Gärten führen und ihnen unser Projekt erklären. Wir bieten konkrete Veranstaltungen an und hoffen, dass wir dabei unterstützt werden. Wir brauchen Freiwillige, die sich um Förderanträge kümmern. Bei unseren Plenen stellen wir regelmäßig vor, was gerade zu tun ist und laden zu verschiedenen Tätigkeiten ein — und dazu, sich zusammenzutun und gemeinsam an einem Projekt zu arbeiten. Seit einiger Zeit haben wir zu diesem Zweck sogar Arbeitskreise ins Leben gerufen, die sich mit wichtigen Themen befassen. Aber unsere Vorstellungskraft ist eben auch begrenzt und wir haben keinen Masterplan im Kopf, wohin sich unser Projekt entwickeln soll. Klar, wir wollen Frankfurt essbar machen und am liebsten die ganze Welt! Aber ein Projekt wie unseres lebt von den Ideen, die jede*r Einzelne von uns hat — und in wem sprudelt nicht eine schier unendliche Quelle an Ideen?

UNSER BEZIEHUNGSNETZ IST **WANDELBAR UND DENNOCH STABIL**

Um noch einmal auf das „Spiel mit dem Faden" zurückzukommen: Wir haben also auch bei den GemüseheldInnen ein dichtes Beziehungs- und Funktionsnetz, das uns vor Störungen schützt. Dieses Netz ist aber in ständiger Bewegung: Es fallen Elemente weg, es kommen neue hinzu und auch die Fäden zwischen den einzelnen Elementen sind veränderlich. Ein Faden wird abgeschnitten, während schon ein anderer gespannt wird. So bleibt die Komplexität des Netzes konstant — gleichzeitig jedoch zeichnet es sich durch eine hohe Dynamik und Wandelbarkeit aus. Wichtig ist, dass das System dabei nicht aus dem Gleichgewicht gerät: Es dürfen nicht zu viele Elemente wechseln, um die Grundstabilität nicht zu gefährden. Und es braucht auch Fäden, die ihre Position beibehalten, damit das Netz seine charakteristische Form nicht verliert und beliebig wird.

Deshalb wünschen wir uns von jeder und jedem, die*der sich für eine bestimmte Aufgabe entscheidet, dass sie*er diese auch für eine gewisse Zeit zuverlässig erfüllt. Denn in dem Moment, wo man sich für eine Aufgabe meldet, trägt man auch Verantwortung dafür. Kein Platz ist auf Dauer festgelegt, aber das bedeutet nicht, dass die Plätze von einem Tag auf den anderen gewechselt werden können.

Wir hatten beispielsweise eine Gemüseheldin, die anbot, sich um Förderanträge zu kümmern. Gleichzeitig stellte sie aber von Anfang an klar, dass sie sich zu nichts verpflichten wolle. Wenn das Finanzteam sich traf, war ihr das zu viel oder sie hatte gerade keine Lust darauf. Das konnte aus unserer Sicht nicht funktionieren. Verantwortung zu übernehmen bedeutet eben auch ein gewisses Maß an Verpflichtung.

MÜHELOSE PRODUKTIVITÄT ODER: **WARUM ÜBERFLÜGELT DER GIERSCH UNSEREN SPINAT?**

Natürliche Ökosysteme sind ungeheuer produktiv. In einem Wald wird im Jahresdurchschnitt viel mehr Biomasse gebildet als beispielsweise auf einem Weizenfeld. Und das ganz ohne Kunstdünger, Pestizide oder Bodenbearbeitung. Schon ein bisschen frustrierend, oder? Wir können uns anstrengen, wie wir wollen und erreichen dennoch nie die Effizienz von Mutter Natur. Wie schafft sie das nur?

In unseren Gärten erleben wir das ständig: Die Bäume drohen, unsere Beete ganz und gar zu verdecken, das Wildkraut wuchert üppig, sodass wir mehr Giersch ernten können als Spinat. Wir nutzen diese Produktivität, indem wir viele Wildkräuterspezialitäten zubereiten, aber wir würden uns eben auch wünschen, eine solche Fülle auf unseren Beeten zu finden …

ANNIKA GRIEWISCH
GÄRTNERT MIT DER GANZEN FAMILIE

ARCHITEKTIN

Mein Mann und ich stellten uns schon lange die Frage: Welche Möglichkeiten haben unsere Kinder, obwohl wir in der Stadt wohnen, die „wahre" Natur zu erleben? Das unvorhergesehene, ungeplante und freie Sich-Aufhalten und Spüren der Natur fernab von Parks und Ausflügen in den Wald, wie wir es als Kinder erlebt haben? Durch die GemüseheldInnen habe ich den Zugang zur Natur wieder neu kennengelernt. Mein Bewusstsein für regionale Lebensmittel wurde geschärft und positiv beeinflusst. Durch die verschiedenen Akteur*innen, Situationen und Aufgaben bietet das Projekt eine vielfältige Auseinandersetzung mit der Natur und der direkten Umgebung. Jede*r hat die Möglichkeit, sich auf seine Weise einzubringen und aktiv zu werden. Die Hands-on-Mentalität, mit der die Projekte bei den GemüseheldInnen angegangen werden, finde ich großartig. Ich bin Gartenverantwortliche für den Familiengarten. Dort halten wir uns mit unseren zwei Kindern fast täglich auf, was unsere Lebensqualität enorm gesteigert hat.

Wir haben dort Spielmöglichkeiten für die Kinder wie eine Schaukel und einen Sandkasten als auch Gemüsebeete und Beerensträucher, die wir gemeinsam mit den Kindern bewirtschaften.

Außerdem stellen wir in einer großen Tonne aus dem Bokashi, den wir zu Hause machen, unsere eigene Terra Preta (Schwarze Erde) her. Wenn wir damit Erfolg haben, kann das System auch von anderen GemüseheldInnen-Gärten übernommen werden.

DAS TERRA-PRETA-EXPERIMENT ODER: WAS IST DENN EIGENTLICH BOKASHI?

Bokashi stammt aus dem Japanischen und bedeutet „Allerlei". Das kommt nicht von ungefähr, denn es handelt sich hierbei um einen Vorgang, bei dem organische Abfälle mittels effektiver Mikroorganismen (EM) milchsauer fermentiert werden. Der Fermentierungsprozess sorgt für ein sehr schnelles, nahezu geruchsneutrales Zersetzen der Abfälle. Dabei bleiben Enzyme und Vitamine erhalten, die den Pflanzen zugutekommen und die Aktivität des Bodenlebens ungemein steigern. Neben dem wertvollen Bokashi-Material, das als organischer Volldünger verwendet werden kann, entsteht zudem noch ein sogenannter „Bokashi-Saft". Dieser kann als biologischer Flüssigdünger oder auch als ökologischer Rohrreiniger eingesetzt werden. Wenn du deinen Pflanzen und Beeten etwas Gutes tun willst und aus deinen Abfällen wertvolle Erde generieren möchtest, ist die Herstellung von Bokashi absolut empfehlenswert.

UND SO FUNKTIONIERT DER SPASS:

Es gibt viele Methoden und Rezepturen zur Bokashi-Herstellung. Mit dieser Variante haben wir gute Erfahrungen gemacht:

Du schneidest einmal am Tag alle Küchenabfälle klein und sammelst sie im Bokashi-Eimer. Diese Schicht bestreust du mit einer Handvoll Ferment und besprühst sie mit EM. Anschließend drückst du alles mit einem Stampfer sehr fest. So folgt Schicht auf Schicht nach demselben Prinzip. Zwischenzeitlich kannst du den Bokashi-Saft ablassen und direkt verwenden.Sogenannte Starter-Sets findest du bei verschiedenen Anbietern im Internet. Du kannst dir deinen Bokashi-Eimer selbstverständlich

auch selbst bauen. Anleitungen dafür gibt es auch unzählige im Netz..

Ist die Tonne gefüllt, sollte sie bei gleichbleibender Temperatur für 2—4 Wochen geschlossen ruhen. Den Saft zapfst du allerdings am besten weiterhin ab.

Nach der Ruhepause ist es Zeit, die kostbare Terra Preta zu generieren. Hierzu vermischst du den Bokashi-Inhalt und eine gleiche Menge normale Erde in einer Schubkarre. Hinzu kommen 1—2 Schaufeln Holzkohle und etwas Urgesteinsmehl. Vermenge die Mischung gut und füll sie in eine sogenannte „Vererdungstonne". Wir haben hierfür ein altes Fass verwendet. Wichtig ist eine Öffnung zum Boden, damit ein Austausch mit dem Erdreich möglich ist. Dann deckst du die Tonne ab.

Der Bokashi ist schon nach wenigen Tagen in Erde umgewandelt und du kannst ihn nach etwa 4 Wochen in die Beete einbringen.

Alternativ kannst du den Bokashi auch direkt im Boden vererden lassen, allerdings weit genug entfernt von allen Pflanzen und Wurzeln, die sonst verbrennen können. Oder du gibst den Bokashi auf ein länger brachliegendes Beet und mulchst es anschließend.

AUF SIEBEN SCHICHTEN WÄCHST HALT MEHR
ALS AUF EINER

Auch der Schlüssel zu hoher Produktivität ist wieder: Vielfalt. In der Natur bleibt nichts ungenutzt: Kein Sonnenstrahl fällt auf die Erde, ohne von einer Pflanze aufgefangen zu werden, kein Zentimeter Boden bleibt nackt. In einem Wald gibt es bis zu sieben Vegetationsschichten, von der Baumschicht über die Strauchschicht bis zur Krautschicht, das Weizenfeld muss mit einer Vegetationsschicht auskommen. Kein Wunder, dass auf sieben Schichten mehr wächst als auf einer! Wobei man natürlich festhalten muss: Keine der sieben Schichten im Wald ist allein so produktiv wie der Weizen, sondern alle Schichten gemeinsam machen es. Und jede Schicht besteht wiederum aus vielen Elementen, von denen jedes seinen Teil zur Gesamtproduktivität beiträgt. Daraus leitet sich ein wichtiges Prinzip der Permakultur ab: Das Ganze ist mehr als die Summe seiner Teile. In Permakultur-Systemen geht es nicht darum, aus einem einzelnen Element den maximalen Ertrag herauszuholen. Vielmehr entsteht der Ertrag aus dem Zusammenspiel der verschiedenen Elemente und die Produktivität des Systems als Ganzes ist das, was am Ende zählt.

PFLANZEN STAPELN ODER:
DIE KUNST DER VERDICHTUNG

Wenn wir also in unseren Gärten die Natur nachmachen wollen, müssen wir versuchen, die Pflanzen zu „stapeln": In unseren Permakulturgärten pflanzen wir Bäume und Sträucher, lassen Lianen wie z.B. Kiwis an den Bäumen klettern, kombinieren niedrig- und hochwachsende Gemüsearten und lassen natürlich auch Wurzelgemüse sprießen. Denn im Boden ergänzen sich Gewächse mit unterschiedlicher Wurzelstruktur genauso wie oberirdisch: Tiefwurzelnde Pflanzen holen Mineralien und Wasser nach oben, flachwurzelnde Pflanzen lockern das Erdreich und sorgen für eine gute Bodenstruktur.

Auf diese Weise können wir natürlich viel mehr Pflanzen in unseren Garten bringen, als wenn wir nur eine einzige Schicht pflanzen würden. Nehmen wir eine beliebige Gemüsekultur als Beispiel: Wenn man auf einem Beet mit 80 Zentimetern Breite nur Tomaten pflanzt, hat nicht mehr als eine Reihe Platz. Wenn man aber noch Salate dazusetzt, passen zusätzlich vier Reihen Salat auf dasselbe Beet. Der Ertrag ist folglich viel höher. Zumal sich die Kulturen im besten Falle auch noch gegenseitig unterstützen: Der Salat wird von den Tomaten leicht beschattet und gedeiht vermutlich besser als in der prallen Sonne, in der er schnell unter Trockenheit und Hitze leidet. Gleichzeitig schützt er durch seine Blätter den Boden vor Austrocknung, den Tomaten steht somit mehr Wasser zur Verfügung.

Nackte Erde ist in einem Permakulturgarten tabu. Im Idealfall ist jeder Zentimeter von einer undurchdringlichen Pflanzenschicht bedeckt. Die Kulturpflanzen werden so dicht gesetzt, dass sie sich schon berühren, wenn sie zu zwei Dritteln ausgewachsen sind.

So ist auch der außergewöhnlich hohe Ertrag der *Ferme du Bec Hellouin* zu erklären: Der vorhandene Platz wird einfach optimal ausgenutzt.

BESSER ZUSAMMEN ODER:
DAS GANZE IST MEHR ALS DIE SUMME SEINER TEILE

Bei uns GemüseheldInnen ist das genau gleich. Auch bei uns wird kein Platz verschwendet; die Vielfalt der Tätigkeiten und Persönlichkeiten verhindert, dass wir uns in die Quere kommen. Stattdessen breiten wir uns auf bedeutend mehr als sieben Vegetationsebenen aus. Das Zusammenspiel aller GemüseheldInnen ist es, was uns so produktiv macht. Und weil wir uns gegenseitig unterstützen, kann jede*r von uns zu ihrer*seiner persönlichen Höchstform auflaufen. Es ist viel einfacher, sich auf die eigenen Aufgaben zu konzentrieren, wenn man weiß, dass andere genauso ihren Teil beitragen. Und vielleicht in Bereichen produktiv sind, in denen man selbst wenig erreichen würde. Mir geht

es beispielsweise bei Förderanträgen so, dass ich wie vor einer Wand stehe und nur Bahnhof verstehe. Wenn ich dafür zuständig wäre, würde der Bereich Finanzen bei uns vermutlich vor sich hindümpeln und trotzdem wäre ich maximal gestresst. Da Ilka und Chris sich aber bestens mit Finanzen auskennen und sie souverän managen, können wir mit unseren Förderanträgen ein gutes Ergebnis erzielen, während ich mich Bereichen widmen kann, in denen ich produktiv bin. Für mich ganz persönlich war das vielleicht die einschneidendste Erfahrung mit den GemüseheldInnen: dass ich darauf vertrauen kann, dass die anderen vieles besser machen, als ich es könnte. In meinem „früheren" Leben war ich nämlich kein Gruppenmensch und glaubte tendenziell, dass ich selbst alles am besten könnte. Welche Offenbarung war es, zu merken, dass ich damit völlig falsch lag.

Auch bei den GemüseheldInnen ist die Produktivität dabei als Ganzes zu betrachten: Würden wir alle ausschließlich gärtnern, wäre vielleicht der Gemüseertrag höher; wären wir alle Finanzspezialist*innen, würden wir möglicherweise im Geld schwimmen, aber um wie vieles ärmer wäre unser Projekt.

Das, was am Ende herauskommt, ist eben mehr als die Summe der einzelnen Tätigkeiten: Es ist das Projekt GemüseheldInnen als Ganzes, das nach außen hin als Einheit dasteht, als vielschichtiges Gebilde mit einer gewaltigen Wirkkraft.

Das Genie überblickt das vermeintliche Chaos. Hier wachsen Palmkohl, Kürbis und Cosmea munter nebeneinander – und nutzen den vorhandenen Platz optimal aus.

Es ist für uns selbst kaum zu glauben, was wir auf diese Weise schon alles geschafft haben: Wir haben innerhalb von knapp zwei Jahren ein riesiges Gartenareal aufgebaut, in dem es vorher so gut wie keine Gemüsebeete gegeben hatte. All die Beete, auf denen nun prächtiges Gemüse wächst, haben wir selbst angelegt. Um damit überhaupt anfangen zu können, haben wir eine Unmenge von Thuja-Hecken entfernt und einen gigantischen Grünschnittberg aufgetürmt. Und ihn innerhalb eines Tages gemeinschaftlich wieder abgetragen. Insgesamt haben wir ungefähr 50 Tonnen Müll aus der Grünen Lunge herausgetragen. Sämtliche Wege, die vorher eine Matschwüste waren, sind nun mit Holzhäckseln belegt. Wir haben 30 Tonnen Kompost mit Schubkarren in die Gärten gefahren und in die Beete eingearbeitet. Wir haben alle Beete geplant und mit Mischkulturen bestückt. Wir sind von zwei auf 100 Menschen angewachsen und bewirtschaften nun zwölf Gärten. Wir haben zahlreiche Verbindungen geknüpft, in die Politik, zu den städtischen Institutionen, zu den umliegenden Gärtner*innen, zu den anderen Gruppen, die in der Grünen Lunge aktiv sind. Wir sind Teil des Vereins BIONALES e.V. geworden und arbeiten mit dem Frankfurter Ernährungsrat zusammen. Drei Klos und zwei selbstgebaute Holztische haben in unsere Gärten Einzug gehalten. Was da wohl noch alles kommt?

Wir feiern unsere Erfolge

Nach diesem aufregenden ersten Jahr, in dem ein Ereignis das nächste jagte, merkten wir im zweiten Jahr, wie wichtig es ist, (sich) hin und wieder einfach nur zu feiern. Darauf hat uns auch Jonas Gampe im 72-Stunden-Permakultur-Designkurs aufmerksam gemacht. Und es tut richtig gut: Nach einer Phase des Durchpowerns oder wenn wir eine bestimmte Etappe erfolgreich gemeistert haben, dann feiern wir (uns).

Und weil es im zweiten Jahr wirklich viel zu feiern gab, fand im August 2020 die erste offizielle „Gemüse-heldInnen-Feier" statt. Wir hatten dafür sogar ein eigenes Festkomitee auserkoren.

Bei spätsommerlichen Temperaturen kamen an die 40 GemüseheldInnen in den Werklabor-Garten, der mit Kerzen und Blumen wunderschön geschmückt war (natürlich beachteten wir dabei alle Corona-Regeln).

Und wie immer hatten wir ein fantastisches Buffet mit allen möglichen selbst gemachten Leckereien. Oliver, Georg und Kemane begeisterten uns mit einem experimentellen Livekonzert und wir redeten und redeten am gemütlichen Lagerfeuer.

Wir wollen auch in Zukunft viel gemeinsam feiern. Das erst kürzlich entstandene „Werkma(h)l" soll zu einer festen Institution werden. Und auch Feste zu bestimmten Anlässen (Walpurgisnacht, Erntedank, Halloween) werden vom Arbeitskreis „Community Care" geplant.

Sich einfach mal ins Gras knallen und nichts tun …

Am Anfang war das Design: die Kunst der Gestaltung

So, nachdem wir uns mit den Qualitäten eines natürlichen Ökosystems beschäftigt haben und auch damit, wie wir diese am besten auf den Garten und eine soziale Gruppe übertragen können, möchten wir jetzt noch konkreter werden. Wie genau bekommen wir es also hin, die Natur am besten nachzuahmen? Es ist nämlich wirklich nicht einfach, menschliche Systeme nach der Natur zu formen. Dafür braucht es einen klaren Designprozess. Von der Qualität des Designs hängt es ab, ob ein System funktionieren wird oder nicht. Deshalb ist es auch extrem wichtig, Zeit darin zu investieren. Denn für jede Minute, die wir uns in unser Design hineingekniet haben, sparen wir später Stunden an Arbeit ein. In diesem Kapitel möchten wir dir zeigen, wie so ein Designprozess abläuft.

ERST **DENKEN,** DANN **MACHEN**

Die Regel Nummer eins bei der Gestaltung eines Permakultur-Systems lautet: Erst denken, dann machen! Es ist ungeheuer wichtig, das Ausgangssystem möglichst lange zu beobachten, die Situation kennenzulernen und zu analysieren. Und erst dann auf einem Blatt Papier damit zu beginnen, sich der Zielvorstellung anzunähern. Die Zielvorstellung entwickelt sich nämlich aus dem, was schon da ist und alle bestehenden Elemente werden mit einbezogen.

Die Permakultur ist eine Kunst des Planens. Das ist ja auch kein Wunder: Schließlich geht es, wie wir schon geschrieben

haben, bei der Kreation eines Permakultur-Systems um nichts Geringeres als um die Erschaffung einer eigenen kleinen Welt. Und zwar einer Welt, die in unserem Sinne funktioniert und uns einen Ertrag einbringt, in welcher Form auch immer. Das ist schon eine Mammutaufgabe.

Wir wollen dir den Designprozess eines Permakultur-Systems anhand der Planung eines Gartens erklären, bevor wir dir zeigen, wie wir unsere GemüseheldInnen-Struktur designt haben. Wenn du dich danach noch ausführlicher mit dem Designprozess beschäftigen möchtest, findest du im Anhang Literaturhinweise. Beispielsweise beschreibt Jonas Gampe in seinem Buch *Permakultur im Hausgarten* den Designprozess Schritt für Schritt.

STEP BY STEP: SO DESIGNST DU EINEN PERMAKULTURGARTEN

1 Beobachte mit allen Sinnen

Normalerweise beginnt eine Gartenplanung nicht im luftleeren Raum, sondern mit einer vorhandenen Fläche, die vielfältige Merkmale und Besonderheiten aufweist. Am Anfang heißt es, diese Gegebenheiten umfassend zu begreifen. Am besten geht das ohne Eile und mit größtmöglicher Offenheit: Lerne das Gelände in aller Ruhe kennen, lass Sonne, Wind, Nachbarschaft und andere Einflüsse auf dich wirken.

Es gibt verschiedene Techniken, um einen Ort mit allen Sinnen zu erfassen:

So kannst du beispielsweise einen Blick für die Veränderung des Ortes in der Zeit entwickeln. Stell dir vor, wie der Ort vor fünf, zehn oder 100 Jahren ausgesehen haben mag, wie er zu dem geworden ist, was er jetzt ist, aber auch, wie er in fünf, zehn oder 100 Jahren aussehen könnte — wenn man ihn sich selbst überlässt, aber auch, wenn man ihn in der einen oder anderen Weise verändert. Du kannst auch versuchen, mehr über den Ort zu erfahren, indem du die Augen schließt und die Geräusche und Gerüche auf dich wirken lässt. Oder du versuchst, den Ort in seiner Gesamtheit zu erfassen, indem du den sogenannten „Eulenblick" anwendest: Bewege dazu beide Hände am Rande deines Sichtfelds hin und her. Das fokussierte Sehen wird so aufgehoben und an seine Stelle tritt das periphere Sehen, das sich mehr auf Bewegungen im Raum konzentriert.

2 Analysiere den Bestand

Parallel zur sinnlichen Wahrnehmung ist es wichtig, das Gelände analytisch zu betrachten: Wo ist der Wind besonders stark, wo steht wann die Sonne, wo ist es besonders trocken oder feucht? Welche Vegetation ist vorhanden und was sagt das über den Standort aus? Wie ist der Boden beschaffen? Welche Besonderheiten weist der Standort auf, welche Begrenzungen hat er und wo liegen seine Ressourcen? Notiere deine Beobachtungen, damit du den Überblick behältst.

Im Idealfall, so schlagen viele Permakultur-Designer*innen vor, dauert so ein Beobachtungsprozess ein ganzes Jahr lang. Denn wenn man ein Gelände im Winter kennenlernt, weiß man noch lange nicht, wie es im Sommer aussieht. Und die vorhandenen Faktoren sollten ja so umfassend wie möglich in das Design einfließen — schließlich werden Permakultur-Systeme nicht einfach „aufgepfropft", sondern wollen den aktuellen Zustand behutsam mit einbeziehen.

Während du das Gelände kennenlernst, kannst du schon einen Bestandsplan anfertigen, in dem du den Status quo festhältst. Dafür musst du das Gelände inklusive aller dort enthaltenen Elemente genau ausmessen. Dieser Bestandsplan ist dann die Basis für alles Weitere.

3 Zeit für Wünsche!

Der erste Schritt in Richtung eines neuen Gartendesigns ist, die eigenen Wünsche herauszufinden. Möchtest du Gemüse anbauen oder dich am Wochenende auf die faule Haut legen? Würdest du gerne mit einem Frühstücksei von deinen eigenen Hühnern in den Tag starten oder bist du Veganerin? Kannst du viel Zeit in deinen Garten investieren oder muss er mit wenig Arbeitseinsatz auskommen? Willst du den Garten mit anderen gemeinsam nutzen, die möglicherweise ganz andere Bedürfnisse haben als du? Dann musst du sie ausführlich befragen und dir ihre Wünsche notieren.

4 Kreative Starter

Bevor du dich nun an die konkrete Planung deines Gartens setzt, ist es wichtig, dir vielleicht erst einmal über alle bestehenden Möglichkeiten klarzuwerden. Denn es wäre schade, wenn du dich sofort auf eine Richtung festlegen und hinterher merken würdest, dass du wichtige Aspekte ganz außer Acht gelassen hast. Um die verschiedenen Möglichkeiten auszuloten, kannst du die sogenannten „kreativen Starter" nutzen.

1. Maximalplanung: Hier planst du für eine mögliche Zielsetzung die maximal mögliche Umsetzung. Besteht das Ziel zum Beispiel darin, dich weitgehend selbst versorgen zu können, entwirfst du einen Garten, der an allen möglichen und unmöglichen Stellen Essbares enthält. Du könntest aber auch Maximalplanungen zu Themen wie Wasser, Insekten, Freizeit oder Kinder anfertigen. Diese Maximalplanungen dürfen ruhig ein wenig absurd sein — sie sind nur dazu da, die Möglichkeiten auszuloten und den Blick zu erweitern.

2. Lieblingsidee: Vielleicht hast du schon seit langem etwas im Kopf, das du liebend gerne mal irgendwo umsetzen würdest: einen großen Teich, eine Schafherde, ein Beerenparadies? Dann kannst du dich jetzt daran machen, genau diese Idee zu planen. So hast du deine geheimsten Wünsche auf dem Tisch und sie fließen nicht getarnt in die eigentliche Planung ein und behindern diese vielleicht, weil sie gar nicht zum aktuellen Kontext passen.

3. Tieridentitätenplanung: Du kannst deinen Garten auch aus der Sicht bestimmter Tierarten planen, z.B. der von Vögeln, Insekten, Wassertieren, Kleinsäugern oder Reptilien.

4. 5-Minuten-Planung: Hier ist das Ziel, innerhalb von fünf Minuten den ganzen Garten zu planen. Dabei entstehen manchmal die kreativsten Ideen.

Die verschiedenen kreativen Starter haben das Ziel, dir deine Möglichkeiten vor Augen zu führen und deinen Blick auch für unkonventionelle Lösungen zu schärfen.

5 Jetzt geht's mit dem Planen erst richtig los

Nach all diesen Vorbereitungen beginnt nun der eigentliche Planungsprozess. Damit endet das Träumen und du kommst zu den Fakten zurück — was natürlich nicht bedeutet, dass du deine Träume und kreativen Ideen vergisst.

Zuerst einmal heißt es nun, die Ergebnisse deines Bestandsplans und deiner Beobachtungen zu analysieren. Was sagen diese über deinen Garten aus und was bedeutet das für die Planung? Enthält der Garten beispielsweise viele Bäume (wie unser Mirabellengarten in der Grünen Lunge), dann macht es wenig Sinn, dort Intensivgemüse anzusiedeln. Ist er extrem sonnig, bieten sich vielleicht Obstbäume an, um auch schattige und halbschattige Stellen zu schaffen. Hat der Garten eine Zufahrt, können Elemente eingeplant werden, die mit dem Auto angeliefert werden müssen, liegt er schwer zugänglich, muss man sich eher auf die Ressourcen vor Ort beschränken. Auf diese Weise können die Möglichkeiten der Planung ausgelotet werden.

6 Das Designziel: Was willst du mit deinem Garten erreichen?

Der nächste Schritt ist, das Designziel zu formulieren. Hier müssen alle bisherigen Informationen einbezogen werden — ganz besonders natürlich deine Wünsche und die der Gartenmitnutzer*innen. Was willst du im Garten alles machen, was willst du mit ihm erreichen? Wenn du dein Designziel in einem Satz formulieren kannst, wird dich das durch den Designprozess führen und verhindern, dass du dich verzettelst. Das Designziel könnte zum Beispiel folgendermaßen lauten: **Ich möchte einen Garten gestalten, in dem meine Familie möglichst vielseitigen Aktivitäten wie Gärtnern, Picknicken, Zusammensitzen, Lesen, Federballspielen und Beerenpflücken nachgehen kann.** Oder aber: **Ich möchte einen Selbstversorger-Garten erschaffen, der uns das ganze Jahr über mit Essbarem versorgt.** Oder: **Mein Garten soll ein Zufluchtsort für Insekten und andere Tiere werden.**

7 Die Zonierung: Für alles gibt es den richtigen Platz

Wenn das Designziel feststeht, teilst du als nächstes den Garten in Zonen ein. Die sogenannte Zonierung spielt eine wichtige Rolle im Permakulturdesign: Sie sorgt dafür, dass die Arbeit im Garten effizient strukturiert werden kann. Ein Garten wird in fünf (bzw. sechs) verschiedene Zonen aufgeteilt:

Zone 0 wird durch den Ort repräsentiert, an dem du die meiste Zeit verbringst. Das kann zum Beispiel dein Wohnhaus sein — eben dein Lebensmittelpunkt.

Zone 1 ist die dem Haus/Weg am nächsten liegende, die du täglich (oft sogar mehrmals) aufsuchst. Sie ist die arbeitsintensivste Zone, die am meisten Aufmerksamkeit braucht. Ein Gewächshaus ist eine klassische Zone 1, aber auch Intensivgemüse-Beete zählen dazu.

Zone 2 besuchst du ebenfalls noch täglich, sie braucht aber nicht ganz so viel Pflege. Hier kannst du Extensivgemüse wie Kürbisse und Kartoffeln ansiedeln, aber auch Beerensträucher und Tiere, die täglich Pflege brauchen.

Zone 3 besuchst du nicht unbedingt täglich. Hier können Getreidefelder, Viehweiden, Obsthecken oder ein Waldgarten liegen.

Zone 4 suchst du nur selten auf. Sie kann z.B. aus einem Wald bestehen, aus dem du nur gelegentlich Feuerholz entnimmst.

Zone 5 ist die Wildniszone. Sie wird niemals betreten und bleibt der Natur vorbehalten. In keinem Garten sollte die Wildniszone fehlen, und wenn sie noch so klein ist.

Für unsere Gemüse, die viel Wärme brauchen, haben wir im Grüne-Soße-Garten ein Gewächshaus.

To-do-Liste mal anders: Die Tagesaufgaben stehen zwischen Rechen und Gartenvlies.

Die Aufteilung der Zonen hängt von verschiedenen Gegebenheiten ab: Gibt es beispielsweise bereits Wege durch den Garten, dann legst du die intensiven Zonen wahrscheinlich am besten entlang der Wege an. Insgesamt ist das Ziel der Zonierung, Wege zu vermeiden und Arbeitszeit und -kraft einzusparen. Die Wege, die du am häufigsten zurücklegen musst, sollten am kürzesten sein. Auf der *Ferme du Bec Hellouin* beispielsweise war der Werkzeugschuppen lange Zeit mehrere hundert Meter von der Zone 1 entfernt, sodass jeden Tag viel Zeit mit Hin- und Herlaufen verloren ging. Deshalb haben Charles und Perrine dann ihr sogenanntes „Serre-Atelier" gebaut, ein Gewächshaus, in dem alle Werkzeuge gelagert werden und auch die täglichen Besprechungen des Tagesplans stattfinden.

Ganz wichtig bei der Zonierung ist ein realistischer Umgang mit deinen zeitlichen Kapazitäten. Die intensiven Zonen dürfen keinesfalls größer sein, als es deine Möglichkeiten zulassen. Sonst entstehen im Nu vernachlässigte Beete, die Motivation nimmt ab, der Erfolg bleibt aus. Lege die Intensivzonen am Anfang lieber etwas kleiner an, als du es für sinnvoll hältst und warte erst einmal ab, wie du mit der Bewirtschaftung zurechtkommst. Später lassen sich die Zonen immer noch vergrößern.

Die *Ferme du Bec Hellouin* übrigens hat, seit sie nach den Prinzipien der Permakultur arbeitet, ihre Anbaufläche (die Intensivzonen) jedes Jahr verkleinert. Dennoch sind die Erträge gleichzeitig immer weiter gestiegen. Charles und Perrine hatten mit Bioanbau begonnen und die Anbaufläche in den ersten Jahren immer weiter vergrößert, weil sie dachten, der Erfolg bliebe aus, weil sie zu wenig anbauten. Diese Denkweise entsprach der Herangehensweise der industriellen Landwirtschaft. Erst als sie die Permakultur kennenlernten, begannen die beiden umzudenken.

8 Wähle die passenden Gestaltungselemente aus

Welche Gestaltungselemente möchtest du nun in den verschiedenen Zonen deines Gartens unterbringen? Am besten ist es, wenn du dir eine Liste mit den in Frage kommenden Elementen anfertigst. Diese könnten sein: ein Gewächshaus, Beerensträucher, Obstbäume, Hochbeete, Folientunnel, Hühner, Hügelbeete, ein Mandalabeet, Wasserstellen/ein Teich …

Um herauszufinden, welche Elemente du tatsächlich verwenden möchtest, kannst du anschließend die Vor- und Nachteile jedes Elements analysieren — am besten schriftlich. Nehmen wir das Gewächshaus als Beispiel (in Anlehnung an *Vivre avec la Terre* von Charles und Perrine Hervé-Gruyer):

Vorteile:

» Verlängerung der Anbausaison

» Produktion auch im Winter

» Sommerkulturen wie Tomaten und Gurken wachsen besser

» die Kulturen sind vor Wetterextremen geschützt

» Werkzeuge können dort gelagert werden

» Jungpflanzen können dort angezogen werden

» Wasser kann aufgefangen werden

Nachteile:

» hohe Investitionskosten

» Bewässerung ganzjährig notwendig

» Belüftung notwendig

» tägliche Pflege erforderlich

» besteht aus Plastik; ökologische wie visuelle Verschmutzung

In dieser übersichtlichen Form lassen sich die Vor- und Nachteile gut abwägen und du kannst relativ leicht entscheiden, was überwiegt. Je nach Designziel ist es notwendig, Prioritäten zu setzen: Wenn du einen Selbstversorger-Garten anlegen möchtest, wirst du ohne Gewächshaus nicht auskommen und musst die Nachteile in Kauf nehmen; soll dein Garten ein Erholungsort für den Sommer sein, kannst

du problemlos auf ein Gewächshaus verzichten und den Platz anders nutzen. Jedes Element solltest du auf seinen Beitrag zum Designziel abklopfen. Dabei kann es passieren, dass so manches Element, das du für unverzichtbar gehalten hast, durch dein eigenes Raster fällt. Es ist gut, wenn das schon an diesem Punkt geschieht und nicht erst, nachdem du es aufwendig im Garten platziert hast.

9 Entdecke Beziehungen der Elemente untereinander

Nachdem du dich entschieden hast, welche Elemente du in deinen Garten bringen willst, solltest du dir überlegen, wie du diese optimal zueinander in Beziehung setzen kannst, damit sie sich gegenseitig fördern und unterstützen.

In *Vivre avec la Terre* wird das exemplarisch anhand der drei Elemente Gewächshaus, Teich und Hühner dargestellt:

Das Gewächshaus benötigt Wärme, außerdem ein gutes Mikroklima und eine möglichst hohe Biodiversität. Wärme produzieren sowohl die Hühner (Körperwärme) als auch der Teich (Reflexion der Sonnenstrahlen). Im Gewächshaus fallen Kulturreste an, welche den Hühnern als Nahrung dienen können. Gleichzeitig kreieren die Hühner aus den Kulturresten und ihren Exkrementen einen exzellenten Kompost, der den Kulturen zugutekommt. Das Gewächshausdach fängt Wasser auf, welches in den Teich geleitet werden kann.

Die Frösche oder Molche im Teich kommen nachts an Land, um Nacktschnecken zu fressen. Aus dem Teich kann Schlamm entnommen werden, um die Kulturen zu düngen. Schilf stellt eine ausgezeichnete Mulchquelle dar.

Zwischen den drei Elementen ist also jede Menge Austausch möglich. Die Frage ist nun, wie dieser Austausch maximiert werden kann.

10 Skizziere mögliche Konstellationen

Um dies herauszufinden, ist es ein guter Weg, verschiedene Konstellationen auf dem Papier auszuprobieren, also Skizzen anzufertigen. Charles betont in *Vivre avec la Terre*, wie wichtig diese Skizzen sind: So kannst du dich spielerisch an das

Design herantasten und legst dich nicht zu schnell fest. Charles warnt davor, sich direkt an das endgültige Design zu wagen: Denn dann besteht die Gefahr, dass man gleich einen so schönen und detailreichen Plan zeichnet, dass man danach nicht mehr davon abweichen möchte. Wenn man hingegen in groben Zügen verschiedene Lösungen skizziert, hält man sich noch alle Möglichkeiten offen. Am Ende kann man die Konstellation, die einem am sinnvollsten erscheint, in den finalen Plan übertragen.

Im Fall der drei Elemente Hühner, Teich und Gewächshaus haben Charles und Perrine versucht, sie so dicht wie möglich beieinander zu positionieren. So haben sie aus allen angefertigten Skizzen diejenige ausgewählt, wo der Hühnerstall direkt

Mitten im Gewächshaus tummeln sich die Hühner und liefern nicht nur gackernde Freude, sondern auch Wärme für die Pflanzen.

im Gewächshaus seinen Platz fand (die Hühner haben zudem ein großes Außengelände), ebenso wie der Teich. Auf dem Hühnerstall werden im Frühjahr Kulturen großgezogen, die Wärme brauchen, denn dort ist es immer um einige Grad wärmer als unten. Im Winter stehen dort die Zutaten zum sogenannten „Mesclun" — das ist eine Salatmischung aus jungen Blättern von verschiedenen Pflanzen wie Spinat, Feldsalat, Rucola, Mangold, Winterpostelein etc.

Ein Element ist allerdings meist in verschiedenen Zusammenhängen gut aufgehoben und taucht somit auch in verschiedenen Skizzen auf — was die Sache noch ein wenig komplizierter macht. Die Hühner beispielsweise haben auch einen ausgesprochen positiven Einfluss auf eine Obstbaumwiese: Sie fressen heruntergefallene Früchte und vor allem die Würmer darin und verhindern so, dass sich die Obstbaumschädlinge vermehren. Wenn du aus deinen gesammelten Skizzen die besten ausgewählt hast, musst du dir also überlegen, wie du die Skizzen, die das gleiche Element beinhalten, gut zueinander in Beziehung setzen kannst. Im Falle der Hühner bedeutet das beispielsweise, dass sowohl das Gewächshaus als auch die Obstbaumwiese von ihnen profitieren.

11 Das finale Design

Nun ist es so weit: Alle Vorarbeiten sind geleistet und du kannst den endgültigen Plan zeichnen!

Dafür überträgst du zuerst mit Bleistift den Bestandsplan auf ein neues Transparentpapier. Alle Elemente, die du nicht beibehalten möchtest, radierst du weg.

Beginne mit der Planung der wichtigsten Elemente und arbeite dich langsam zu den Details vor. Wenn du dich anhand deiner Skizzen entschieden hast, das Gewächshaus mit dem Hühnerstall und einem Teich zu kombinieren und du gleichzeitig weißt, dass ein Gewächshaus in der Zone 1 gut aufgehoben ist, wird es dir nicht schwerfallen, den richtigen Platz für dieses Element zu finden.

Es ist wichtig, dass du zwischendurch immer wieder innehältst und mit einigem Abstand überlegst, wie das gerade geplante Element sich ins Gesamtgefüge integriert.

Wenn du mit dem Bleistift fertig gezeichnet hast und zufrieden mit deinem Werk bist, ziehst du mit schwarzem Fineliner alle Linien noch einmal nach. Um deinem Plan mehr Plastizität zu geben, kannst du mit dem Fineliner auf einer Seite Schatten andeuten, als würde die Sonne scheinen. Nimmst du zum Beispiel an, dass die Sonneneinstrahlung aus Südwesten kommt, schraffierst du im Nordosten alle Sträucher und Bäume schwarz; der optische Effekt ist enorm.

Der letzte Schritt ist das Kolorieren: Der Plan soll schließlich möglichst ansprechend aussehen. Für jedes Element wählst du eine passende Farbe, etwa Grün für die Bäume, Braun für die Beete, Hellbraun für die Wege. Dort, wo du den Schatten verortet hast, darf die Farbe etwas dunkler sein.

Zum Schluss solltest du die Zeichnung gut beschriften, damit sich jede*r sofort in dem Plan zurechtfindet. Es sollte klar ersichtlich sein, wo Norden ist und in welchem Maßstab gezeichnet wurde.

Es ist vollbracht! Aus dem aufwendigen Designprozess ist ein gut durchdachter Plan entstanden, der die Grundlage für alles Weitere bildet. Dein eigener Garten Eden rückt in greifbare Nähe.

Diese Zeichenmaterialien brauchst du:

» Transparentpapier

» Bleistift: zum Vorzeichnen

» Schwarzer Fineliner 0,1: zum Nachzeichnen

» Schwarzer Fineliner 0,3: zum Zeichnen von Schatten

» Buntstifte: zum Kolorieren

» Knetradiergummi: um später die Bleistiftlinien wegzuradieren, wenn du mit dem Fineliner nachgezeichnet hast

» Skalpell: um Korrekturen vorzunehmen, falls du dich versehentlich mit dem Fineliner vermalt hast

DER DESIGNPROZESS DER GEMÜSEHELDINNEN:
MIT DEM KOPF VORAN INS KALTE WASSER

Bei den GemüseheldInnen hatten wir von Anfang an ein Problem: Wir hatten weder ein Jahr noch ein paar Monate Zeit, unsere zukünftigen Gärten zu beobachten, geschweige denn unsere Gruppe zu planen. Wir sind in unseren ersten Garten gestolpert und hatten nur ein Ziel vor Augen: Möglichst schnell anfangen und eine sichtbare Struktur erschaffen, die auch von außen wahrnehmbar ist. Das Gleiche galt für die GemüseheldInnen selbst: Wir wollten Menschen begeistern und gewinnen, egal, auf welche Weise. So behutsam und langsam ein Permakultur-Planungsprozess sein sollte, so holterdiepolter waren unsere Anfänge.

EINFACH LOSLEGEN, EINFACH AUF SICH VERTRAUEN:
DIE KRAFT DER INTUITION

Ob wir das bedauern? Nicht die Spur. Schließlich war da auch dieser Buchtitel von Rob Hopkins: *Einfach. Jetzt. Machen!* Seinen Ratschlag haben wir befolgt — und ein großer Teil unseres Erfolgs ist ganz klar darauf zurückzuführen, dass wir von Anfang an große Ziele formuliert haben, die uns in die öffentliche Aufmerksamkeit gebracht haben, noch bevor wir irgendeinen Plan hatten, wie wir sie verwirklichen wollten. Mit dem langsamen Vorgehen

der Permakultur — der ausgiebigen Beobachtung unserer Gärten, aber auch
der politischen Situation in Bezug auf die
Grüne Lunge — hätten wir nicht einen
Bruchteil dessen geschafft, was uns bisher
gelungen ist. Und das ist für uns auch ein
Kritikpunkt an der Permakultur: Sie bremst
das spontane Handeln aus, dieses: „Ich
habe eine Vision vor Augen und die will ich
jetzt verwirklichen. Der Rest wird sich von
selbst ergeben." Aus dieser Herangehensweise entspringt nach unserer Erfahrung
sehr viel Kraft und positive Energie; und
tatsächlich fügen sich viele Dinge dann
zum Besten, die man so gar nicht ahnen
und voraussehen konnte. Es ist, als könnte
der pure Glaube an die eigene Vision Berge
versetzen. Man kann vielleicht sagen:
Die Permakultur arbeitet mit dem
Intellekt, sie lässt dabei aber die Fähigkeiten der Intuition außer Acht. So wie ein
naturverbundener Mensch womöglich ein
Gefühl dafür hat, wo eine Pflanze sich am
wohlsten fühlt, ohne dass er das rational
begründen könnte, so haben auch wir uns
in unserem Projekt von unserer Intuition
leiten lassen — und so ganz ohne Planung
den richtigen Weg gefunden.

UNSER ERSTER GARTEN:
EINE SAMMLUNG VON
FEHLSCHLÄGEN

Dennoch haben wir auch die Kehrseite
der mangelnden Planung zu spüren bekommen, und zwar vor allem im Garten:
Ohne die Bestandsanalyse wussten wir

eben nicht, wo geeignete Stellen für Beete
waren, wo im Hochsommer die Sonne
stehen würde, mit welchen Nützlingen wir
rechnen könnten und wie unser Boden
beschaffen war. Was im Großen und
Ganzen so gut funktionierte: möglichst
schnell etwas auf die Beine stellen, was
nach außen hin sichtbar war, haute im
Garten nicht hin. Unsere ersten Kulturen
wurden von Schnecken dahingerafft; wir
hatten nicht genügend Mulchmaterial; die
Kartoffeln bildeten unterm Walnussbaum
keine Knollen aus; die Tomaten wurden
wegen mangelnder Sonne nicht reif, bis sie
schließlich von der Braunfäule vernichtet
wurden — die Liste der Fehlschläge ist lang.

Und dennoch bereuen wir es nicht, diesen
Spontangarten angelegt zu haben, denn
wir hätten ja schlecht sagen können: „Wir
sind die GemüseheldInnen und wollen
Frankfurt essbar machen, aber bis wir die
ersten Beete anlegen, dauert es noch ein
Jahr." Das hätte uns wohl wenig Zuhörer*-
innen in der Öffentlichkeit verschafft und
es hätte auch nicht viele Leute motiviert,
bei uns mitzumachen. Das war übrigens
unser Hauptantrieb, in allen Gärten, die wir
nach und nach dazubekamen, so schnell
wie möglich loszulegen: Die Menschen, die
zu uns kamen, waren voller Tatendrang.
Sollten wir sie auf später vertrösten, wenn
wir das genaue Konzept ausgearbeitet
hätten? Und ihnen dieses Konzept dann
überstülpen? Wir wollten schließlich Raum
für eigene Ideen und Wünsche lassen.
Dennoch hatten wir ein bisschen das

Hereinspaziert, hereinspaziert!

Wir binden und binden und binden — stundenlang, weil wir einfach losgelegt haben. Im zweiten Jahr wussten wir schon mehr.

Die Schnecken haben unsere Kulturen in der ersten Saison gnadenlos heimgesucht.

Gefühl, versagt zu haben. Unsere Ernte im ersten Jahr bestand zu einem großen Teil aus Giersch und anderen Wildkräutern. Bohnen und Mangold gab es auch in größeren Mengen, aber von unserem Ziel eines produktiven Gartens waren wir weit entfernt.

WIR NÄHERN UNS DEM DESIGNPROZESS IM „ARBEITSKREIS PERMAKULTUR"

Am Ende des ersten Jahres bekamen wir unseren Orchideengarten dazu, der so heißt, weil dort eine seltene Orchideenart wächst. Anna hatte die Idee, daraus einen Permakultur-Schaugarten zu machen und den Permakultur-Planungsprozess so richtig von Anfang bis Ende durchzu-

ziehen. Wir gründeten den „Arbeitskreis Permakultur", kurz AKPK, den Anna leitete und luden dazu alle interessierten GemüseheldInnen ein. Schon beim ersten Treffen merkten wir: Eigentlich wollten wir ja nicht nur ein Permakultur-Konzept für den Orchideengarten, sondern für alle Gärten. Also beschlossen wir, Bestandspläne für alle Gärten anzulegen und sie dann permakulturell durchzuplanen. Ein umfangreiches Unterfangen! Tatsächlich war unser AKPK sehr produktiv und wir schafften es, Bestandspläne von allen damaligen Gärten anzufertigen, die uns bis heute sehr nützlich sind. Aber als es an die Planung gehen sollte, wurde uns schnell klar: Das wächst uns über den Kopf. Mit zehn bis 15 Personen fünf Gärten zu planen, die Vorstellungen und Wünsche aller Beteiligten zu berücksichtigen und das alles dann auch noch gemeinschaftlich anzulegen: Das konnte irgendwie nicht funktionieren.

UND DANN WIRD RICHTIG GEPLANT: DER **SONNEN-GARTEN** UND DER **ERNÄHRUNGSRAT-GARTEN**

Wir gaben also unseren AKPK auf und entschieden, dass erst einmal „nur" ein Permakultur-Schaugarten entstehen sollte, und zwar der Sonnengarten, den wir über das Liegenschaftsamt neu bekommen hatten. Er war besser gelegen, sonniger und günstiger aufgeteilt als der Orchideengarten und bot sich als repräsentativer Ort hervorragend an. Anna wollte die Verantwortung übernehmen und sich ein eigenes Team zusammenstellen. Und so war der Sonnengarten tatsächlich der erste, in dem nicht einfach blind losgelegt wurde. Wenn auch Anna das Design, das vom Sonnengarten-Team umgesetzt wurde, in unserem 72-Stunden-Perma-

kultur-Designkurs im Sommer 2020 noch einmal grundlegend veränderte … Denn wir wachsen an unseren Aufgaben und je länger wir uns mit Permakultur beschäftigen, desto feiner wird auch unser Blick für die Möglichkeiten eines Gartens.

Die anderen Gärten gestalteten wir natürlich auch, aber sehr viel weniger detailliert. Bei den Gärten, die aus gutem Grund nicht Sonnengarten heißen, gab der Bestand, an den wir in unserer Umsetzung gebunden waren, sowieso sehr viel vor und wir hatten gar nicht allzu viele Planungsfreiheiten. Bäume bestimmen in der Grünen Lunge das Bild und die Plätze für die Beete sind vorbestimmt durch die wenigen Sonnenflecken. So haben wir beispielsweise im Mirabellengarten lange nach Stellen gesucht, wo man überhaupt Beete anlegen konnte — und die wenigen, die wir schließlich festlegten, stellten sich im Laufe des nächsten Frühjahrs dann doch als schattig heraus.

Vom Fauxpas zum Aha

Während unseres Projektes sind uns so manche Fehler und Missgeschicke unterlaufen. Vermutlich könnte man aus all diesen Fauxpas ein weiteres Buch schreiben. Wichtig ist es, anzuerkennen, dass Fehler zu jedem Projekt dazugehören. Sie sind mensch-

lich! Deshalb sollten wir uns nicht in einer Spirale aus Selbstvorwürfen verlieren, sondern lieber überlegen, was wir aus unseren Fehlern lernen können. Dann passiert es nicht selten, dass aus Fauxpas — ja, genau — Aha-Erlebnisse werden!

Der Ernährungsrat-Garten, bevor die Gemüse-heldInnen mit der Grabegabel angerückt sind ...

... und, tadaaaa, einige Monate später.

Noch einmal anders lagen die Dinge bei unserem Ernährungsrat-Garten, den wir Anfang 2020 bekamen und der zur ersten PermaKulturInsel in Frankfurt werden sollte. Aus ihm wollten wir wieder einen Schaugarten machen, der dann so ähnlich auch an anderen Stellen in Frankfurt umgesetzt werden könnte. Wir starteten also damit, den Garten genau durchzuplanen, damit er hinterher auch wirklich Ertrag bringen würde. Auf seinen 230 Quadratmetern Fläche (größtenteils Rasen) bot er die Möglichkeit zu einem kleinteiligen Design.

EINE VISION FÜR DIE GANZE GRÜNE LUNGE

Einen Designversuch im Großen unternahmen wir mit unserer Vision „PermaKultur-Garten Frankfurt 2025". Wir erstellten einen Plan für die gesamte 16 Hektar große Grüne Lunge auf Basis der vorhandenen Wildnis. Dabei lernten wir, wie wichtig eine Visualisierung der eigenen Ideen ist. Man kann viel davon erzählen, was man sich vorstellt, aber nichts ersetzt ein Bild. Das gilt im Positiven wie im Negativen: Wir haben auch viel Kritik für unsere Vision geerntet und es gab nicht wenige Menschen, die richtig wütend auf uns wurden, als sie die Vision sahen. Ihre innere Vorstellung von der Grünen Lunge war eine ganz andere ...

Gießkannen-Marketing!

Die Chilis färben sich im Verlauf von violett über gelb zu rot.

AUS DEM NICHTS ENTSTEHT:
EINE GEMEINSCHAFT

Genauso wenig, wie wir unsere Gärten anfangs planten, machten wir uns Gedanken über eine Gruppenstruktur. Wir gingen so offen wie möglich auf die Menschen zu, luden sie ein mitzumachen und waren dann regelmäßig überfordert damit, sie auch tatsächlich einzubinden. Wer konnte in welchem Garten mit anpacken? Und was war dort überhaupt gerade zu tun? Wer war die*der Ansprechpartner*in und wer traf die Entscheidung, wo ein neues Beet entstehen sollte? Das alles regelte sich mehr oder weniger von selbst — oder eben auch nicht.

Je mehr Menschen zu uns kamen, desto unübersichtlicher wurde es. Wir kamen also Ende 2019 zum Schluss, dass wir unsere Gruppenstruktur entwerfen müssten wie einen Garten. Zuständigkeiten klären, kleinere Einheiten bilden und das Ganze auch grafisch darstellen.

WIR PLANEN UNSERE
GRUPPE MITHILFE
EINER MODERATORIN

Damit begann der Designprozess der GemüseheldInnen. Wir fragten meine Mutter, Anne Müller, von Beruf Supervisorin und Coach, ob sie bereit wäre, diesen Prozess zu leiten und mit allen interessierten GemüseheldInnen durchzuführen. Sie sagte sofort zu.

Weiter geht's auf S. 210.

ANNE MÜLLER
SUPERVISORIN UND GLÜCKLICHES LANDEI

MUSIKERIN,
COACH,
THERAPEUTIN,
SUPERVISORIN

Ich bin immer schon sehr naturverbunden gewesen und habe bereits lange, bevor das „modern" wurde, im Bewusstsein der Grenzen des Wachstums nach dem Motto „Weniger ist mehr" gelebt. Geistige Expeditionen statt Flugreisen, Naturerleben vor der Haustür, einfaches Leben (mehr, als meiner damals halbwüchsigen Tochter lieb war).

Aber ich bin keine Aktivistin. In aller Stille bin ich immer am Rande der Gesellschaft gegen den Strom geschwommen; lange ohne große Wirkung und auch: ohne Gemeinschaft. Ich bin eher eine Beobachterin, eine Supervisorin, auch: Chronistin.

Der Öko-Aktivismus der GemüseheldInnen begeistert mich auf vielen Ebenen. Zum einen gibt er meinen eigenen Überzeugungen eine Stimme und eine Richtung; angesichts all der ökologischen Hiobsbotschaften ist hier doch mal eine positive Vision, ein Weg aus der Krise, etwas, das Sinn macht und Zukunft hat!

Zum anderen überzeugt mich der Permakulturgedanke. Er passt zu den Selbstorganisationsprinzipien der Systemtheorie, die meine geistige Heimat ist und den Rahmen liefert, der sich meiner Ansicht nach am besten eignet, um in unserer komplexen Gegenwartswelt zu navigieren.

Aus diesem Grund fasziniert mich auch die Übertragung der Permakultur-Prinzipien auf gesellschaftliches Zusammenleben: dieser Grundsatz, auf der Basis von „kindness" jede Person gemäß ihren ganz speziellen Fähigkeiten, Wünschen, Bedürfnissen ihren Platz finden zu lassen, auf dem sie, vernetzt mit anderen, ihren ureigenen Beitrag für das gemeinsame Ganze geben kann. Als meine Tochter mich fragte, ob ich Lust hätte, die GemüseheldInnen bei ihrer Organisationsentwicklung zu unterstützen, habe ich sehr gerne zugesagt — und sehe all diese gesellschaftlichen Permakultur-Prinzipien verwirklicht: Sowohl in den Strukturen und Leitsätzen, welche die GemüseheldInnen entwickelt haben als auch im Umgang miteinander herrscht genau dieser Geist von Offenheit für vielfältige (Selbst-)Entfaltung, von Toleranz, aber auch engagierter Stellungnahme, von Aufeinander-Bezogenheit und Gemeinschaft, die aber Raum lässt für die speziellen Interessen und Perspektiven der Einzelnen. Es ist eine große Freude zu beobachten, was für tolle, vielfältige Menschen mit unglaublichen Potenzialen sich da zusammengefunden haben und gemeinsam, sozusagen, Berge versetzen ...

EIN NEUES ORGANISATIONS-MODELL: *REINVENTING ORGANIZATIONS* VON FREDERIC LALOUX

In seinem Buch *Reinventing Organizations* (2015) entwirft Frederic Laloux ein Organisationsmodell, das nicht — wie viele herkömmliche Organisationen — auf den Modellen der Maschine oder der Familie beruht, sondern sich am „Lebenden System" orientiert. Selbstorganisation, Hierarchiefreiheit, Potenzialentfaltung sind Stichworte, die lebende Systeme charakterisieren, und Laloux beschreibt zwölf Organisationen, die — weltweit und voneinander unabhängig — pioniermäßig schon nach diesem Modell funktionieren. Diese Organisationen kommen aus den verschiedensten Bereichen: Profit und Nonprofit, Industrie, Kultur, Gesundheit ... Sie haben bestimmte Prinzipien gemeinsam, die Laloux herausstellt:

1. SELBSTFÜHRUNG Anstatt der gewohnten Pyramidenform, an deren Spitze sich Macht konzentriert und die auf Misstrauen und Kontrolle basiert — funktionieren die von Laloux sogenannten „evolutionären Organisationen" selbstorganisiert und hierarchiefrei. Macht ist überall im System (in kleinen Teams) verteilt und beinhaltet als zweite Seite der Medaille eine hohe Verantwortlichkeit jedes Einzelnen. Die*der Mitarbeiter*in sucht sich im Unternehmen selbst die Position, an der sie*er ihre*seine Potenziale am besten entfalten kann, vernetzt sich mit anderen und agiert auf der Basis von Vertrauen eigenverantwortlich im Sinne der Organisation.

2. GANZHEIT Während in herkömmlichen Organisationen Arbeitende vielfach „nur" ihre Arbeitskraft verkaufen, ihre professionelle Fassade polieren und schützen und ihr ganzheitliches Menschsein im Privatleben (wenn überhaupt) verwirklichen (Work-Life-Balance: Life findet woanders statt als Work), sind in evolutionären Organisationen „ganze Menschen" erwünscht — mit nicht nur ihren rational-professionellen, sondern auch ihren emotionalen, intuitiven und spirituellen Qualitäten. Dies beinhaltet, dass dann auch der Rucksack, den wir alle mit uns herumtragen, die emotionalen Hypotheken, Empfindlichkeiten, roten Tücher, Bedürfnisse — dass all dies in der Organisation präsent ist und Raum beansprucht. Um die Menschen vor diesem Hintergrund überhaupt zu Selbstführung und hierarchiefreier Teamarbeit zu befähigen, wird in solchen Unternehmen viel Wert auf Kommunikationstraining, Konfliktlösungskompetenz und Selbsterfahrung gelegt.

3. EVOLUTIONÄRER SINN In herkömmlichen Organisationen besteht der Sinn der Organisation und damit der Arbeit vielfach darin, Profit zu machen, „erfolgreich" zu sein, Konkurrenten zu überflügeln (und Wohlstandsmüll zu produzieren). In evolutionären Organisationen wird gefragt, wozu die Welt das Produkt braucht, das diese Organisation herstellt und inwiefern das Produkt die Welt besser macht und voranbringt. Sodass die in solchen Organisationen Arbeitenden sich ihrer Organisation verbunden fühlen, weil sie für die sinnvolle Gestaltung der Zukunft tätig sind.

Ohne es zu beabsichtigen, entwickelte sich die GemüseheldInnen-Organisation genau in die von Laloux beschriebene Richtung: Die Menschen sind mit Leib und Seele aktiv (und nicht nur mit ihrer abgetrennten Arbeitskraft); sie sind hoch motiviert durch den zukunftsgestaltenden Sinn der Organisation; es gibt keine strukturellen Hierarchien; und sie betrachten und betreiben ihre Organisation nach dem Vorbild lebender Systeme — eben als gelebte Permakultur.

Natürlich ist das nicht immer Friede, Freude, Eierkuchen. Es gibt eine Menge Selbsterfahrung: Empfindlichkeiten, Konflikte, Missverständnisse etc. Jede Menge Versuch und Irrtum auch, sowohl in der praktischen Arbeit als auch in der Gemeinschaftskultur. All das ist „im Preis inbegriffen"; so ist das Leben und ich begleite das Ganze mit Interesse und Sympathie.

Wir vereinbarten also, uns im November zu treffen. Zwölf GemüseheldInnen waren mit dabei. Zuerst machten wir, wie bei jedem Permakulturdesign, eine Bestandsanalyse. Wer war Teil des Projekts, welche Konstellationen gab es bereits, welche Zuständigkeiten und Verantwortlichkeiten bestanden?

Dann formulierten wir unsere Zielvorstellungen: Wir wollten eine dezentrale Struktur ohne Hierarchien und mit geteilter Verantwortung erschaffen, deren Elemente in engem Austausch miteinander stehen sollten. Wir wollten unser Orga-Team beibehalten (damals nannten wir es noch nicht so), das bis dahin aus Chris, Georg, Laura und mir bestand. Allerdings wollten wir uns auf Vernetzung und Öffentlichkeitsarbeit konzentrieren und nicht mehr alle Gärten koordinieren.

Eine zentrale Frage war: Wie viel Kontrolle konnten wir vier abgeben, ohne dass das Projekt ins Beliebige abdriften würde? Mussten wir das Konzept jedes Gartens mitbestimmen, damit alles „aus einem Guss" wäre oder könnten wir die Gestaltung den jeweiligen Gartenteams überlassen? Sehr schnell wurde klar: Wir möchten, dass unsere Gemeinschaft nicht auf Kontrolle, sondern auf Vertrauen basiert. Wir hatten fähige Leute, die bereit waren, Verantwortung für einen Garten zu übernehmen. War es wichtig, dass sie alle Permakultur-Spezialist*innen waren? Nein, so beschlossen wir; denn schließlich konnten wir alle gemeinsam lernen — und diejenigen unter uns, die sich schon ein wenig besser auskannten mit dem Gärtnern/der Permakultur, konnten ihr Wissen an die anderen weitergeben. Schon damals stand fest, dass 15 GemüseheldInnen den Permakultur-Designkurs in der Grünen Lunge absolvieren würden; eine gute Grundlage, damit das Gedankengut der Permakultur sich im Projekt verankern würde. Und wenn einige Gartenteams eine ganz andere Herangehensweise wählen sollten — dann wäre das auch kein Beinbruch. Es würde den Überzeugungen der Permakultur doch sehr widersprechen, sie jeder*-jedem Gärtner*in zwangszuverordnen.

BYE-BYE, HIERARCHIEN: WIR BILDEN KREISE

Auf das Gruppendesign, das an unserem ersten Supervisionstag entstanden ist, sind wir bis heute stolz: Es bildet sowohl in den Details als auch in der Gesamtform den Geist der GemüseheldInnen ab. In der Mitte steht das Orga-Team, mit durchlässigen Rändern, denn jederzeit können projektgebunden oder auch dauerhaft Einzelpersonen zum Orga-Team stoßen und mitarbeiten (das ist, wie bereits erwähnt, auch schon kurz nach der Entwicklung unserer Gruppenstruktur geschehen, als Anna und Ilka ins Orga-Team kamen; und im Sommer wurden wir noch um Frederike bereichert).

Unser Orga-Team ist vielfältig — wie das Mandala-Beet.

Um das Orga-Team herum sind in unserem ersten Design die Gartenverantwortlichen im Kreis angeordnet. Die Gartenverantwortlichen, die sich selbst ihre Teams zusammenstellen sollten, waren eine große Errungenschaft: Bedeuteten sie doch, dass sich neue, kleine Einheiten bildeten, die selbstständig agieren. Auch unser Problem, wie wir Neue einbinden sollten, war so fürs Erste gelöst: Sie konnten auf die vorhandenen Gartenteams verteilt werden und jedes Team konnte sich melden, wenn es Bedarf an weiteren Helfer*innen hatte. Organisch wachsen konnte und kann unsere Gemeinschaft immer dann, wenn wir einen neuen Garten dazubekommen: Dann entsteht eine neue Gartenverantwortlichen-„Stelle" mit einem neuen Team. Wir führen eine Warteliste für Interessierte, auf die wir in diesem Fall zurückgreifen.

Zusätzlich zu den Gartenteams gab es in unserem ersten Design noch andere Kleingruppen, die sich gezielt um bestimmte Themenbereiche kümmern sollten: So z.B. die sogenannte Ideenfabrik, die überlegen wollte, wie neue Akteur*innen ins Projekt eingebunden werden könnten, oder auch die Finanzgruppe, die sich mit Förderungsmöglichkeiten beschäftigte, oder die Baugruppe, die vielfältige Bauvorhaben in den Gärten planen und durchführen sollte. Eine besondere „Gruppe", die anfangs aus nur einer Person, nämlich Ilka bestand, war die Jungpflanzenanzucht: Sie stellte uns für 2020 auf sichere Füße, denn wir brauchten für die zunehmende Anzahl an Gärten eine Menge Jungpflanzen, die Laura und ich nicht alle selbst auf der Fensterbank ziehen konnten. Ilka hatte mehrere Kellerräume, die sie sich von ihrem Mann

Georg und Chris kutschieren die kleinen Gemüsebabys mit dem Rad zu den Gärten.

Wolfgang zu einer ausgedehnten Jung-pflanzenstation inklusive Lampen umbau-en ließ; hier verbrachte sie ab Januar jede freie Minute neben ihrer Vollzeitstelle und hegte unsere Gemüsebabys.

Im Nachhinein mag es kühn anmuten, dass wir unser Design von Anfang an auf deutlich mehr Personen hin ausgelegt haben, als wir damals waren. Wir hatten mit Ach und Krach genügend Garten-verantwortliche, aber die Menschen, die dann tatsächlich die Gartenteams bilden sollten, waren noch nicht vorhanden. Wir gingen einfach davon aus, dass sie schon kommen würden — zu Recht, wie sich bald herausstellen sollte.

SOLOGÄRTNERN ODER GEMEINSAM ANPACKEN?

Eine leidenschaftlich diskutierte Frage beim Gruppendesign war, wie die Beete in den Gärten aufgeteilt werden sollten. Wir waren ein Gemeinschaftsprojekt, aber hieß das, dass auch alle Beete gemeinschaft-lich bewirtschaftet werden sollten? Dafür trat Chris vehement ein, denn sie wollte unbedingt verhindern, dass sich Kleingar-tenstrukturen in unseren Gärten bildeten. Wir hatten zwiespältige Erfahrungen mit dem Thema „gemeinschaftliche Beete" versus „Privatbeete" gemacht: Im Giersch-garten hatten wir ausprobiert, Beetzustän-digkeiten zu vergeben. Wir forderten die

Leute auf, sich dort ein Beet abzuteilen und loszulegen. Mit dem Ergebnis, dass der Garten in viele kleine Teile zergliedert wurde. Einerseits hatten wir damit viele neue Menschen ins Projekt geholt: Die Aussicht auf ein „eigenes" kleines Stückchen Land besaß offenkundig für viele einen großen Reiz. Diese Einzelbeete waren in unserem ersten Jahr wesentlich erfolgreicher als die Gemeinschaftsbeete im Grüne-Soße-Garten: Sorgfältig gepflegt, produzierten sie sehr schönes Gemüse.

Die Kehrseite war, dass sich auch Eigentumsansprüche bemerkbar machten: Plötzlich fanden sich Schilder in den Beeten: „Hier bitte nicht ernten!" Einige Beete wurden gar mit kleinen Zäunchen versehen, ganz nach dem Motto: „Das ist Privatbesitz!" Diese Entwicklung gefiel uns überhaupt nicht, war es doch unsere einzige feste Regel, dass jede*r überall ernten durfte. Wir sprachen immer wieder lange mit den einzelnen Giersch-Gärtner*innen — es waren natürlich nicht alle, die ihr Beet für sich allein haben wollten —, fanden aber doch, dass der Gierschgarten nicht so richtig unsere Ideen widerspiegelte.

Sollten wir also die Beete in den weiteren Gärten von vornherein gemeinschaftlich planen oder dem weitverbreiteten Bedürfnis nach Eigentum gerecht werden? Darüber entbrannte eine heiße und auch sehr emotionale Debatte. Laura und ich vertraten die Ansicht, dass das Projekt viel

schneller wachsen könnte, wenn es Beetzuständigkeiten gäbe, mit denen wir die Verantwortung in die Hände der Gärtner*innen gäben. Katja aus dem Gierschgarten betonte, dass der Einstieg bei uns niedrigschwellig bleiben sollte. Und was konnte niedrigschwelliger sein als das Angebot, ein eigenes kleines Beet zu bewirtschaften? Wohingegen der Anspruch, in einem Team Permakultur zu betreiben, viele abschrecken könnte ... Chris wiederum fand, dass ein Gemeinschaftsprojekt sich auch in der gärtnerischen Praxis beweisen müsste und dass es unsere Aufgabe sei, neue Formen der Teamarbeit auszukundschaften.

Im Nachhinein müssen wir zugeben, dass wir Unrecht hatten: In den Gärten, die von Anfang an gemeinschaftlich gedacht wurden, entstanden viel schneller eingeschworene Teams und es war keineswegs so — wie *wir* erwartet hatten —, dass sich keiner so richtig zuständig fühlte. Stattdessen stellte sich bald heraus, dass im Mirabellengarten, den Laura und ich als Gartenverantwortliche betreuten, die Einzelbeete teilweise nicht gut gepflegt wurden. Und wir ärgerten uns, dass wir sie „hergegeben" hatten. Erst als wir eine WhatsApp-Gruppe ins Leben riefen und die Gärtner*innen animierten, den Garten doch gemeinsam zu gestalten, kam Bewegung in die Sache. Wir hatten den Menschen wohl nicht genug zugetraut. Nun merkten wir: Was wir in unserer Organisationsstruktur fest verankert hatten — eine Kombination aus Eigenverantwortung und Verantwortung für das große Ganze —, konnte und sollte auch bei den einzelnen Gartenteams funktionieren.

Inzwischen haben wir uns stark weg bewegt von den Einzelbeeten. Im Gierschgarten bestehen sie nach wie vor und auch im Mirabellengarten haben wir natürlich niemandem „sein" Beet wieder weggenommen. Aber in allen neuen Gärten gibt es keine Beetzuständigkeiten mehr. Stattdessen haben wir Tafeln, auf denen die aktuellen To-do-Listen stehen und WhatsApp-Gruppen, in denen Aktuelles geteilt wird. Die schönste Form der Verständigung ist natürlich das gemeinsame Gärtnern.

Eine never ending story: das Gießen!

WIR TAUSCHEN UNS AUS —
AUF ALLEN EBENEN

Wichtiger als die einzelnen Elemente ist in der Permakultur deren Verknüpfung. Und so ist auch in unserem GemüseheldInnen-Design entscheidend, wie Orga-Team, Gartenverantwortliche, Gärtner*innen, Gemeinschaft, Verein und Außenstehende interagieren. Denn hier liegt die größte Gefahr für ein Projekt wie das unsere: in mangelnder Absprache, fehlender Koordination und Missverständnissen.

Um einen regelmäßigen Austausch zu garantieren, braucht es ein Forum, wo die Beteiligten sich treffen und offene Fragen und Probleme auf den Tisch bringen können. Institutionalisierte Termine sind hier sehr hilfreich.

Im Orga-Team stehen wir in so regem Kontakt über unsere WhatsApp-Gruppe, dass wir unsere Treffen themenbezogen und nach Bedarf anberaumen können. Hier achten wir besonders darauf, dass aufkommende Konflikte so rasch wie möglich besprochen werden. Gerade wenn man so eng zusammenarbeitet, kommen immer wieder persönliche Themen, Kränkungen oder Gefühle von mangelnder Wertschätzung ins Spiel. Damit sich negative Gefühle oder Konflikte nicht verfestigen, holen wir an solchen Punkten schnellstmöglich unsere Supervisorin dazu.

Im Gegensatz zum Orga-Team sind die Gartenverantwortlichen nicht unbedingt in ständigem Kontakt; bei der Größe unseres Geländes und den verschiedenen

Zeiten, zu denen gegärtnert wird, kann es gut passieren, dass man sich wochen- und monatelang nicht begegnet. Deshalb veranstalten wir möglichst monatlich ein Gartenverantwortlichen-Treffen, bei dem sowohl Problemstellungen aus den einzelnen Gärten als auch Fragen, die alle betreffen, besprochen werden können.

Außerdem halten wir einmal alle ein bis zwei Monate unser Plenum ab. Dazu sind alle aktiven Gärtner*innen eingeladen, aber auch Menschen, die von uns gehört haben und sich ein Bild von uns machen möchten. Zudem gibt es in unserem E-Mail-Verteiler auch Menschen, die verfolgen, was wir tun und vielleicht gelegentlich zu einer Aktion kommen, aber nicht in einem Gartenteam aktiv sind. Auch sie sind bei den Plenen willkommen.

Persönliche Treffen sind seit Beginn der Corona-Krise kaum noch möglich. Das gemeinsame Essen, das unsere Plenen in den ersten Monaten verschönert hat, fällt nun weg; stattdessen begegnen wir uns virtuell auf Zoom, was natürlich die Art des Kontakts verändert. Inzwischen fühlen wir uns aber in der digitalen Welt so zu Hause, dass wir gar nicht mehr darüber nachdenken.

Einen großen Kreis um unser GemüseheldInnen-Organigramm herum bildet unser Trägerverein BIONALES e.V., der allerdings erst einige Monate, nachdem wir die Struktur entwickelt hatten, dazukam. Mit BIONALES ist besonders das Orga-Team eng verknüpft, denn viele Entscheidungen, die wir für die GemüseheldInnen treffen, müssen mit BIONALES abgestimmt werden. Wir möchten durch unsere Arbeit auch den Verein weiterbringen und treten nach außen häufig gemeinsam auf. Dabei ist es nicht immer einfach, die komplexen Zusammenhänge zwischen BIONALES, den GemüseheldInnen und dem Ernährungsrat Frankfurt transparent zu machen.

Da ich bei BIONALES angestellt bin, vertrete ich den Verein auch im Orga-Team und kommuniziere beinahe täglich mit Joerg, unserem Geschäftsführer.

Außerdem wurde Laura Ende 2020 in den Vorstand des Vereins gewählt. So kann sie als Schnittstelle fungieren und die Interessen von BIONALES bei den GemüseheldInnen einbringen.

Ein wichtiger Bestandteil unserer GemüseheldInnen-Struktur sind auch die Verbindungen zu anderen Organisationen und Institutionen. Wir sind eng vernetzt mit dem Umweltdezernat, dem Grünflächenamt, dem Liegenschaftsamt, der Urban-Gardening-Stelle und dem Planungsamt der Stadt Frankfurt, die uns alle mit Rat und Tat zur Seite stehen; außerdem mit dem Ernährungsrat Frankfurt; mit dem Historischen Museum, an dessen Stadtlabor-Ausstellung zum Thema „Die Stadt und das Grün" wir mitwirken; und mit vielen anderen. Wir arbeiten aktiv daran, die Liste ständig zu erweitern.

WIR LASSEN LOS UND GEBEN ARBEIT AB: **JUHU, UNSERE ARBEITSKREISE ENTSTEHEN**

Im Sommer 2020 merkten wir, dass unser Design nicht mehr ausreichend war für die Fülle an Tätigkeiten, die bei uns anfielen. Wir waren wie im Winter 2019 an einem Punkt, wo wir den Wunsch verspürten, Verantwortung abzugeben und zu dezentralisieren. Die Kommunikation in unserer Orga-Team-WhatsApp-Gruppe wurde immer umfangreicher und wir fanden, dass wir unnötig Energie verschwendeten, wenn jede*r sich mit allen Themen auseinandersetzte. So kam in einer neuerlichen Supervision die Idee auf, Arbeitskreise zu gründen. Wir trugen alle Organisationsbereiche zusammen — und kamen auf sage und schreibe zehn Arbeitskreise.

In unserem Organigramm sind die Arbeitskreise und das Orga-Team eng verknüpft: In jedem Arbeitskreis gibt es eine „Schnittstelle" mit dem Orga-Team, eine Person, die Informationen aus dem Arbeitskreis ins Orga-Team trägt und umgekehrt. Gleichzeitig soll jemand den Arbeitskreis leiten und koordinieren, der*die nicht dem Orga-Team angehören muss.

Ein besonders wichtiger Arbeitskreis ist „Community Care", der von Frederike geführt wird.

Dieser kümmert sich um alle Belange der Gemeinschaft: Feiern, Kommunikation innerhalb der GemüseheldInnen und die Einbindung von neuen GemüseheldInnen. Nach vielen Monaten, in denen wir auf jede Mail individuell geantwortet hatten, hat Frederike ein umfangreiches Willkommenspaket erstellt, das nun jede*r bekommt, der sich für unser Projekt interessiert. Darin werden unter anderem die Gartenteams und Arbeitskreise vorgestellt. Je nach Interesse können sich potenzielle neue GemüseheldInnen bei den einzelnen Teams direkt melden. Und es werden unterschiedliche Möglichkeiten aufgezeigt, wie man sich bei uns einbringen kann. Das ist auch insofern ein großer Fortschritt, als nun neue GemüseheldInnen nicht mehr willkürlich auf die Gartenteams verteilt werden, je nachdem, wo gerade Platz ist, sondern sie können sich gezielt aussuchen, welcher Garten sie anspricht. Wer sich für alte Gemüsesorten und Wildpflanzen begeistert, ist im Wiesengarten gut aufgehoben; wer annähernd professionell anbauen möchte, fühlt sich vielleicht zum Market Garden hingezogen; wer mit verschiedenen Permakultur-Methoden experimentieren möchte, passt gut in den Sonnengarten.

Für das Orga-Team bleibt trotzdem noch genug zu tun: das Zusammenführen aller Fäden, die Koordination und Verknüpfung der Gartenteams, Arbeitskreise und Kooperationspartner*innen außerhalb der GemüseheldInnen, außerdem Presse- und Öffentlichkeitsarbeit. Und, so wurde es in der Supervision wunderbar auf den Punkt gebracht: Das Orga-Team verkörpert den

Am Anfang war das Design: die Kunst der Gestaltung

Alte Gemüsesorten und ihre wilden Freunde sprühen vor Grün im Wiesengarten.

Geist des Projekts. Es hält sozusagen den Raum, in dem sich alles entfalten kann.

Wer weiß, um was unser Organigramm in Zukunft noch erweitert werden wird — seine offene Form lässt Veränderung zu, und das muss sie auch: Schließlich haben wir es mit einem lebendigen System zu tun, und Lebendigkeit beinhaltet immer Weiterentwicklung. Wie in jedem Permakulturgarten muss das Design flexibel reagieren auf das Feedback der Systemelemente — wenn sich zum Beispiel her-

ausstellt, dass die Gartenverantwortlichen sich überlastet fühlen, müssen wir für Entlastung sorgen und vielleicht Aufgaben umverteilen. Das bedeutet natürlich nicht, dass unser Design sich beliebig wandeln kann: Es spiegelt den aktuellen Ist-Zustand wider, gibt aber auch die Richtung vor, in die wir als Orga-Team die GemüseheldInnen navigieren möchten. Design und gelebtes Projekt stehen miteinander in enger Wechselwirkung und wachsen gemeinsam in einem dynamischen Prozess.

Kooperation statt Konkurenz: Erweiterung des Ökosystems

Ein Mini-Blechwannen-Teich. Und schon ist wieder eine Randzone da.

Die kleinen schleimigen Knabbermäuler müssen raus.
Wir sammeln sie ein und lassen sie dann an „unbedenklicher" Stelle frei.

Kooperation statt Konkurrenz: Erweiterung des Ökosystems

Zusammen ist man weniger allein im Großstadtdschungel. Für uns GemüseheldInnen ist die Zusammenarbeit mit anderen Institutionen, Projekten und Einzelpersonen mindestens genauso wichtig wie alles, was innerhalb des Projekts passiert. Schließlich sind auch natürliche Ökosysteme nicht geschlossen und abgeschottet gegenüber ihrer Umwelt. Ganz im Gegenteil: Die Stellen, an denen zwei Ökosysteme aufeinandertreffen, sind oftmals die produktivsten. Bei uns Menschen kommt es häufig zu Konkurrenz oder Auseinandersetzung, wenn verschiedene Welten zusammenstoßen. Aber auch hier können wir wieder von der Natur lernen: In den Randzonen zwischen zwei Ökosystemen findet nämlich immer ein intensiver Austausch statt. Deshalb besagt auch einer der Leitsätze, die David Holmgren für die Permakultur aufgestellt hat: Schätze und nutze Randzonen.

HOL DIE **RANDZONEN MITTEN IN DEINEN GARTEN**

Wo der Teich ans Land stößt, der Wald an die Wiese, die Obstbaumwiese an den Gemüsegarten — dort begegnen sich die Arten aus beiden Ökosystemen und entfalten ihre ganze Vitalität. Deshalb solltest du, wenn du deinen Permakulturgarten gestaltest, ein besonderes Augenmerk auf die sogenannten Randzonen legen: und ihnen möglichst viel Platz einräumen. So muss z.B. ein Teich nicht schlicht rund angelegt werden. Er kann Kurven und Ausbuchtungen haben — je größer die Uferfläche ist, desto besser. Wenn genügend Platz vorhanden ist, kannst du auch mehrere Teiche anlegen, damit an verschiedenen Stellen Randzonen entstehen.

Auf der *Ferme du Bec Hellouin* beispielsweise gibt es eine Vielzahl an Teichen, die häufig in unmittelbarer Nähe zu den Beeten liegen. Die Beete profitieren von der Feuchtigkeit des Bodens, Frösche und Lurche fressen die Nacktschnecken, das Wasser reflektiert die Sonne auf die Pflanzen — um nur einige Effekte der engen Nachbarschaft zu nennen.

In unseren Gärten haben wir automatisch Randzoneneffekte, da große Teile unserer Fläche Wildnis sind. Unsere Beete profitieren von der großen Insektenvielfalt aus den wilden Bereichen — sie leiden mitunter allerdings auch darunter, denn aus der umliegenden Wildnis kommen jede Nacht große Mengen an Nacktschnecken, um an unserem Gemüse zu knabbern.

AUCH BEI DEN GEMÜSE-HELDINNEN **SPRIESSEN DIE RANDZONEN**

Genau wie in der Natur oder im Garten gibt es auch bei einem Projekt wie den GemüseheldInnen Randzonen. Das sind all die Stellen, an denen wir auf außenstehende Personen, Gruppen, Initiativen, Institutionen und Einrichtungen stoßen und mit ihnen in Interaktion treten. Wir versuchen, unterschiedlichste Berührungspunkte mit

Unglaublich, was sich in ein paar Jahren ansammeln kann.

möglichst vielen anderen Systemen zu schaffen und uns auszutauschen — mit Informationen, Dienstleistungen, Werkzeugen, Kompetenzen … Idealerweise beruht dieser Austausch auf Gegenseitigkeit: Dann können beide Seiten davon profitieren und daran wachsen.

Interessant ist dabei, dass unsere Randzonen größer geworden sind, je stabiler unser System wurde. Klar, wenn ein Teich neu angelegt ist, dauert es auch eine ganze Weile, bis sich die Arten in ihm an-

siedeln, die später die Nacktschnecken auf den Beeten vertilgen. Und so mussten auch wir erst eine von außen erkennbare Form annehmen, um als Kooperationspartner ernst genommen zu werden.

Wir bemühten uns von Anfang an um die Zusammenarbeit mit anderen: Schon für unsere erste Entmüllungsaktion baten wir die städtische Entsorgungsgesellschaft FES um Unterstützung. Und die bekamen wir auch, in Form von Müllsäcken und Handschuhen, und der Müll, den wir zusammengetragen hatten, wurde an einer Sammelstelle abgeholt. Doch wie viel mehr Unterstützung erhielten wir ein dreiviertel Jahr später, als wir Kontakt zum Umweltdezernat geknüpft hatten. Zehn Mitarbeiter der FES kamen mit drei Kleinlastern und trugen gemeinsam mit uns tonnenweise Müll aus der Grünen Lunge.

Was die FES davon hatte? Es erschien ein schöner Artikel in der Frankfurter Rund-

Zeig mir, wer du bist

Wer steht hinter einem Projekt? Wer sind die Mitwirkenden und Ansprechpartner*innen?

Das ist für Außenstehende sehr wichtig. Es geht hier im wahrsten Sinne des Wortes um das Gesicht einer Organisation. Nicht nur potenzielle Mitglieder wollen wissen, mit

wem sie es zu tun haben. Ebenso die Politik, die Kommune und die Presse möchten identifizierbare Personen als Gesprächspartner*innen haben. Wir haben auch hier gemerkt: Je transparenter die Menschen hinter den Kulissen, umso vertrauenswürdiger und greifbarer wirkt das Projekt.

schau mit Foto und es gab einen Fernseh-
beitrag im Hessischen Rundfunk über die
Aktion. Die FES sponsorte uns und bekam
positive öffentliche Aufmerksamkeit dafür.

WERTSCHÄTZUNG MACHT GLÜCKLICH

Ganz entscheidend ist bei dieser Art von
Zusammenarbeit der wertschätzende
und anerkennende Umgang miteinander.
Wir haben gemerkt, dass die zuständigen
Herren bei der FES sich gefreut haben, wie
sehr ihre Hilfe uns beglückte. Die Stimmung
bei gemeinsamen Aktionen war ausge-
lassen und energiegeladen: Wir zeigten
den FFR-Männern (Frankfurter Fußweg-
Reinigung, eine Tochtergesellschaft der
FES), wie wertvoll sie für uns waren, auch,
indem wir ein Buffet aufbauten und sie
mit biologischen Sandwiches verpflegten.
Hier kam übrigens eine weitere Kooperation zum Tragen: Wir fragten bei der örtlichen Bio-Bäckerei *Zeit für Brot* und beim
Alnatura-Supermarkt an, ob wir am Abend
vor den Aktionen übriggebliebene Back-
waren abholen dürften, und auch ihnen
gefiel der Gedanke, ein gutes Projekt zu
unterstützen. Am Ende der ersten Aktion
baten uns einige FFR-Männer, die nächste
Aktion doch so zu planen, dass sie auch
wieder dabei sein könnten. Es war ein Gefühl von Gemeinschaftlichkeit entstanden,
das die Männer motivierte, möglichst viel
Müll an einem Tag zu entsorgen, und uns
anspornte, ihnen dabei so tatkräftig wie
möglich zur Seite zu stehen.

Jede*r macht das, was sie*er am besten kann:
Das Ökosystem größer denken

Ein wichtiges Anliegen der Permakultur
ist es, sich selbst erhaltende Systeme zu
erschaffen, die unabhängig von äuße-
rem Input dauerhaft funktionieren. Alle
benötigten Ressourcen sollen möglichst
aus dem System selbst kommen — oder
aber aus lokalen, benachbarten Quellen.
Dieses Ziel steht in gewisser Weise im
Widerspruch zu der Feststellung, dass
gerade Randzonen besonders produktiv
sind. Und leitet außerdem zu der Frage
hin, wo überhaupt ein Ökosystem endet
und ein anderes beginnt. Mehrere kleine
Ökosysteme können ja wieder ein grö-
ßeres ergeben, das dann verschiedene
Randzonen beinhaltet. Ob eine Ware also
als Import oder Produkt der Selbstversorgung gelten kann, liegt im Auge des
Betrachters.

Für uns war in dieser Frage Rob Hopkins
sehr bestimmend: In seiner *Transition-
Town*-Bewegung wird das anzustreben-
de „Ökosystem" groß gedacht. Aus der
Vernetzung einzelner kleiner Systeme
(Gärten, landwirtschaftliche Betriebe,

Handwerker etc.) entsteht eine städtische Gemeinschaft, die (weitgehend) unabhängig von Importen ist und sich so mit allem Lebensnotwendigen selbst versorgen kann. Indem jeder das produziert, was er am besten kann, entsteht ein Pool von Waren und Dienstleistungen höchster Qualität. Die Arbeitsteilung und somit Spezialisierung ist eine große menschliche Errungenschaft.

KOMPOST UND HOLZHÄCKSEL:
MAN MUSS ECHT NICHT ALLES SELBST MACHEN

Wir GemüseheldInnen sehen uns als Teil einer solchen städtischen Gemeinschaft. Deshalb haben wir nicht den Anspruch, alles, was wir für unsere Gärten und unsere Gruppe brauchen, selbst herzustellen. Vielmehr versuchen wir schon seit Beginn, das Know-how und die Möglichkeiten

von Menschen oder Institutionen außerhalb des Projekts bei uns einzubinden. Ein gutes Beispiel dafür ist der Kompost: Aus verschiedenen Gründen bieten unsere Gärten keine guten Voraussetzungen dafür, selbst Kompost herzustellen. Wir haben eine relativ hohe Rattenpopulation, Küchenabfälle in unseren Gärten sind also tabu. Grünschnitt nutzen wir hauptsächlich zum Mulchen, also für die Flächenkompostierung. Dazu kommt, dass wir bisher niemanden unter uns haben, der sich das Anlegen einer Kompoststelle zutraut. Wir sind noch nicht über die Frage hinausgekommen, ob jeder Garten einen eigenen Kompost haben sollte oder alle Gärten einen großen gemeinsamen.

Gleichzeitig haben wir einen großen Bedarf an Komposterde: Gerade beim Aufbau eines fruchtbaren Bodens ist das Einbringen auch größerer Mengen an Kompost

Kein Licht am Ende des Grünschnitts. Der verd*** Berg wurde einfach nicht kleiner.

sehr hilfreich. Wir haben länger überlegt und sind dann zu dem Schluss gekommen, dass wir nicht auf Teufel komm raus unseren eigenen Kompost produzieren müssen. Denn das würde auch bedeuten, erst einmal mindestens ein Jahr zu warten, bis der erste Kompost zur Verfügung stünde. Stattdessen haben wir uns entschlossen, die vorhandenen Ressourcen in der Stadt zu nutzen: Aus den Bioabfällen der Stadtbevölkerung wird ein qualitativ hochwertiger und zertifizierter Kompost in großen Mengen hergestellt, den uns die FES kostenlos liefert. Über 30 Tonnen Kompost haben wir auf diese Weise schon in unsere Beete eingebracht — und werden mit kräftigen Pflanzen belohnt.

Ähnlich wie mit dem Kompost haben wir es auch mit den Holzhäckseln gehandhabt: Wir sahen uns matschigen Wegen gegenüber, auf denen man bei Regenwet-

ter einsank und ausrutschte. Gleichzeitig hatten wir einen riesigen Grünschnittberg, den wir gerne in gehäckselter Form auf die Wege gebracht hätten. Zuerst erschien uns das als die nachhaltigste Variante: Den Grünschnittberg selbst zu verarbeiten und das Material somit direkt an Ort und Stelle nutzbar zu machen. Wir versuchten auch, den guten Vorsatz in die Tat umzusetzen; ein ganzes Wochenende lang häckselten wir mit einem vom Baumarkt geliehenen Häcksler von morgens bis abends.

Am Ende hatten wir Beschwerden aus der Nachbarschaft wegen des Lärms und der Grünschnittberg war kaum um ein Viertel kleiner geworden. Und so beschlossen wir, wieder auf die städtischen Anlagen zurückzugreifen, die viel besser als wir ausgestattet sind. Wir ließen unseren Grünschnitt abtransportieren und dafür wurden

Aber dann! Johann schaufelt, was die Schubkarre hält, und Luise modelliert die schönsten Wege.

uns erstklassige Holzhäcksel geliefert, auf denen es sich herrlich federnd läuft. Wir bilden uns ein, dass die Häcksel aus unserem Grünschnitt gewonnen wurden …

EINEN VEREIN FINDEN
STATT GRÜNDEN

Auch bei weniger materiellen Dingen haben wir von Anfang an nicht versucht, alles selbst zu machen. Schon nach wenigen Monaten kam bei uns die Frage auf, ob wir nicht einen Verein gründen sollten. Mir, Juli, widerstrebte die Vorstellung, denn ich sah die Stärke unserer Initiative gerade in ihrer großen Beweglichkeit und Freiheit. Ein Verein war aus meiner Sicht zu einer gewissen Starrheit verdammt, musste sich nach allen Richtungen absichern und konnte nicht mit dem hohen Tempo agieren, das uns auszeichnete. Unsere Herangehensweise, einfach loszulegen, ohne viel zu fragen, unsere Dynamik, auf eigenes Risiko zu handeln — all das würde durch einen Verein mit festen Statuten ausgebremst.

Es gab mehrere Plenen, bei denen die Frage einer Vereinsgründung diskutiert wurde, und jedes Mal sprach sich die Mehrheit dagegen aus. Wir legten das Thema zwischenzeitlich auf Eis, aber es wurde wieder akut, als die Umweltdezernentin uns dringend empfahl, einen Verein zu gründen.

Genau zum richtigen Zeitpunkt fiel uns die Lösung des Problems sozusagen vor die Füße: Wie wir im ersten Kapitel schon erzählt haben, schlug uns Joerg Weber vor,

doch Teil seines Vereins BIONALES e.V. zu werden und damit unsere verschiedenen Interessen unter einen Hut zu bringen: flexibel und schnell in der Umsetzung unserer Ideen zu bleiben und gleichzeitig Förderanträge stellen und von der Rechtsform des Vereins profitieren zu können. Davon abgesehen war es eine vielversprechende Möglichkeit zur Kooperation mit den anderen BIONALES-Projekten; gemeinsam hätten wir mehr Handlungsspielraum und Reichweite als auf uns allein gestellt. Nach einigen Tagen der internen Beratung bei uns, aber auch bei BIONALES war das Ganze beschlossene Sache.

Indem wir zu BIONALES gegangen sind, haben wir einerseits den Aufwand einer Vereinsgründung vermieden und konnten auf eingespielte Strukturen zurückgreifen, die wir mit einem eigenen Verein niemals so schnell erreicht hätten. Andererseits haben wir unseren Aktionsradius deutlich vergrößert. Denn Joerg ist der geborene Netzwerker, er kennt Gott und die Welt und versteht es wie kein anderer, Menschen zusammenzubringen und Kooperationen anzustoßen. Gemeinsam mit ihm können wir viel mehr erreichen als allein.

Natürlich bringt der Beitritt zum Verein auch Lerneffekte mit sich: Wir mussten erst langsam begreifen, dass wir nicht mit der gleichen Freiheit wie vorher Entscheidungen treffen können, dass wir uns in vielen Fragen abstimmen und die Interessen des Vereins einbeziehen und vertreten müssen. Wir tragen mehr Verantwortung als vorher, und dieser müssen wir auch gerecht werden. Aber wir sind ungeheuer gewachsen an diesem Schritt, und das ist den Verlust an Flexibilität allemal wert.

Wie man am Beispiel von BIONALES sieht, ist Kooperation nicht nur wertvoll, um Fertigkeiten und Kompetenzen auszutauschen und gegenseitig voneinander zu profitieren, sondern auch, um öffentlich stärker auftreten zu können. Es macht einen Unterschied, ob wir einen ve1rtrauenswürdigen Verein hinter uns haben oder nicht.

DIE **ZUSAMMENARBEIT** MIT ANDEREN INITIATIVEN **BEFLÜGELT UNS**

Um ein überzeugendes öffentliches Auftreten ging es uns auch bei unserer Vision „PermaKulturGarten Frankfurt 2025". Als die Idee dazu aufkam, war uns gleich klar: Je mehr Initiativen sie mittragen, desto stärker wird sie auf die Stadt und die Öffentlichkeit wirken. Deshalb haben wir uns mehrfach mit Vertreter*innen anderer Bewegungen zusammengesetzt und ihre Ideen in unseren Entwurf einbezogen. Als die Vision fertig war, begann die eigentliche Arbeit erst: Wir besuchten Plenen und Versammlungen von *Greenpeace, Transition Town, Fridays for Future, Scientists for Future* und vielen mehr. Dort stellten wir unsere Vision vor und warben um Unterstützung. Schließlich hatten wir

eine Menge Logos, die wir unter die Vision setzen konnten — und die ihr viel mehr Gewicht verliehen, als es unser junger Name vermocht hätte.

Die Zusammenarbeit mit anderen Gruppen, die in der Grünen Lunge aktiv sind oder sich für ihren Erhalt einsetzen, war uns auch unabhängig von unserer Vision von Anfang an wichtig. Schließlich wären wir ohne den engen Kontakt zur Bürgerinitiative nie zu unserem ersten Garten gekommen, und wir wären heute ganz sicher nicht an dem Punkt, den wir erreicht haben. Es gibt aber noch andere Gruppen, die für die Grüne Lunge kämpfen: zum Beispiel die sogenannten „Besetzer*innen", die aus dem Umfeld des Hambacher Waldes kommen und eine ganz andere Herangehensweise haben als wir. Sie wohnen zum Teil sogar in den von ihnen besetzten Gärten und haben vor, sich in dem Fall, dass die Bagger anrollen, an die Bäume zu ketten und die Grüne Lunge bis zum letzten Moment zu verteidigen. Das Bündnis „Grüne Lunge bleibt — Instone stoppen!" unter der Federführung des Aktivisten Alexis Passadakis organisiert Demos, Vorträge in der Grünen Lunge und versucht, Einfluss auf die Politik zu nehmen. Auch Jugendliche von *Fridays for Future* treffen sich in den Gärten und halten dort ihre Plenen ab; die Frankfurter Bewegung hat den Erhalt der Grünen Lunge in ihre Forderungen an die Stadt aufgenommen.

Es ist nicht immer ganz einfach, die verschiedenen Gruppen unter einen Hut bzw. zusammenzubringen. Hat doch jede ihren eigenen Ansatzpunkt für den Kampf um die Grüne Lunge, und auch die Vorstellungen, wie es weitergehen könnte, weichen stark voneinander ab. Die Bürgerinitiative möchte das Gebiet so erhalten, wie es ist: als Quasi-Naturschutzgebiet mit Einzelgärten. Unsere Idee von einer Öffnung für viele Bürger*innen beunruhigt einige der Mitglieder. Sie sehen darin die Gefahr, dass der verwunschene Charakter und die Artenvielfalt der Grünen Lunge leiden könnten. Auch unsere gärtnerischen Tätigkeiten stoßen nicht nur auf Zustimmung — manche zweifeln daran, dass sich Gemüseanbau und Naturschutz vereinen lassen.

Die Besetzer*innen wiederum wollen, dass die Grüne Lunge komplett geöffnet und alle Zäune entfernt werden. Sie möchten Baumhäuser bauen und möglichst viele Menschen ins Gebiet holen, während sie gleichzeitig auch die Wildnis erhalten und fördern wollen — und aus diesem Grund unsere gärtnerische Tätigkeit ebenfalls mit Skepsis betrachten.

Entscheidend für ein friedliches Miteinander ist es, regelmäßig miteinander zu sprechen. Daran arbeiten wir intensiv: Immer wieder setzen wir uns mit allen Gruppen an einen Tisch und stellen das Gemeinsame in den Vordergrund, nämlich den Erhalt der Grünen Lunge. Oft merken wir, dass sich Ressentiments aufgestaut haben, wenn man länger nicht miteinander geredet hat. Dabei gilt hier ganz besonders: Kooperation statt Konkurrenz. Wenn alle Gruppen zusammenhalten und sich verbinden, entsteht eine starke Allianz gegen die Bebauung. Dass jede Gruppe dabei ihre eigenen Strategien verfolgt, ist kein Nachteil, sondern sogar ein großer Vorteil: Niemand von uns kann wissen, welche Strategie am Ende zum Erfolg führt — oder ob nicht gerade die Verbindung der Strategien die Grüne Lunge retten wird.

UNSER GEMÜSE GEHÖRT ALLEN: DIREKTVERMARKTUNG AUF SPENDENBASIS

Unser erstes Ziel ist es, dass möglichst viele GemüseheldInnen sich aus unseren Gärten selbst versorgen können. Aber natürlich kommt es auch vor — und in Zukunft hoffentlich in noch größerem Ausmaß —, dass wir Überschüsse haben, die wir nicht selbst verbrauchen können. In diesem Fall möchten wir, dass Menschen aus den umliegenden Vierteln etwas von unserem Anbau haben — und langfristig möchten wir sowieso erreichen, dass wir uns einen wachsenden Kund*innenstamm aufbauen und unser Gemüse vermarkten können. Der Bedarf ist da: Oft werden wir von Spaziergänger*innen angesprochen, wo man denn unser Gemüse kaufen kann, und die Inhaberinnen des nahe gelegenen Café Menthe haben uns schon gefragt, ob sie unser Gemüse nicht zu köstlichen lokalen Gerichten verarbeiten dürfen.

„Mirabellen, frische Mirabellen!" Das überschüssige Obst zu verkaufen, macht Riesenspaß.

Der Stangensellerie kommt zuerst zu Achim und dann vermutlich in viele Smoothies.

Bisher können wir leider nur selten etwas abgeben, etwa, wenn die Obstbäume in den verlassenen Gärten der Grünen Lunge, aber auch in unseren eigenen Gärten so viel auf einmal abwerfen, dass wir uns kaum retten können. Dann bauen wir schnell einen kleinen Stand neben den Gärten auf und Passant*innen dürfen gegen eine Spende mitnehmen, was sie möchten. Für unsere Kinder ist es immer ein Highlight, die Fußgänger*innen an-zusprechen (und natürlich hinterher die Einnahmen zu zählen).

Ganz selten passiert es auch, dass wir zu viel Gemüse haben. So wucherte bei-spielsweise im Ernährungsrat-Garten ein Beet voller Stangensellerie über Monate vor sich hin, ohne dass geerntet wurde; wie sich herausstellte, folgt keine*r der Gärtner*innen dem Stangensellerie-Hype, der seit einiger Zeit um sich greift. Kurz

entschlossen ernteten wir im Dezember, wo es im Laden nur noch Stangensellerie aus Spanien zu kaufen gibt, das ganze Beet ab und verfrachteten den Sellerie ins Reformhaus Andersch, in dem ich arbeite. Dort wurde er uns geradezu aus der Hand gerissen.

SUPERSPANNENDE VERKNÜPFUNG: GEMÜSEANBAU UND KUNST

Ein besonderer Glücksfall für uns ist die Zusammenarbeit mit Michaela und dem Werklabor-Garten. Er ist als Kunstgarten angelegt und soll Student*innen von der nahegelegenen Frankfurt University of Applied Sciences, an der Michaela im Schwerpunkt Kultur und Medien lehrt, den Zusammenhang von Kunst und Natur nahebringen.

Noch im Frühjahr 2019 war der Werklabor-Garten einer der vermülltesten und am meisten verwahrlosten Gärten. Michaela und ihr Mann Rob haben innerhalb weniger Monate die Hütte renoviert, eine Außenküche installiert, Rasen gesät, ein großes Trampolin für die Kinder aufgestellt ...

Von Anfang an waren die beiden bei vielen unserer Aktionen dabei und wir haben uns eng abgestimmt. Als sie beschlossen, im Werklabor-Garten auch Gemüsebeete anzulegen, berieten wir sie, und so ist ein

Der Werklabor-Garten ist innerhalb weniger Monate zu einem wunderschönen Treffpunkt geworden.

Werklabor-GemüseheldInnen-Team entstanden. Gleichzeitig bot Michaela an, dort Veranstaltungen wie unser Plenum, unsere Sommerfeier oder auch Vorträge abzuhalten. In keinem unserer Gärten gibt es so viel Freifläche, um Tische und Stühle aufzustellen, wie im Werklabor-Garten. Wir nahmen den Vorschlag also nur allzu gern an.

Im Spätsommer starteten Michaela und ihre Freunde Bettina und Rocco eine Veranstaltungsreihe namens „Werkma(h)l": Einmal im Monat sollte in der Außenküche

gemeinsam gekocht werden, idealerweise mit unserem Gemüse. Bei jedem Werkma(h)l sammelt Bettina Spenden für die GemüseheldInnen ein.

Mittlerweile gibt es zwischen Werklabor-Garten und GemüseheldInnen-Gärten keine Trennung mehr: Beides gehört ganz klar zusammen.

ROBERT MAY, MICHAELA HEIDLAS-MAY
LASSEN KUNST IM GARTEN WACHSEN

MASCHINENBAUTECHNIKER, KÜNSTLERIN

In einem abgegrenzten Teilgebiet der Grünen Lunge pachten wir seit zehn Jahren einen Garten und sind Gründungsmitglieder der „Bürgerinitiative für den Erhalt der Grünen Lunge am Günthersburgpark". Als Juli und Laura ihr Projekt bei einem Treffen der Bürgerinitiative vorgestellt haben, waren wir sofort begeistert von der Klarheit ihrer Vision. Das Areal, in dem sie begannen, war seit mehreren Jahren verwahrlost und vermüllt gewesen und hatte sich in den letzten Jahren zu einer No-go-Area entwickelt. Bei einer der ersten größeren Aktivitäten, einer Müllaktion für das Gebiet, haben so viele Leute mitgemacht. Besonders beeindruckt hat uns, dass sich

keiner der Anwesenden zu schade zum Anpacken war. Dazu waren alle an dem Tag, dies vermutet man bei einer Müllaktion nicht unbedingt, äußerst gut gelaunt. Das war für uns eine unglaublich schöne und bereichernde Erfahrung. Mit dem ersten Spatenstich begann sich das Gebiet dann in einem rasanten Tempo zum Positiven hin zu verändern. Für uns bot sich die Möglichkeit, Teil eines experimentellen Gemeinschaftsprojektes zu werden.

Inzwischen verbringen wir den größten Teil unserer frei zu gestaltenden Zeit in den Gärten. Wir haben die Erfahrung gemacht, wie viel man bewerkstelligen kann, wenn alle gemeinsam an einer Sache arbeiten und die unterschiedlichsten Kompetenzen von den unterschiedlichsten Menschen eingebracht werden. Das hat eine unglaubliche Kraft.

Unser lang gehegter Wunsch, künstlerisches Arbeiten in der Natur umzusetzen, ist für uns hier in der Grünen Lunge endlich wahr geworden. Das GemüseheldInnen-Projekt erlaubt einen Erfahrungsraum und die Aneignung von Wissen, was in dieser Form und Vielfalt anders nicht möglich wäre. Wir bekommen einen viel intensiveren Kontakt zur Natur, lernen sie besser zu verstehen und entwickeln ein anderes Verhältnis zu unserer Ernährung. Durch die Vielfalt des Angebauten lernen wir Gemüsesorten und Kräuter kennen, mit denen wir sonst vermutlich nie in Berührung kommen würden, und unsere Geschmacksnerven sind viel ausgeprägter geworden. Zusätzlich bietet das Projekt auch für uns als Familie ganz neue Räume, um zusammen zu arbeiten.

Wir gestalten und bespielen den Kunstgarten, der gleichzeitig der gemeinsame Veranstaltungsgarten ist. Wir arbeiten gerne mit dem, was vorhanden ist und bringen viel Improvisationsvermögen und Kreativität mit.

WAS ES MIT DEM
WERKMA(H)L
AUF SICH HAT

Vor ca. vier Jahren saßen wir in einer kleineren Gruppe im Garten unserer Nachbarn und aßen Pasta aus dem, was der Garten gerade hergab: Zucchini, Tomaten, Peperoni und Basilikum. Zum wiederholten Male diskutierten wir darüber, wie und wozu man die Gärten in der Grünen Lunge noch nutzen könnte und welche gemeinschaftlichen Aktionen Spaß machen würden. Da meine Nachbarn Bettina und Rocco leidenschaftlich italienisch kochen und ich Künstlerin bin, entwickelten wir die Vision eines Gartens, in dem man malt, zwischendrin einen Cappuccino trinkt und anschließend den Tag mit einem guten Essen ausklingen lässt. Leider hatte zu dieser Zeit keiner von uns den passenden Garten.

Drei Jahre später jedoch war der richtige Zeitpunkt gekommen: Als wir beim ersten großen Fest im Werklabor-Garten mit Bettina und Rocco zusammensaßen und uns das leckere Essen schmecken ließen, fiel uns die Vision von damals wieder ein. Wir stellten fest, dass zum Malen noch ein bisschen Infrastruktur fehlte, zum Kochen aber alles vorhanden war. Und so wurde das Werkma(h)l geboren.

Einmal im Monat kochen Bettina und Rocco ein warmes Gericht mit möglichst vielen Zutaten aus den Gärten. Die Gäste erweitern die Speisekarte mit kleinen Gerichten, aus denen ein buntes Buffet entsteht.

So ergeben sich neue Erlebnisse für die Geschmacksnerven, Futter für die Gehirnzellen und soziale Kontakte. Es entstehen Situationen, in die man sonst nicht kommen würde: Man steht oder sitzt mit fremden Personen am Lagerfeuer und kommt in einen angeregten Austausch.

Wir möchten mit dem Werklabor-Ateliergarten und dem Werkma(h)l eine Art Garten-Salon entstehen lassen — einen Ort gemeinsamer kultureller Erlebnisse mit Lesungen, Musik, künstlerischen Tätigkeiten oder Themen-/Diskussionsabenden mit bestem frischem, gesundem Essen.

Wir haben einfach soooo Lust auf genial gutes Essen.

Jonas, Sensenmann. Nein, im Ernst: Unglaublich, was wir in 72 Stunden dazulernen konnten.

ZUSAMMEN LERNEN UND AN VORBILDERN WACHSEN:
WIR BILDEN UNS GEMEINSAM WEITER

Was unser Projekt außerdem ständig voranbringt, sind unsere Weiterbildungen. Uns ist es wichtig, dass wir nicht nur als Einzelpersonen dazulernen, sondern dass möglichst viele GemüseheldInnen von dem Wissensschatz profitieren können, den andere bereit sind, an uns weiterzugeben. Denn je mehr wir über Gemüseanbau und Permakultur wissen, desto besser werden sich auch unsere Gärten entwickeln und desto größer wird unser Projekt. Deshalb sind wir immer eifrig auf der Suche nach Menschen in erreichbarer Nähe, die uns ihr Know-how weitergeben wollen. Dabei sind wir wie immer nicht bescheiden, sondern wenden uns gleich an die Personen, die uns am meisten interessieren — und hoffen, dass die Sympathie auf Gegenseitigkeit beruht.

Der 72-Stunden-Permakultur-Designkurs mit Jonas Gampe

Auf diese Weise haben wir Jonas Gampe zu uns geholt. Jonas ist ein deutschlandweit bekannter Permakultur-Designer. Er hat das vielgelesene Buch *Permakultur für den Hausgarten* geschrieben und gerade die erste Permakultur-Gärtnerei Deutschlands aufgebaut. Anna hatte ihn bei einer Praktikumswoche kennengelernt und schlug uns vor, ihn doch für einen Baumschnittkurs zu uns in die Grüne Lunge einzuladen — Bäume, die geschnitten werden müssen, haben wir schließlich genug … Jonas willigte sofort ein und kam im September 2019 für einen Tag zu uns.

Wir waren so fasziniert von seinem umfassenden Wissen, dass wir ihn noch am gleichen Tag fragten, ob er nicht den berühmten 72-Stunden-Permakultur-Designkurs bei uns abhalten möchte. In der Grünen Lunge, für die GemüseheldInnen. Es war ein Schuss ins Blaue und wir haben nicht wirklich mit einem Ja gerechnet. Die 72-Stunden-Kurse sind eigentlich immer ausgebucht und normalerweise muss man dafür weit fahren, dort natürlich übernachten und für Verpflegung sorgen. Ganz davon abgesehen, dass man sich nach den vorgegebenen Terminen richten muss. Aber Jonas fand die Idee spontan gut und hatte Lust dazu.

Wir konnten also zu Hause bleiben, durften anhand unseres eigenen Projekts lernen und uns sogar die Kurstermine aussuchen. Ziemlich genial, das Ganze.

Am Ende waren nicht alle Teilnehmer*-innen des Kurses GemüseheldInnen, aber doch der überwiegende Teil. Der Kurs fand im Sommer 2020 an vier verlängerten Wochenenden statt und hatte seinen ganz eigenen Zauber: Bei Wind und Wetter in unseren Gärten (die Corona-Situation erlaubte es nicht, sich in geschlossenen Räumen zu treffen) lernten wir unsere Umgebung noch einmal ganz neu kennen und erlebten eine intensive Zeit. Ja, wir lernten gemeinschaftlich und bereicherten uns gegenseitig. Gemeinsam haben wir ein Feuchtbiotop angelegt, Pläne gezeichnet und das Design unserer Gärten teilweise noch einmal grundlegend überarbeitet. Jonas ist auf diese Weise Teil unseres Projekts geworden — und nicht nur das: Bei seiner Permakultur-Gärtnerei können wir uns jederzeit mit Sträuchern, Pilzstämmen und Bäumen eindecken.

Wild und frei ist super. Aber für viele Früchte müssen die jungen Bäume auch „erzogen" werden.

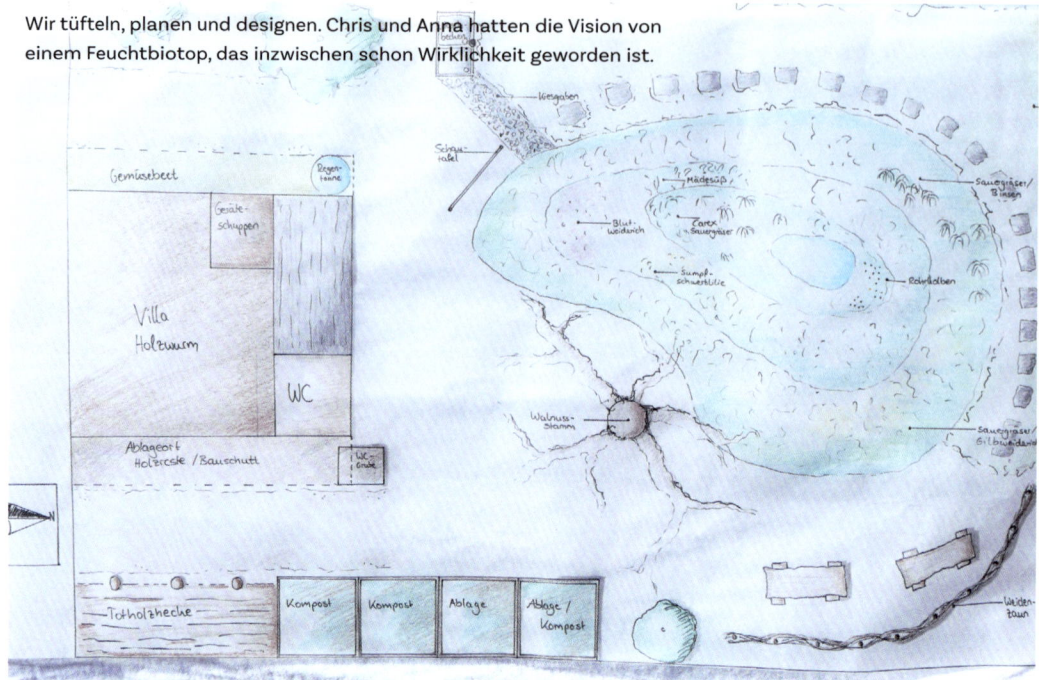

Wir tüfteln, planen und designen. Chris und Anna hatten die Vision von einem Feuchtbiotop, das inzwischen schon Wirklichkeit geworden ist.

Anna, Chris, Laura und ich waren so fasziniert, dass wir nach dem 72-Stunden-Kurs noch tiefer in die Materie einsteigen wollen. Wir haben also mit der dreijährigen Ausbildung zur Permakulturdesignerin begonnen.

Market Gardening mit Orfeas Fischer und Sara Knapp

Auf die Methode des Market Gardening sind wir zufällig gestoßen. Wir hatten ein Skype-Gespräch mit einem befreundeten Paar von Anna. Die beiden leben in einem Hofprojekt und erwähnten einen Market Gardener in ihrer Gegend, der „richtig gut" sein müsse. Er habe es schon im ersten Jahr geschafft, schwarze Zahlen zu schreiben, und das auf kleinster Fläche. Ob das nicht was für uns wäre? Wir kamen also

zum *Weierhöfer Gartengemüse*, zu Orfeas und seinem YouTube-Kanal. Nachdem wir uns die Videos angeschaut hatten, wussten wir, dass wir ihn unbedingt in echt kennenlernen wollten. Wir meldeten uns also bei ihm und hatten das Glück, Teil der ersten öffentlichen Gartenführung zu werden, die Orfeas und Sara veranstalteten. Anfang Juni 2020 fuhr das gesamte Orga-Team in die Pfalz und bestaunte zwei Stunden lang den Garten der beiden. Was uns in unserem Permakultur-Kurs manchmal fehlte: das Konkrete, Handgreifliche — das fanden wir hier. Schnurgerade Beete, dicht in Reih und Glied bepflanzt, waren in verschiedenen Blöcken angeordnet, und jedes Detail atmete Effizienz und gute Organisation. Wir wollten mehr über die Methode von Orfeas und Sara erfahren

Wir schwitzen wie verrückt. Diese Radhacke …
und die 36 °C im Schatten tun ihr Übriges.

und fragten sie deshalb, ob sie nicht ein dreitägiges Seminar für uns anbieten würden — und, hurra, sie schlugen uns sofort ein Wochenende Anfang August vor.

Acht GemüseheldInnen nahmen an dem Intensivkurs teil, Orfeas und Sara erklärten uns alles über die Grundlagen des Market Gardening. Gemeinsam bereiteten wir Beete vor, säten, pflanzten und ernteten — das Ganze bei mehr als 35 Grad. Unsere Bewunderung für die Arbeit der beiden steigerte sich, je mehr wir darüber lernten. Wir haben fest vor, auch ihren Onlinekurs zu absolvieren. Und immer wieder kontaktieren wir sie, wenn wir Fragen haben und bekommen bereitwillig Auskunft.

Ingrid hat da eine echte Charaktermöhre aus der Erde gezogen.

Gemeinsam befördern wir die Jungpflanzen in die Erde.

Vor dem sogenannten „Écocentre", dem von Charles selbst gebauten Ausbildungsgebäude, in Bec Hellouin: eine beflügelte GemüseheldInnen-Gruppe.

Ein Badesee mitten im Garten. Wir sind im Paradies gelandet.

Petra und Ingrid haben sich schockverliebt in dieses Kürbiswunderexemplar.

AUSFLUG INS MEKKA DER PERMAKULTUR:
EIN AUSBILDUNGSTAG IN BEC HELLOUIN

Durch unsere Fortbildungen in Permakultur und Market Gardening spürten wir immer stärker, dass eine Verbindung beider Methoden ideal wäre. Wir hatten schon lange den Verdacht, dass eine solche Synthese bisher nur der *Ferme du Bec Hellouin* gelungen ist. Und es war ein großer Moment, als wir uns das im September 2020 vor Ort anschauen konnten: Gemeinsam mit acht weiteren GemüseheldInnen hatten wir einen Ausbildungstag auf Englisch bei Perrine gebucht. Dieser Aufenthalt lässt sich kaum in Worten wiedergeben: Den Zauber des liebevoll gestalteten Bauernhofs muss man erlebt haben.

An einem strahlenden Spätsommertag führte Perrine uns von ihrem Inselgarten über den Waldgarten zum Mandalabeet; sie zeigte uns die vor lauter Pflanzen aus allen Nähten platzenden Gewächshäuser, die nach Tomaten und Basilikum dufteten; sie präsentierte uns ihre neu angelegte „Paysage de Résilience" („Resilienz-Landschaft") mit Tausenden jungen Obstbäumen und einem großen Badesee.

Oft ist man ja gerade von seinen größten Vorbildern enttäuscht, wenn man sie schließlich persönlich kennenlernt. Geht es dir auch manchmal so? Bei der Ferme war das Gegenteil der Fall: Sie ist in natura noch schöner als auf allen Fotos und in sämtlichen Reportagen, die wir gesehen hatten. Perrine war humorvoll und bodenständig und voller Esprit und Kraft.

GemüseheldInnen auf Segelreise

Aus einem Gartenprojekt entstehen nicht nur Arbeitskreise und Gartenteams, sondern — wie sollte es anders sein — auch Freundschaften.

Nach unserer Exkursion zur *Ferme du Bec Hellouin*, bei der wir uns alle besser kennengelernt und festgestellt hatten, dass wir uns auch in der Freizeit sehr gut ergänzen, hatten wir Lust auf mehr. Deshalb geht's für uns im nächsten Sommer auf große Segelreise nach Kroatien — natürlich klimaneutral. Yoga mit Moni steht dort auf unserem täglichen Programm und wir möchten die unberührte kroatische Natur erkunden.

Solche gemeinsamen Abenteuer kommen dem Projekt zu Hause indirekt zugute. Gerade, wenn man einmal

weg vom Garten und dem Alltagsgeschäft ist und Zeit hat, sich aufeinander einzulassen und die Gedanken schweifen zu lassen, hat man einen unverstellten Blick aufs Projekt und kommt auf ganz neue Ideen.

In jeder Hinsicht Leinen los!

Unsere zauberhafte Unterkunft. Und am Abend haben wir dort über Gemüse und die Welt gequatscht.

Der einzige Wermutstropfen: Unser Ausbildungstag war der letzte, der in Bec Hellouin angeboten wurde. Charles und Perrine wollen sich in den nächsten Jahren voll und ganz der Forschung widmen und führen keine Ausbildungen mehr durch; sie verkaufen auch kein Gemüse mehr. Deshalb waren viele Kulturen bereits abgeerntet und durch Gründüngung ersetzt worden. Insofern haben wir die *Ferme du Bec Hellouin* in einer Zeit des Übergangs erlebt. Wir konnten also nicht mehr die ganze Palette der Anbaukunst bestaunen, die dort entwickelt wurde.

Am Tag nach der Ausbildung durften Laura und ich zum Mitarbeiten kommen. Perrine ließ uns Tomaten und Gurken ernten, Spinat und Feldsalat für den Winter in Anzuchtplatten säen und vor allem viele Fragen stellen.

Bei dieser Gelegenheit konnten wir noch einmal ganz anders in die Atmosphäre der Ferme eintauchen und Perrine nahm sich sogar die Zeit für ein sehr persönliches Gespräch. Wir verließen die Ferme mit Perrines Ankündigung, uns in Frankfurt zu besuchen und uns bei unserem Projekt zu beraten.

Alle unsere gemeinsamen Fortbildungen haben uns stärker zusammengeschweißt, was natürlich auch für das Projekt toll ist. Unser Aufenthalt in Bec Hellouin war in dieser Hinsicht jedoch noch einmal etwas ganz Besonderes: Die gemeinsamen Mahlzeiten mit Gesprächen bis spät in die Nacht werden uns noch lange in Erinnerung bleiben.

Die „Girls", wie Perrine uns nannte, mit ihrem großen Vorbild.

WIR WOLLEN DIE WELT VERÄNDERN: UND MÜSSEN UNS MIT SCHNÖDEM GELD BEFASSEN

Finanzen sind ein Thema, das wohl jedes ehrenamtliche Projekt begleitet. Wer soll aufkommen für die Ausgaben, die anstehen? Legen alle zusammen oder investieren Einzelpersonen ihr Privatvermögen? Zu Beginn, wenn das Projekt noch klein ist, lassen sich diese Fragen relativ leicht lösen. In den ersten Monaten haben wir das Saatgut selbst gekauft und die Jungpflanzen vorgezogen. An Werkzeug haben wir das benutzt, was wir in den Gärten gefunden haben. Und wenn wir doch mal ein bestimmtes Gerät haben wollten, haben wir es uns eben gekauft. Als die GemüseheldInnen immer mehr Gärten hatten, wuchs natürlich der Bedarf — an Samen, Pflanzen, Sträuchern, Grabegabeln, Schubkarren … Und auch die Kosten für Werbung summierten sich. Ganz zu schweigen von der Pacht für die Gärten und dem Wassergeld. Wir wollten keinen Mitgliedsbeitrag einführen, deshalb schrieben wir eine Rundmail an alle GemüseheldInnen, dass sie uns doch etwas spenden sollten. So kam ein stattlicher Betrag zustande, mit dem wir zunächst alle Ausgaben decken konnten. Es waren aber schon neue Investitionen in Sicht: Komposttoiletten sollten gebaut werden, wir wollten Grelinetten in Frankreich bestellen etc. Chris brachte dann das Thema „Förderung" auf den Tisch. Obwohl das weiß Gott nicht

mein Lieblingsthema ist — wer möchte sich schon mit schnödem Geld befassen, wenn er die Welt verbessern will? —, können wir nur jedem empfehlen, sich über mögliche Fördertöpfe schlau zu machen, in den sauren Apfel zu beißen und sich mit Anträgen herumzuschlagen. Denn tatsächlich gibt es viele Anlaufstellen, die Urban-Gardening-Projekte unterstützen. Am einfachsten ist es immer, direkt anzurufen und ins Gespräch zu kommen — wir sind dabei auf offene Ohren und viel Hilfsbereitschaft gestoßen. So hat uns z.B. die Urban-Gardening-Stelle der Stadt Frankfurt großzügig Werkzeuge, Saatgut und Pflanzen finanziert. Sehr wertvoll ist auch der Kontakt zu *anstiftung*, einem Netzwerk, das Urban-Gardening-Projekte erforscht und miteinander vernetzt. Man kann sich sowohl mit allgemeinen Fragen als auch mit konkreten Bedürfnissen an *anstiftung* wenden. Auf diese Weise bekamen wir ganz unkompliziert und in Windeseile das Material für zwei Komposttoiletten bezahlt.

Aber auch lokale Firmen können Ansprechpartner für Förderungen sein. Das Energieunternehmen *Mainova* unterstützt Frankfurter Initiativen und hat uns fünf Grelinetten gesponsort. 2020 haben wir außerdem den gemeinnützigen Verein *one for the planet e.V.* entdeckt. Dort spenden Menschen jeden Monat einen Euro, um ein nachhaltiges Projekt zu unterstützen. Man kann sich angenehm unbürokratisch bewerben; Frederike hat

das, kaum dass sie dem Orga-Team bei-
getreten war, in die Hand genommen und
gleich 791 Euro für uns aufgestellt. Mit
diesem Geld haben wir im Frühjahr ganz
viele Jungpflanzen gekauft.

WAS UNS AM MEISTEN WEITERBRINGT: **BEZAHLTE ZEIT**

Und dann gibt es natürlich noch Förderer,
die größere Summen zur Verfügung stellen.
Dazu zählt unter anderen die Deutsche
Postcode-Lotterie (viele Lotterien engagieren sich wohltätig und fördern nachhaltige oder gemeinnützige Projekte). Dort
kann man nicht nur Material, sondern
auch Stellen beantragen — denn das ist es,
was unserer Ansicht nach am dringends-
ten gebraucht wird, um ein Projekt wie
unseres voranzubringen. Motivierte Menschen, die auch Zeit haben, sich zu engagieren, und zwar im Idealfall bezahlte Zeit.
Solche Anträge sind ein wenig aufwendiger und wir sind glücklich, dass Ilka sie
beruflich schon seit Jahren schreibt und
deshalb sehr viel Erfahrung damit hat. So
ist es ihr gemeinsam mit Anna und Chris
gelungen, unseren ersten Postcode-Antrag
über 30.000 Euro bewilligt zu bekommen.
Die Hälfte des Betrags kann in Stellen
fließen, während die andere Hälfte für
Materialien gedacht ist. Wir werden damit
eine Außenküche, Überdachungen unserer Hütten für Veranstaltungen und einen
Lehrpfad durch unsere Gärten finanzieren.
Außerdem war unsere Fortbildung in Bec

Hellouin im Postcode-Antrag enthalten.
Vor allem aber planen wir eine Reihe von
Bildungstagen in unseren Gärten, die dann
auch in Form von Videos verewigt werden
sollen.

Nicht zuletzt ist dieser Postcode-Antrag
auch unsere Eintrittskarte für den nächst-
größeren „Topf": Wenn wir die aus dem
Antrag entstehenden Aufgaben erfolgreich
bewältigen (nämlich eine Sommerküche
bauen, einen Lehrpfad erstellen und sieben Bildungstage erfolgreich durchführen),
können wir im nächsten Jahr 100.000 oder
sogar 300.000 Euro beantragen.

ERNÄHRUNGSBILDUNG FÜR KINDER UND ERWACHSENE

Im nächsten Jahr möchten wir die Zusammenarbeit mit unterschiedlichsten
Bildungseinrichtungen stark ausweiten.
Es ist uns extrem wichtig, Erwachsenen
und Kindern mit unserem Projekt zu ver-
mitteln, dass es möglich ist, sich Nahrung
selbst anzubauen und eine Verbindung
mit der Natur einzugehen — auch in der
Stadt.

Wir haben bei den GemüseheldInnen viele
engagierte Menschen für den Bildungsbereich. Anna beispielsweise ist Diplom-
Pädagogin und Chris hat über viele Jahre
Gruppen für Selbstverteidigung geleitet.
Beide sind also hochqualifiziert und
möchten ihr Know-how gern noch mehr
ins Projekt einbringen. Perfekt, denn so
können wir uns im Bildungsbereich profes-

sionell aufstellen und mit Schulen, Kitas, aber auch sozialen Einrichtungen wie dem Haus der Volksarbeit zusammenarbeiten. Chris hat bereits mehrere einwöchige Kinderkurse in der Grünen Lunge betreut und mit den Kindern zum Thema Färbepflanzen experimentiert.

Auch bekommen wir immer wieder Anfragen von Horten und Kitas, die uns besuchen wollen. Wir merken, dass der Bedarf nach Orten, wo Kinder Natur erfahren können, groß ist.

Unser nächstes Ziel ist eine PermaKultur-Insel, die wir voll und ganz als Bildungsort gestalten können. Anna könnte dort mit Schulklassen die gesamte Anbausaison über ein Schuljahr verfolgen oder auch Bildungsveranstaltungen zu verschiedenen Themen anbieten. Bisher gibt es in Frankfurt (und, soweit wir wissen, auch generell in Deutschland) noch keine Bildungsangebote für Kinder zum Thema Permakultur. Das soll sich mit uns GemüseheldInnen ändern.

Aber auch im Erwachsenenbereich haben wir große Pläne: Durch die Förderung der Postcode-Lotterie haben wir die Möglichkeit, sieben umfangreiche Bildungstage zu veranstalten. Und da möchten wir nicht nur unser eigenes Know-how weitergeben, sondern auch externe Referent*innen einladen. Auf dem Programm stehen verschiedene Permakultur-Themen.

DAS VERBINDENDE SEHEN, NICHT DAS TRENNENDE

Unser Ziel für die nächsten Jahre ist es, möglichst vielseitige weitere Kooperationen einzugehen und die bestehenden zu festigen und auszubauen. Dabei steht für uns immer im Vordergrund: Wir suchen das Verbindende, die Gemeinsamkeit. Trennendes gibt es ohnehin genug. Wir wurden oft gefragt: Wie könnt ihr mit der Stadt zusammenarbeiten, die doch die Grüne Lunge bebauen lassen möchte? Das ist doch paradox! So haben wir das aber nie gesehen: Wir können doch gleichzeitig in bestimmten Punkten ganz anderer Meinung sein als die Stadt und dennoch die Möglichkeiten nutzen, zusammen etwas zu erreichen. Unsere „Randzonen" möglichst groß und offen zu gestalten, das heißt für uns: Wir schließen nichts von vornherein aus, sondern wir bewegen uns in einem Feld der unbegrenzten Möglichkeiten.

Kunstwerke ohne künstlichen Schnickschnack.

Das Werkzeug steht bereit. Kinder, hereinspaziert!

Schritt für Schritt zum eigenen Projekt

Du möchtest ein
Urban-Farming-Projekt
in deiner Stadt starten?
Hier findest du ein paar
Tipps dazu.

ENTWICKLE **DEINE VISION**

Bevor du in irgendeiner Weise aktiv wirst, darfst und solltest du dich fragen: Was ist deine Vision für die Zukunft? Wie sieht deine Idee in ihrer Vollendung aus? In deinen Gedanken ist alles erlaubt, der Fantasie sind keine Grenzen gesteckt. Stell dir vor, dass dir alle Türen offenstehen und du nur hindurchgehen musst, um deine Idee Wirklichkeit werden zu lassen.

Diese Phase ist entscheidend, denn in dem Moment, in dem du dir erlaubst, deine Ideen wie eine bunte Wildwiese blühen zu lassen, wird sich ein Gefühl der Freiheit und der Kraft in dir ausbreiten.

„Frankfurt essbar machen — Ei sischer": Mit dieser Vision haben wir uns auf den Weg gemacht. Nicht wenige Menschen glaubten, dass wir größenwahnsinnig sind. Aber diese Zielvorstellung hat uns in allen unseren Schritten gelenkt.

Gleichzeitig wollten wir damit die Vorstellungskraft der Menschen wecken. Es macht für die Wahrnehmung eines Projekts sehr viel aus, ob irgendwo ein paar Tomaten wachsen oder ob vor dem inneren Auge eine ganze Stadt vor Gemüse überquillt. Dass man dann trotzdem mit den Tomaten anfängt, ist klar. Eine Pflanze beginnt ja auch als kleines Samenkorn, und dennoch haben wir die stattliche Pflanze vor Augen, die einmal daraus wird. Das innere Bild der Pflanze animiert uns, den Samen in die Erde zu stecken.

FINDE MITSTREITER*INNEN

Je mehr Personen an einer Vision arbeiten, desto schneller und effektiver kann sie umgesetzt werden. Wenn du deine Idee mit anderen teilst und sie dann gemeinsam mit ihnen umsetzt, entwickelt sich ganz schnell eine Dynamik, die du gar nicht erwartet hast. Am wichtigsten ist, dass du vor Begeisterung für deinen Plan nur so sprühst — dann wirst du im Nu auch andere anstecken.

GIB DEINEM PROJEKT EINEN **NAMEN UND EIN LOGO**

Wir haben gelernt: Je früher dein Projekt einen Namen hat, desto schneller wird es auch wahrgenommen. Kreiere deine eigene Marke — wenn möglich auch gleich mit einem unverwechselbaren Logo und einem wiedererkennbaren grafischen Auftritt. Lass das Unsichtbare sichtbar werden! Du denkst vielleicht: Es kommt doch auf die Inhalte an, nicht auf das Äußere. Damit hast du zwar einerseits recht, aber andererseits sind für Außenstehende die Inhalte oft nicht sofort zu durchschauen. So wie die Verpackung uns im Idealfall schon viel über das Produkt verrät, das wir kaufen möchten, so sollte auch die Außenpräsentation deines Projekts prägnant zusammenfassen, was seine Inhalte und Ziele sind. Und ein großer Wiedererkennungswert ist wichtig: Wenn man dein Logo sieht oder deinen Namen liest, sollten beide unverwechselbar und einzigartig sein.

Natürlich ist es unwahrscheinlich, dass du wie Laura Grafikdesignerin bist und das alles aus dem Ärmel schüttelst. Das ist überhaupt kein Problem — wenn du einen guten Namen hast, genügt das für den Anfang. Vielleicht stößt im Verlauf deines Projekts ein*e Grafikdesigner*in dazu und macht sich an die grafische Umsetzung. Auch wir hatten vor unserem jetzigen Logo, das Laura mit Schubkarre, Peter Beckmann mit Gießkanne und mich mit Spitzhacke zeigt, ein recht albernes Logo mit Gemüse, das in Heldenaccessoires gekleidet war — das hat unserem Erfolg keinen Abbruch getan. Ein Logo kann im Laufe der Zeit also auch noch verbessert werden.

FINDE EINE
GEEIGNETE FLÄCHE

Für den Start deines Projektes ist eine geeignete Fläche der Grundstein. Mach einen Spaziergang oder kombiniere deine Suche mit einer Fahrradtour durch die Stadt. Es ist immer gut, eine Kamera oder ein Handy für Schnappschüsse parat zu haben, um alles zu dokumentieren. Wenn dir geeignete Flächen auffallen, notiere dir auf jeden Fall den Straßennamen oder die Ecke. Wenn dir ein Ort besonders gut gefällt, dann bleib doch einige Momente dort. Wie wäre es, genau hier zu graben, zu säen, zu pflanzen? Ist der Weg von diesem Ort zu deinem Zuhause gut zu meistern? Ist es sehr laut hier? All diese Momentaufnahmen heißt es einzufangen.

LEG LOS — MIT DEN RICHTIGEN ANSPRECHPARTNER*INNEN

Du hast einen Ort auserkoren, der dir ideal erscheint für dein Vorhaben? Dann finde als nächstes heraus, ob du dort loslegen kannst. Wem gehört die Fläche? Wer ist zuständig? Wenn es sich um eine städtische Fläche handelt: Gibt es in deiner Stadt eine Urban-Gardening-Stelle, bei der du anfragen kannst? Bei uns in Frankfurt ist das Grünflächenamt zuständig für öffentliches Grün. Ehrlicherweise hat uns dieser Weg allerdings nicht zum Erfolg geführt: Die einzige Fläche, die uns von der Urban-Gardening-Stelle vorgeschlagen wurde, wäre nur mit Hochbeeten zu bespielen gewesen, und der bürokratische Aufwand, bis wir hätten anfangen können, erschien uns kaum zu bewältigen. Deshalb ist für uns der effizientere Weg — zu dem wir dich natürlich nicht offiziell ermutigen dürfen: Wenn du einen Ort gefunden hast, der offenkundig ungepflegt und verwahrlost ist, um den sich scheinbar niemand kümmert, mach es wie die Frauen von *Incredible Edible* und leg einfach los! Wenn die zuständigen Personen irgendwann bemerken, dass du dort aktiv bist und den Ort zum Positiven veränderst, ist es sehr unwahrscheinlich, dass sie dich davon abhalten werden, weiterzumachen. So war es ja auch bei uns: Als wir einmal begonnen hatten (in Gärten, die uns nicht „offiziell" gehörten), sprachen uns Garteneigentümer*innen an, die wollten, dass wir auch ihre Gärten bewirtschafteten, und die Stadt wollte uns ebenfalls unterstützen. Es ist eben leichter zu zeigen, was man bewirken möchte, wenn man schon etwas vorzuweisen hat.

Es kann natürlich auch sein, dass deine Wunschfläche einer Firma oder Privatperson gehört. Dann ist es unerlässlich, Kontakt zur*zum Eigentümer*in aufzunehmen und ihr*ihm deinen Plan vorzustellen. Viele Firmen freuen sich, wenn sich jemand ihrer vernachlässigten Flächen annimmt, mit denen sie vielleicht bisher nichts anzufangen wussten. Auch Kirchen sind manchmal interessiert daran, Urban-Farming-/Gardening-Projekten ein Zuhause zu geben.

VERNETZE DICH IN ALLE RICHTUNGEN

Schon bevor du beginnst, kannst du dich auf die Suche nach Initiativen, Vereinen oder Gruppen begeben, die vielleicht bereits etwas Ähnliches machen wie das, was du vorhast. Gibt es andere Urban-Farming-/Urban-Gardening-Projekte in deiner Stadt? Existiert ein aktives *Transition-Town*-Netzwerk, dem du dich unter Umständen anschließen kannst? Wenn es in deiner Stadt einen Ernährungsrat gibt, bietet auch er sich als Anlaufstelle an — denn die Ernährungsräte möchten wieder eine ökologische und regionale Nahrungsmittelversorgung der Städte erreichen und suchen vielleicht gerade nach Projekten, die das praktisch umsetzen.

Bei uns ist der Kontakt zu anderen Projekten erst mit der Zeit entstanden. Als wir loslegen wollten, haben wir im Internet recherchiert, welche Initiativen es in Frankfurt schon gab, weil es natürlich viel einfacher gewesen wäre, irgendwo mitzumachen, als ganz von vorn zu beginnen. Wir sind damals allerdings nicht fündig geworden: Frankfurt war noch jungfräulich, was urbane Landwirtschaft oder die „Essbare Stadt"-Bewegung angeht. Deshalb war uns schnell klar, dass wir selbst aktiv werden mussten.

Natürlich freuen wir uns auch sehr, wenn du einen „Ableger" der GemüseheldInnen gründen möchtest. Dann melde dich einfach bei uns und wir können gemeinsam besprechen, wie du am besten vorgehst.

Enkeltaugliche Umwelt klingt ein wenig abgeschmackt. Aber wir gärtnern natürlich auch für unsere Kinder. Damit ihre Zukunft blühen kann.

Ein Blick in die Glaskugel: Zukunftsvisionen

Wir stehen an einem Wendepunkt in der Menschheitsgeschichte, davon sind wir überzeugt. Werden wir die Umkehr schaffen, die Abkehr vom Raubbau an der Natur, an unseren Lebensgrundlagen? Werden wir unsere Lebens-, Kauf- und Essgewohnheiten dahingehend ändern, dass wir die Kapazitäten des vielleicht einzigen belebten Planeten im Universum respektieren? Es scheint eine Sache des gesunden Menschenverstandes zu sein: Möchte die Menschheit fortbestehen, ist dies der einzige Weg. Und weil wir wie alle unsere Vorbilder Optimistinnen sind und daran glauben, dass wir das Ruder noch herumreißen werden, sind wir fest davon überzeugt, dass der tiefgreifende Wandel bereits im Gange ist und dass sich unsere Lebensweise in den nächsten Jahren in eine vollkommen neue Richtung entwickeln wird. Bewegungen wie die unsere werden in allen Städten und Dörfern entstehen, während Lebensmittelimporte die Ausnahme darstellen werden, schon wegen des steigenden Ölpreises, der das bedenkenlose Hin- und Herschicken von Nahrung unerschwinglich machen wird. Stattdessen werden in den Städten Flächen entsiegelt werden, auf denen Essen angebaut werden wird und sämtliche Kirschlorbeerbäume, Forsythien, Thujen und weitere nicht essbare Pflanzen im öffentlichen Raum werden durch Obst- und Nussbäume, Beerensträucher und Wildobsthecken ersetzt werden. Schulklassen werden Bäume und Beete als festen

Bestandteil des Unterrichts betreuen und die Kinder werden wieder lernen, wie ihre Nahrung entsteht. In Mensen und Cafeterien (insbesondere in Schulen, Kindergärten, Krankenhäusern und Altersheimen) wird hochwertig aus frischen Zutaten direkt aus der Stadt gekocht werden, wodurch sich der Gesundheitszustand der Stadtbevölkerung deutlich verbessern wird. Viele Bürger*innen werden ihre Freizeit im Nachbarschaftsgarten an der nächsten Ecke verbringen, wo sie kostenlos einen Teil ihrer Nahrung anbauen und gleichzeitig die nachbarschaftlichen Beziehungen werden pflegen können. Die Städte werden durch diese Entwicklung so viel lebenswerter sein, dass ihre Bewohner*innen deutlich seltener ins Grüne werden flüchten und daher weniger Auto fahren müssen.

Da die städtischen Flächen allein nicht ausreichen werden, werden sich im Umkreis der Städte Bauern und Gärtnerinnen ansiedeln (oftmals Menschen aus ganz anderen beruflichen Zusammenhängen), die auf ihren Mikrofarmen nach Permakultur-Kriterien anbauen werden. Dort werden in Kreislaufwirtschaft auch die Tiere gehalten, deren Milch und Fleisch in der Stadt verzehrt werden — allerdings wird der Konsum von tierischen Produkten im Vergleich zu heute drastisch reduziert sein, was sowohl das Klima als auch die Gesundheit der Menschen positiv beeinflusst. Der Austausch zwischen Stadt und Land wird auf diese Weise intensiviert und das Leben auf dem Land wieder wesentlich attraktiver werden. Deshalb wird auch die Wohnungsnot in den Städten extrem abgenommen haben. Städter*innen, die am Wochenende tatsächlich einmal aus der Stadt herauswollen, werden einen Tag auf dem Bauernhof mitarbeiten und sich Anregungen holen können, wie sich der Alltag in der Stadt noch naturnaher gestalten lässt. Überall in den Vierteln wird es kleine Erzeugerläden und -märkte geben, auf denen die Produkte der sogenannten „Neuen Dörfer" (ein Konzept, welches in dem Buch *Das Neue Dorf* von Ralf Otterpohl sehr anschaulich entwickelt wird) angeboten werden.

Bis unsere Zukunftsvisionen Wirklichkeit geworden sind, wollen wir mit einer wachsenden Community unermüdlich darauf hinarbeiten.

Für die GemüseheldInnen bedeutet das konkret: Wir möchten die Grüne Lunge vor der Bebauung retten und unsere Vision von einem großen PermaKulturGarten dort umsetzen. Gleichzeitig wollen wir gemeinsam mit dem Ernährungsrat überall in Frankfurt essbare PermaKulturInseln erschaffen, die von den Bürger*innen des jeweiligen Viertels selbst gepflegt werden. Diese sollen sowohl auf städtischen Flächen als auch auf Firmengelände oder in Privatgärten entstehen. Leute, die aus ihrem Vorgarten etwas anderes machen wollen als ein trauriges Fleckchen mit vertrocknetem Gras und ein wenig Efeu, können sich an uns wenden und werden von uns beraten. Was städtische Flächen betrifft, so stellen wir uns vor, dass wir gemeinsam mit dem Planungsdezernat und dem Grünflächenamt Stadtplanung machen. Es wird intensiv am Frankfurt der Zukunft gearbeitet, das für die Klimakrise gewappnet ist! Deswegen können Grünflächen nicht mehr einfach als Scherrasen mit Bäumen geplant werden — vielmehr müssen essbare und biodiverse Strukturen überall mitgedacht werden.

Das alles schaffen wir natürlich nur, wenn wir uns ganz den GemüseheldInnen und den PermaKulturInseln widmen können. Deshalb wünschen wir uns, dass mehrere Vollzeitstellen entstehen, die am besten in städtischen Institutionen verankert oder bei BIONALES angegliedert sind — denn wir stellen uns vor, dass in einigen Jahren niemand, der sich für die Ernährungswende interessiert, mehr um diesen Verein herumkommt.

In unserem Veranstaltungsraum in der Grünen Lunge sollen in einigen Jahren regelmäßig Fortbildungen und Kurse stattfinden, für alle Altersklassen und Interessengruppen. Jonas Gampe könnte dort den 72-Stunden-Kurs anbieten und so immer mehr Frankfurter*innen für die Permakultur begeistern.

Wie sieht deine Vision für die Zukunft aus? Hast du ähnliche Vorstellungen, deine Stadt umzugestalten? Oder lebst du vielleicht in einem Dorf, in dem Permakultur noch völlig unbekannt ist? Wir wünschen uns, dass unser Buch dir viele inspirierende Ideen geliefert hat, um selbst aktiv zu werden. Den großen Wandel, den es braucht, um das Fortbestehen der Erde, wie wir sie kennen, und der Menschheit sicherzustellen, können wir nur erreichen, wenn wir uns zusammentun. Wenn wir heute beginnen, die Welt zu erschaffen, in der wir morgen leben möchten. Dazu brauchen wir alle Kraft, die wir mobilisieren, allen Mut, den wir zusammenkratzen und allen Optimismus, den wir aufbieten können! Aber die großen Veränderungen in der Geschichte sind immer dann eingetreten, wenn Menschen es gewagt haben, an das Unmögliche zu glauben — und es dann unbeirrbar in die Tat umgesetzt haben.

Eines wissen wir sicher: Die Zukunft wird grandios. Und gemüsig!

„DIE ZEIT IST GEKOMMEN, IM SONNENGARTEN YOGA ZU MACHEN."
EIN NACHWORT ODER EHER:
JA, WIR KÖNNEN DIE WELT RETTEN!
VON CHARLES HERVÉ-GRUYER

Samstagmorgen. Der Schneeregen lässt jegliche Lust auf Gartenarbeit schwinden und ich nutze die Gelegenheit, mich in *Urban Farming* zu vertiefen. Nicht mehr als eine halbe Stunde, sage ich mir, danach gehe ich die Tiere füttern! Aber das Buch fesselt mich und ich kann nicht davon ablassen. Ich lerne Juliane, Laura und all die wunderbaren GemüseheldInnen kennen. Ich besuche Frankfurt und seine Grüne Lunge, diese verlassenen Gärten, die zu kleinen Paradiesen werden und in denen die Bewohner*innen zusammenkommen, ihre Kräfte und ihre Kreativität vereinen, um sich die Stadt von morgen auszumalen. Mit jeder weiteren Seite überkommt mich ein erhabenes Gefühl der Begeisterung. Was für ein Geschenk!

Wenn du noch zweifeln solltest, diese GemüseheldInnen sind der lebende Beweis dafür, dass wir den Planeten retten und eine bessere Welt schaffen werden. Und wenn sie es können, dann kann es jede*r! Nun ja, wir leben in Krisenzeiten. Die Krisen, besser: Klima, Biodiversität, Verlust von Ackerflächen und Trinkwasservorräten, Rassismus, zunehmende Ungleichheit zwischen Reich und Arm, zwischen Nord und Süd ... Die Menschheit wird zum Teil von gewalttätigen und korrupten Menschen gelenkt, besessen von Macht und Reichtum ... Aber diese gleiche Menschheit ist dabei, zu wachsen, ihr Bewusstsein wird größer. Neue Werte werden geschaffen. Sanftere Empfindungen entfalten sich. Fröhlich und leicht schließt sich der perfekte Kreis des Lebens vom jungen Sprössling, dem Lachen eines Kindes, der Zärtlichkeit eines Streichelns, dem Gesang der GemüseheldInnen. Die Musik des Lebens erzeugt diskrete und fragile Klänge, sie ist jedoch sehr viel kraftvoller als alle Atombomben zusammen! Die Stadt mit Gärten begrünen, fruchtbare Landschaften schaffen, all dies lässt menschliche Wesen und Gemüse gleichermaßen wachsen.

Juli, Laura und die anderen Gemüseheldinnen sind wunderbare Beispiele für diese Generation von Frauen, die sich mit einer unerschütterlichen Begeisterung für das Leben engagieren. Gandhi sagte, die Frauen seien die bessere Hälfte der Menschheit — wie wahr! Es reicht schon aus, sich Greta Thunberg anzusehen, um davon überzeugt zu sein. Ich habe mir häufig die Frage gestellt, ob die Tatsache, dass die westliche Kultur die Natur zerstört und Frauen, Minderheiten, die

Bevölkerung der Länder des Südens, Tiere in der Viehhaltung unterdrückt, im Patriarchat begründet ist ... Dieser Herrschaftswille stößt jedoch heute an seine Grenzen. Unser Planet hat Grenzen, die niemand überschreiten kann. Die unbegrenzte wirtschaftliche Expansion ist ein gefährlicher Mythos. Wir müssen uns von einer Reihe unserer Illusionen verabschieden. Lasst uns neue Träume träumen und vor allem keine Zeit verlieren: Es gilt, eine bessere Welt zu erfinden!

Die Krisen, mit denen wir konfrontiert sind, machen uns Angst, sie können uns sogar terrorisieren und in die Depression stürzen. Und dennoch können wir diese Krisen in Chancen verwandeln. Sie erwecken Solidarität, bilden ein neues Bewusstsein. In jeder Krise schlummert eine Energie, die alte Strukturen niederreißt — ideologische Festungen, den Glauben, man sei unzerstörbar. Die alten Bauwerke bekommen Risse, stürzen mit einem lauten Knall zusammen. Die alte Welt stirbt. Muss man das bedauern? Jetzt gibt es genügend Platz, die Sonnenstrahlen wärmen den Boden und lassen die jungen Sprösslinge keimen. Es gibt Raum für neue Ideen, für neuartige Verhaltensformen, um diese kostbaren Werte auszudrücken, die wir in uns tragen und die so lange unterdrückt worden sind. Die Zeit ist gekommen, im Sonnengarten Yoga zu machen!

In keiner Epoche konnten wir ein solches Ausmaß an Freiheit genießen wie heute. Heute können wir unsere schönsten Träume mehr als jemals zuvor verwirklichen. Schaut euch das Abenteuer dieser GemüseheldInnen an: weder Geld noch Macht, ohne landwirtschaftliche Kenntnisse, aber mit wahren Schätzen an Bescheidenheit, Entschlossenheit und einem offenen Herzen gewappnet, nehmen einige Frauen Besitz von verlassenen, mit Unrat überwucherten Grundstücken; sie vereinen Energien, reinigen, sammeln, öffnen Türen bei den Institutionen und lassen innerhalb kürzester Zeit Gärten entstehen, die die Stadt und das Leben verschönern. Eine solche Freiheit des Handelns, so viel Vertrauen wären noch vor einigen Jahrzehnten undenkbar gewesen.

Ich hege solche Dankbarkeit für euch, meine lieben Heldinnen! Ihr seid der Ausdruck für die Magie des Lebens, die den Müll, die Exkremente und totes Material in Kompost verwandelt. Ihr seid der Beweis dafür, dass unsere Träume möglich sind, dass wir unser Zeitalter neu gestalten können. Die Werte des Respekts vor den Frauen und der Natur, die ihr in euch tragt, sind so wichtig! In den Worten, die ich von euch lese, fühle ich mich euch sehr nahe, wie ein Bruder. Wir tragen die gleichen Werte in uns und wir werden immer mehr, uns zu vereinen, um den gesamten Globus: Überall, in jeder Stadt und in jedem Dorf auf der Welt gibt es solche GemüseheldInnen, erstarkend oder schon an der Arbeit, die ihre Herzen und Hände öffnen und sich zusammentun, um die Welt von morgen zu erschaffen.

Ihr bestätigt diese Intuition, die mich nicht loslässt: Die Menschheit ist eine aufkommende Spezies. Gemeinsam entdecken wir, dass es über all unsere Unterschiede hinweg (die unseren Reichtum ausmachen) ein großes gemeinsames Prinzip gibt: Das Leben ist unendlich wertvoll. Jeder Grashalm, jede Karotte, jeder Salat ist ein Schatz, den wir miteinander teilen! Wie gut ist die Menschheit, wenn sie sich unserer Mutter Erde mit Respekt widmet!

Ah, gerade sehe ich durch das Fenster meine Frau Perrine, die die Tiere füttern geht, sie schiebt den Schubkarren durch den winterlichen Matsch, eingehüllt in ihren Parka … Ich lasse mich über die großen Ideen über die Welt aus, aber es ist meine Frau, die sich dem Lebendigen zuwendet! Dank euch allen, ihr Heldinnen, ohne die wir nicht existieren würden!

Charles Hervé-Gruyer
Ferme du Bec Hellouin

Ein Blick in die Glaskugel: Zukunftsvisionen

Zum Suchen und Finden: der Anhang

GOOD TO KNOW: WO WIR UNS SCHLAUMACHEN UND INSPIRIEREN LASSEN

Ganz viel Grundwissen zum Thema Permakultur findest du hier:

Graham Bell (2005): *Permakultur praktisch: Schritte zum Aufbau einer sich selbst erhaltenden Welt*, pala Verlag.

Masanobu Fukuoka (2005): *Der große Weg hat kein Tor: Nahrung — Anbau — Leben*, pala Verlag.

Perrine Hervé-Gruyer, Charles Hervé-Gruyer (2016): *Miraculous Abundance: One Quarter Acre, Two French Farmers, and Enough Food to Feed the World*, Chelsea Green Publishing Co.

Perrine Hervé-Gruyer, Charles Hervé-Gruyer (2014): *Permaculture. Guerir la Terre, Nourrir les Hommes*, Actes Sud.

David Holmgren (2002): *Permaculture. Principles and Pathways beyond Sustainability*, Melliodora.Deutsche Übersetzung vom Drachenverlag (2016): *Permakultur. Gestaltungsprinzipien für zukunftsfähige Lebensweisen.*

Bill Mollison und David Holmgren (1978): *Permaculture One*, Corgi Books. Deutsche Übersetzung vom pala-verlag (1983): *Leben und Arbeiten im Einklang mit der Natur.*

Bill Mollison (1988): *The Permaculture Design Manual*, Tagari Books Deutsche Übersetzung von der Permakultur-Akademie im Alpenraum (2012): *Handbuch der Permakulturgestaltung.*

Patrick Whitefield (2004): *The Earth Care Manual*, Permanent Publications. Deutsche Übersetzung von der Permakultur-Akademie im Alpenraum (2015): *Was wir für die Erde tun können. Unsere Lebensräume nach dem Vorbild der Natur zukunftsfähig gestalten und nutzen.*

Zwei Bücher, die wir dir zum Thema Soziale Permakultur/Gemeinschaft gestalten empfehlen können:

Frederic Laloux (2014): *Reinventing Organizations. A Guide to Creating Organizations Inspired by the Next Stage in Human Consciousness*, Nelson Parker. Deutsche Übersetzung von Vahlen Franz GmbH (2015): *Reinventing Organizations. Ein Leitfaden zur Gestaltung sinnstiftender Formen der Zusammenarbeit.*

Looby Macnamara (2012): *People and Permaculture. Caring and designing for ourselves, each other and the planet*, Permanent Publications.

Von diesen Ideen und Visionen zur gesellschaftlichen Veränderung fühlen wir uns inspiriert:

Cyril Dion (2017): *Tomorrow — Die Welt ist voller Lösungen: Das Buch zum Film*, Kamphausen Media GmbH.

Maja Göpel (2020): *Unsere Welt neu denken: Eine Einladung*, ullstein Verlag.

Rob Hopkins (2008): *Energiewende. Das Handbuch: Anleitung für zukunftsfähige Lebensweisen*, Zweitausendeins.

Rob Hopkins (2014): *Einfach. Jetzt. Machen!: Wie wir unsere Zukunft selbst in die Hand nehmen*, oekom Verlag.

Maria Mies und Vandana Shiva (2016): *Ökofeminismus: Die Befreiung der Frauen, der Natur und unterdrückter Völker. Eine neue Welt wird geboren*, Verein zur Förderung der sozialpolitischen Arbeit; grundlegend überarbeitete und aktualisierte Neuauflage.

Ralf Otterpohl (2017) *Das neue Dorf: Vielfalt leben, lokal produzieren, mit Natur und Nachbarn kooperieren*, oekom Verlag.

Vandana Shiva und Lionel Astruc (2019): *Eine andere Welt ist möglich: Aufforderung zum zivilen Ungehorsam*, oekom Verlag.

Bücher zum Thema Permakultur im Garten, die mit Know-how vollgepackt sind:

Sepp und Margit Brunner (2007): *Permakultur für alle. Harmonisch leben und einfach gärtnern im Einklang mit der Natur*, Löwenzahn Verlag.

Damien Dekarz (2019): *Permaculture au jardin mois par mois*, Éditions Terran.

Charles Dowding (2013): *Gemüsegärtnern wie die Profis: Boden schonen — Ertrag steigern*, blv.

Charles Dowding (2020): *Charles Dowdings No Dig Gardening: Course 1: from Weeds to Vegetables Easily and Quickly*.

Sigrid Drage (2019): *Permakultur — Dein Garten. Deine Revolution: Ein essbares Ökosystem gestalten, das ganze Jahr ernten und selbstbestimmt leben!*, Löwenzahn Verlag.

Jean-Martin Fortier (2017): *Bio-Gemüse erfolgreich direktvermarkten: Der Praxisleitfaden für die Vielfalts-Gärtnerei auf kleiner Fläche. Alles über Planung, Anbau, Verkauf*, Löwenzahn Verlag.

Jonas Gampe (2016): *Permakultur im Hausgarten: Handbuch zur Planung und Gestaltung mit vielen Beispielen*, Ökobuch.

Andrea Heistinger, Arche Noah (2010): *Handbuch Bio-Gemüse*, Löwenzahn Verlag.

Perrine Hervé-Gruyer, Charles Hervé-Gruyer (2019): *Vivre avec la Terre. Manuel des jardiniers-maraîchers. Permaculture — Écoculture — Microfermes*, Actes Sud.

Sepp Holzer (2020): *Sepp Holzers Permakultur: Praktische Anwendung für Garten, Obst- und Landwirtschaft*, Stocker.

Marie Luise Kreuter (2012): *Der Biogarten: Das Original*, BLV.

Margarete Langerhorst (2017): *Meine Mischkulturenpraxis. Nach dem Vorbild der Natur*, OLV.

J.-G. Moreau (1870): *Manuel pratique de la culture maraîchère de Paris. 4e édition,* HACH.LIVRE-BNF.

Wenn's um Urban Gardening geht, lesen wir hier nach:

Nomadisch Grün (2012): *Prinzessinnengärten. Anders gärtnern in der Stadt,* DuMont Buchverlag.

Christa Müller (2011): *Urban Gardening: Über die Rückkehr der Gärten in die Stadt,* oekom Verlag.

Und ein fantastisches Buch zum Thema Landwirtschaft allgemein:

Florian Hurtig (2020): *Paradise Lost: Vom Ende der Vielfalt und dem Siegeszug der Monokultur,* oekom Verlag.

Und hier noch ein paar hilfreiche Links, bei denen du vielleicht mal vorbeiklicken kannst:

GemüseheldInnen | Bionales e.V. | Ernährungsrat

https://ernaehrungsraete.org
https://ernaehrungsrat-frankfurt.de
https://buerger-fuer-regionale-landwirtschaft.de
https://gemueseheldinnen-frankfurt.de

Stadt im Wandel

https://www.transition-initiativen.org/was-ist-eine-transition-town-initiative

Urban Gardening

https://anstiftung.de
https://www.incredibleedible.org.uk
https://prinzessinnengarten.net
https://annalinde-leipzig.de/de/
https://baselwandel.ch/urban-agriculture-basel
http://agripolis.eu
https://www.cityfarm.wien/diecityfarm/

Permakultur

https://permakultur.de/home/
https://www.fermedubec.com
https://www.schloss-tempelhof.de
https://holmgren.com.au

Market Garden

http://www.marketgarden-weierhof.de
http://fourseasonfarm.com
https://www.themarketgardener.com
https://lagrelinette.com
https://www.gemuesegarten-hoxhohl.de

Werkzeug

https://www.hartmann-brockhaus.de
https://biogartenversand.de

GLOSSAR ODER: SAGT DOCH MAL IN EINEM SATZ

Earth Care

Das Wohlergehen der Erde immer mitzudenken, kann ziemlich anstrengend sein, liegt aber in unserem ureigensten Interesse.

Ecoculture

So nennt Charles Hervé-Gruyer (schau auf Seite 136, wenn du mehr über ihn wissen willst) die Anwendung der allgemeinen Permakultur-Prinzipien auf die Landwirtschaft/das Gärtnern — in allen Details von der Anzucht übers Unkrautjäten bis zur Ernte.

Ernährungssouveränität

Wollen wir uns nicht alle lieber von frischen, biologischen Lebensmitteln aus unserer unmittelbaren Umgebung ernähren, als am Tropf eines globalen Marktes zu hängen?

Fair Share

Alle Dinge auf der Welt, ob es sich nun um Erdöl, Gemüse oder Computer handelt, müssen gerecht an alle Menschen verteilt werden.

Französisches Hügelbeet

Diese seit Jahrtausenden genutzten Hügelbeete, die Charles und Perrine in Frankreich wiederentdeckt haben, werden vollständig aus Erde gebaut und bieten Pflanzenwurzeln so einen idealen Raum zur Entfaltung.

Guerilla Gardening

Einfach losgärtnern, ohne zu fragen, ob du das darfst — das ist die schnellste Methode, um deine Umgebung zu verändern.

Incredible Edible

So nennt sich die Initiative von Mary und Pam, die ganz Todmorden (England) gemeinschaftlich essbar macht.

Kooperation

statt Konkurrenz: ein zentraler Permakultur-Satz.

Market Gardening

ist hocheffizienter Gemüseanbau auf kleiner Fläche ohne Maschinen, und das Ganze perfekt strukturiert und organisiert.

Ökofeminismus

Die Unterdrückung der Erde und die Unterdrückung der Frau müssen zusammen gedacht und auch zusammen beendet werden.

Ein Ökosystem

ist ein komplexes Beziehungssystem vieler verschiedener Tier-, Pflanzen- und Menschenarten, die alle irgendwie zusammenhängen.

Die Pariser Marktgärtner

(und mit ihnen ihre Frauen, die mal wieder kaum erwähnt werden) ernährten im 19. Jahrhundert Paris — ganzjährig, wohlgemerkt, und das ohne beheizte Gewächshäuser.

People Care

In einem Permakultur-System muss es allen Beteiligten gut gehen, im Idealfall behalten wir aber auch das Wohl sämtlicher Menschen der Erde im Blick — was nicht immer so ganz einfach ist.

Permakultur

Die Natur ist unser Vorbild, denn sie bekommt es unglaublich clever hin, ohne Input und Abfall dauerhaft zu funktionieren und dabei auch noch hochproduktiv zu sein.

Produktivität

ist das, was bei einer Unternehmung herauskommt — ob Gemüse oder Freundschaften, je vielseitiger, desto besser.

Randzonen

Da, wo zwei Ökosysteme aufeinanderstoßen, gibt es fruchtbaren Austausch — und der ist produktiv.

Die Transition-Town-Bewegung

will unsere Städte fit für die Zukunft machen — widerstandsfähig, lokal vernetzt, vielseitig aufgestellt.

Urban Farming

will in der Stadt richtig viele Nahrungsmittel produzieren und so die Bevölkerung ernähren.

STICHWORTVERZEICHNIS

Abhängen und reinhauen: Einen großen Teil des Buches haben wir in der südfranzösischen Einsamkeit geschrieben.

DAS BIN ICH:
JULIANE RANCK

Die längste Zeit meines Lebens glaubte ich, ich sei für eine akademische Laufbahn bestimmt und dazu geboren, meinen Kopf zu benutzen. Alle in meiner Familie hatten studiert und so war es für mich keine Frage, dass das auch mein Weg sein würde. Ratlos stand ich vor der großen Auswahl an Studienfächern und wählte schließlich mehr aus Verlegenheit denn aus Begeisterung Theater-, Film- und Medienwissenschaft. So wirklich zu Hause fühlte ich mich an der Uni aber nie — wie viele Stunden verbrachte ich in der Bibliothek und fühlte mich gefangen auf meinem Stuhl! Doch es dauerte noch Jahre, bis ich merkte, dass ich weder an den Schreibtisch noch ans Theater gehörte, sondern an die frische Luft!

Meinen ersten Schritt hin zu einer „praktischen" Betätigung ging ich nach der Geburt meiner Kinder (Johann, 13, und Luise, 10), indem ich einen Laden für ökologische Kinderbekleidung eröffnete. Schon damals leitete mich die gleiche Einstellung wie bei der Gründung der GemüseheldInnen: Einfach loslegen und darauf vertrauen, dass man dann schon lernt, wie es geht. Innerhalb weniger Jahre wurde meine „Wollke7" ein fester Bezugspunkt in unserem Viertel, und das ist sie bis heute.

So gut mir die Arbeit im Laden gefiel, so sehr machte es mir immer noch zu schaffen, den Großteil meiner Tage drinnen zu verbringen. Während eines Urlaubs in Südfrankreich entdeckte ich meine Leidenschaft fürs Gärtnern, und dort entstand auch unser Traum von einem Selbstversorgerhof. Kaum zurück

in Deutschland, begann ich, den verwilderten Garten einer Freundin urbar zu
machen. In jeder freien Minute legte ich
dort Beete an, und am Ende des ersten
Jahres wurde ich mit der ersten üppigen
Tomatenernte belohnt. Schließlich saß ich
die Stunden im Laden nur noch ab, um
in den Garten zu kommen und zog die
Konsequenz: Ich gab die Wollke7 an das
angrenzende Reformhaus Andersch ab
und wurde von Achim in Teilzeit angestellt.

Fast gleichzeitig bekamen wir einen
eigenen Garten, in dem wir uns nun nach
Herzenslust austoben konnten. Aber auch
das reichte uns bald nicht mehr: Wir er-
kannten das Gärtnern als einen Weg, aktiv
etwas gegen den Klimawandel zu tun und
wollten diese Idee in unsere Stadt tragen
und mit anderen Menschen teilen.

So eröffnete sich uns die ganze Welt des
Urban Farming … Und schon bald waren
die GemüseheldInnen geboren!

Seit es die GemüseheldInnen gibt, sind
meine Tage randvoll: mit Familienleben,
der Arbeit im Reformhaus, der Tätigkeit im
Garten und dem Organisieren des Projekts.
Das Jonglieren mit der Vielzahl der Aufgaben ist nicht immer einfach, doch ich
möchte mit niemandem tauschen!

PS: Wenn im Buch von „ich" die Rede ist,
dann bin damit ich, Juli, gemeint. Laura
hat alle Zusatzinfos zusammengetragen
und in unser Buch gebracht.

DAS BIN ICH:
LAURA SETZER

Ich bin Grafik- und Ausstellungsdesignerin und lebe mit meiner Frau Juli und Johann (13) und Luise (10) in Frankfurt am Main. Als Juli und ich uns kennenlernten, waren wir beide leidenschaftliche Städterinnen und genossen das Leben in unserer Altbauwohnung ohne Balkon. Natur erlebten wir lediglich in Urlauben, bei Wanderungen oder in den umliegenden Stadtparks. Das war für mich der Ausgleich zu meinem beruflichen Tagesgeschäft, dem Arbeiten am Computer. Doch in einem unserer Südfrankreichurlaube kam der große Wendepunkt: Juli entdeckte das Gärtnern für sich. Gleichzeitig wurde uns die Dramatik der Klimakrise mehr und mehr bewusst. Wir begannen, uns intensiver damit zu be-

schäftigen, wie wir ein nachhaltiges, sinnerfülltes und weniger abhängiges Dasein in der Großstadt führen könnten. Dabei wollten wir uns nicht gegen etwas positionieren, sondern für etwas engagieren.

Mit der Geburt der GemüseheldInnen begann eine neue Etappe in unserem Leben. Es ist für mich bis heute ein unglaubliches Geschenk, all das zusammen mit meiner Frau erleben zu dürfen. Im Nachhinein bin ich nicht überrascht über diese Wendung in meinem Leben. Ich erinnere mich daran, wie ich als Kind jede freie Minute draußen verbrachte. Meine Großeltern beider Seiten hatten Gärten. Oma Käthe baute in ihrem Reich alles Mögliche an: Salat, Gurken, Zucchini, es gab Kirsch- und Apfelbäume, Johannis- und Himbeeren, jede Menge Kräuter und dazwischen Blumen.

Zum Suchen und Finden: der Anhang

Mein Opa bewirtschaftete einen Garten am Hang, der einem Märchengarten im Wald glich. Er hatte die Begabung, aus allem, was er fand, etwas zu basteln und zu zimmern. Vermutlich musste ich in meinem Leben ein paar Umwege gehen, bevor ich wieder zu meinem Ursprung gelangen konnte. Meine Großeltern, die leider nicht mehr leben, wären bestimmt stolz auf ihre Enkelin.

Mein Ziel ist es, mit den GemüseheldInnen noch viele weitere Ideen zu entwickeln und umzusetzen. Die Stadt bietet so viel Gestaltungsspielraum!

Außerdem wünsche ich mir, dass aus den GemüseheldInnen zunehmend auch wirtschaftliche Existenzen hervorgehen. Ich finde es wichtig, dass aus zukunftsträchtigen Projekten auch Stellen entstehen und sich neue berufliche Nischen ergeben, die in dieser Zeit der Transformation so wichtig sind. Aus alten Mustern ausbrechen, Neues wagen und es den Menschen vormachen: Das ist mein persönlicher Ansporn.

Dieses Buch zeigt die Entstehungsgeschichte einer Vision, die in unseren Köpfen geboren und schließlich Wirklichkeit wurde. Wir haben uns auf unserem Weg nie beirren lassen, deshalb kann ich dir nur raten: Probiere dich aus, sei erfinderisch, tu dich mit anderen zusammen oder werde Teil einer bestehenden Initiative. In der Geschichte waren es immer die Minderheiten, die etwas bewegt haben, es war nie die große Masse.

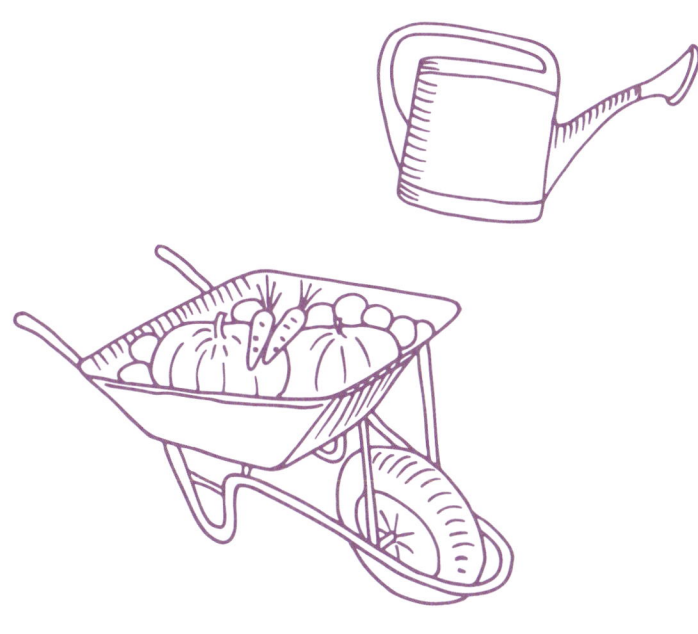

IHR SEID DIE BESTEN: DANKE!

Wie die GemüseheldInnen nur durch die wunderbaren Menschen lebendig werden, die unermüdlich ihre Energie und Kreativität ins Projekt stecken, so gäbe es auch dieses Buch nicht ohne die Unterstützung und Impulse vieler Personen. Ein Buch über ein Gemeinschaftsgartenprojekt kann nicht anders, als auch ein Gemeinschaftsprojekt zu sein. Und so möchten wir zuallererst den GemüseheldInnen danken: Ihr seid der Stoff für dieses Buch! Nichts hat uns so sehr inspiriert, wie mit euch gemeinsam die Hände in die Erde zu stecken, Beete vorzubereiten, zu picknicken und zu plaudern — und immer wieder zu erleben, wie einfallsreich, engagiert, hilfsbereit und begeisterungsfähig ihr seid.

Danken möchten wir auch dem Orga-Team, das mit uns durch dick und dünn geht. Ihr alle habt euch mit Leib und Seele dem Projekt verschrieben!

Besonderer Dank gebührt unseren Kindern Johann und Luise: Ihr habt so viel Geduld mit uns gehabt! Fast ohne zu murren habt ihr hingenommen, dass wir ständig in den Computer gestarrt und getippt haben — sogar im Sommerurlaub! Ganz davon zu schweigen, wie ihr die GemüseheldInnen von der ersten Stunde an mitgetragen habt. Obwohl ihr uns manchmal lieber in unserem eigenen Garten arbeiten gesehen hättet, habt ihr mit großer Offenheit die neuen Gärten und Menschen willkommen geheißen, selbst mit Hand angelegt und

Verständnis gehabt, wenn wir „schon wieder" ein Zoom-Meeting hatten. Wir haben euch unglaublich lieb!

Auch ohne Mama und Schwiegermama Anne wäre das Buch nicht denkbar gewesen. Du unterstützt uns auf so vielen Ebenen! Zuerst einmal verdanken wir dir unsere Organisationsstruktur und ihre stetige Weiterentwicklung. Mit deinen herausragenden supervisorischen Fähigkeiten bist du immer zur Stelle, wenn wir dich brauchen, gibst uns wertvolle Anregungen, löst Konflikte auf und verbreitest ein Klima gegenseitiger Akzeptanz, das für uns essenziell ist. Außerdem danken wir dir für das Lektorat unseres Buches: Du hast uns immer ermutigt und bestärkt, gleichzeitig aber mit sicherem Instinkt kritisiert und Verbesserungsvorschläge gemacht.

Großvater Martin hat uns mit seinem blühenden Garten inspiriert und uns darauf gebracht, dass ein Garten auch Blumen braucht und nicht nur Gemüse!

Mama und Schwiegermama Liane und Papa und Schwiegerpapa Heinz stehen uns unbeirrbar zur Seite, auch wenn sie sich manchmal fragen: Sind Laura und Juli verrückt geworden? Und was soll das eigentlich mit dem Gärtnern? Haben sie nicht sowieso schon genug um die Ohren?

Achim Andersch möchten wir für den Freiraum danken, den er mir, Juli, stets gegeben hat; ich konnte meine Arbeitszeit im Reformhaus reduzieren und hatte nur so die Möglichkeit, das Buch zu schreiben.

Außerdem war die Arbeit immer ein wunderbarer Ausgleich zum Schriftstellern.

Frederike hat unser Buch mit der richtigen Mischung aus Lob und Kritik Korrektur gelesen. Es war unglaublich aufbauend, deine begeisterten Mails zu lesen und gleichzeitig entscheidend für den Feinschliff des Buches, dass du so scharfsinnige und immer treffende Anmerkungen gemacht hast. Außerdem verdanken wir dir in mehreren Hinsichten unser Vorwort.

Auch Mareike hat unser Buch von Anfang bis Ende gelesen und um viele Anregungen bereichert. Deine angenehme und wertschätzende Art, aber auch deine stilistischen Vorschläge haben uns sehr weitergeholfen.

Ganz besonders danken wir allen, die „ihre" eigenen Klebepunkte fürs Buch verfasst

und ihm damit genau die Vielstimmigkeit verliehen haben, die unser Projekt auszeichnet. Ihr seid Schwarmintelligenz in Hochform.

Ohne Joerg Weber stünden die GemüseheldInnen heute nicht dort, wo sie jetzt sind. Er hat uns vielseitig vernetzt und steht uns immer mit Rat und Tat zur Seite.

Auch ohne die Männer der FFR, Eric Laux und Herrn Werner, hätten wir nicht die schönen Fotos machen können, die nun in unserem Buch zu finden sind. Nur durch euren engagierten Einsatz, euren erstklassigen Kompost und eure Holzhäcksel erstrahlen unsere Gärten in ihrem ganzen Glanz.

Rosemarie Heilig hat uns gefördert, wo sie konnte und uns viele Türen geöffnet, sodass wir uns frei entfalten konnten.

Impressum

Löwenzahn-Bücher werden auf höchstem ökologischen Standard gedruckt, ausschließlich mit Substanzen, die wieder in den biologischen Kreislauf rückgeführt werden können. Cradle to Cradle™-zertifiziert by gugler*, klimapositiv, auf Papier, das in Österreich produziert wurde, und ohne Plastikfolie, die dein Lieblingsbuch unnötig einhüllt — für unsere Umwelt und unsere Zukunft.

1. Auflage

© 2021 by Löwenzahn in der Studienverlag Ges.m.b.H., Erlerstraße 10, A-6020 Innsbruck
E-Mail: loewenzahn@studienverlag.at
Internet: www.loewenzahn.at

Inhaltliche Betreuung: Löwenzahn Verlag/Christina Kindl-Eisank, Katharina Schaller
Konzept: Löwenzahn Verlag/Sandra Gründhammer
Lektorat: Löwenzahn Verlag/Christina Kindl-Eisank
Projektleitung: Löwenzahn Verlag/Sandra Gründhammer

Umschlag- und Buchgestaltung sowie grafische Umsetzung: Pia Steidl, www.pia-steidl.com

Cover-Illustration: Petra Braun, www.petra-braun.com

Fotografien: alle Stefanie Kösling, außer: Annika Griewisch: S. 48 unten, 50 oben, 60 unten, 76 links, 223 | Bernd Güßbacher: S. 86, 253 | Charles Hervé-Gruyer: S. 115, 117, 136 | Chris Bellingwout: S. 40, 72 rechts, 75 rechts in der Mitte, 125 | Chris Kircher: S. 24, 25 links, 26, 29 oben, 247 oben | Claudia Krebs: S. 14 | David Holmgren: Grafik Permakulturblume S. 143 (www.holmgren.com.au) | Estelle Brown: S. 108, 109, 111 oben, 112 | Holger Menzel: S. 16 | Ilka Wittig: S. 32 63, 64, 65 links, 154, 80, 81 Plan | Ingrid Pfrogner: S. 77 | Isabel Schiller: S. 45 | Jeremias Heinze; S. 91 oben | Katharina Dubno: S. 18 | Kemane Bâ: S. 73 | Miriam Klingl: S. 99 | Nicola Vernon: S. 97 | Nora Wächter: S. 70, 120, 187, 241, 242 oben | Peter Beckmann: S. 12 links oben | Phillip Liman: S. 54 | Susanna Thorner: S. 72 links | Vita Spieß: S. 55, 279 | Wolfgang Hahner: S. 71, 84, 85 links, 86 beide unten, 89, 133 rechts, 150 rechts, 157, 175, 239| alle restlichen Fotos: Laura Setzer, Juliane Ranck

Illustrationen: Pia Steidl, außer: S. 128/129 nach einer Vorlage von Laura Setzer, S. 162/163 nach einer Vorlage von Chris Bellingwout

Bibliografische Information Der Deutschen Nationalbibliothek
Die Deutsche Nationalbibliothek verzeichnet diese Publikation in der Deutschen Nationalbibliografie; detaillierte bibliografische Daten sind im Internet über http://dnb.dnb.de abrufbar.

ISBN 978-3-7066-2687-3

greenprint*
klimapositiv gedruckt

CERTIFIED
cradletocradle
SILVER

Umschlag und Bindung ausgenommen
www.gugler.at

Gedruckt nach der Richtlinie „Druckerzeugnisse" des Österreichischen Umweltzeichens. gugler* print, Melk, UWZ-Nr. 609, www.gugler.at